基础教育改革与发展丛书
（第二辑）

丛书总主编　朱林生

淮安中小学卓越校长教育思想录

HUAIAN ZHONGXIAOXUE
ZHUOYUE XIAOZHANG JIAOYU SIXIANG LU

张元贵　主编

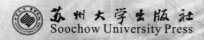

图书在版编目(CIP)数据

淮安中小学卓越校长教育思想录 / 张元贵主编. ——苏州：苏州大学出版社,2018.8
(基础教育改革与发展丛书 / 朱林生总主编. 第二辑)
ISBN 978-7-5672-2408-7

Ⅰ.①淮… Ⅱ.①张… Ⅲ.①中小学－校长－学校管理－研究 Ⅳ.①G637.1

中国版本图书馆 CIP 数据核字(2018)第 164381 号

书　　名	淮安中小学卓越校长教育思想录
主　　编	张元贵
责任编辑	倪锈霞
出版发行	苏州大学出版社
	(地址：苏州市十梓街1号　邮编：215006)
印　　刷	南通印刷总厂有限公司
开　　本	700 mm×1 000 mm　1/16
印　　张	18.25
字　　数	299 千
版　　次	2018 年 8 月第 1 版
	2018 年 8 月第 1 次印刷
书　　号	ISBN 978-7-5672-2408-7
定　　价	58.00 元

苏州大学出版社网址　http://www.sudapress.com

"基础教育改革与发展丛书"第二辑
编委会

主　　任：朱林生

副 主 任：纪丽莲　赵宜江　张元贵

编　　委：（按姓氏笔画排序）

　　　　　孔凡成　吴克力　张德顺

　　　　　陈　浩　周友士　侯一波

　　　　　夏如波　葛　军　薛祝其

　　　　　魏　惠

总　序

　　目前,我国正处在从人力资源大国向人力资源强国、从教育大国向教育强国迈进的关键时期,在这特殊的历史阶段,基础教育正面临着一系列重大变革,需要我们用智慧去研究新情况、解决新问题,去创新我们的办学模式、教育模式和教育方法。淮阴师范学院长期坚持服务基础教育的办学理念,形成了鲜明的教师教育办学特色,在办学过程中,与区域中小学以及教育主管部门建立了亲密的战略合作伙伴关系,与基础教育之间建立了一种卓有成效的对话机制,注重在对话中发现问题,并提出解决问题的途径,取得了颇为丰硕的基础教育研究成果,在传承地方优秀教育理念、引领地方基础教育观念更新、推动地方教育与改革发展等方面做出了自身应有的贡献,成为区域基础教育改革与发展的直接参与者与有力推进者。

　　在这一背景下形成的"基础教育改革与发展丛书"(以下简称"丛书")既是对该校近年来基础教育研究成果的总结,又是对当地基础教育改革发展的基本走向以及高等师范院校如何更好服务和引领基础教育改革与发展的战略思考。

　　"丛书"分三辑出版。第一辑为论文汇编,主要涵盖语文、数学、外语、物理、化学、生物、思想政治等学科的课程与教学研究,带有基础性和综合性的课程教学原理研究以及教育管理理论与实践研究。第二辑为专题研究,内容立足当前基础教育和教师教育改革与发展的热点和难点问题,深入、集中研究其中具有重大理论价值和重要实践指导意义的相关问题。第三辑为专著,主要围绕学科教学和基础教育改革与发展中的具有前瞻性、前沿性的深层次理论和实践问题,探索教育教学基本规律。

　　"丛书"突出彰显了以下几个方面的特点:

　　"丛书"是淮阴师范学院致力于更新基础教育理念和教师教育观念、引领地方基础教育发展、传承先进教育文化的产物。近年来,我国基础教育改革风起云涌,基础教育理念持续更新,新理念、新观念层出不穷;与之相对应,基础教育师资培养模式等也在持续变革,教师教育观念不断更新,教师教育体系在探索中持续重构。"丛书"体现了淮阴师范学院在基础教育理念和教师教育观念方面所进行的持续探索与努力,必将在推动基础教育改革与发展方面发挥重要作用。

"丛书"是淮阴师范学院从事教师教育的教师们教学相长的产物。书中的研究成果是他们长期思考与实践的结晶,同时"丛书"的编写对其专业成长必然发挥重要的促进作用。通过参与教育科学研究以及"丛书"的编写,他们的专业研究水平得到了很大的提升,同时也对其他教师的专业发展起到积极的示范作用。

"丛书"是淮阴师范学院致力于开放办学的产物。首先,"丛书"的作者队伍包括了淮阴师范学院的在职教师,以及与之有长期合作研究关系的部分淮安市中小学的教师,"丛书"在很大程度上是大学从象牙塔走向社会变革的一线并与变革的实施者直接对话的结果。其次,丛书所涉及的领域,诸如教师素质提高、教师专业发展、义务教育均衡发展、课程资源开发利用、课堂教学改革创新等问题,皆来源于基础教育实践的教育教学改革和学校管理方面的现实问题。再者,"丛书"的研究成果来源于教育实践,是教育理论与教育实践不断融通的产物,它又必将回归教育实践,通过各种方式对基础教育改革与发展实践产生积极影响。

相信"丛书"的出版将在提升淮阴师范学院基础教育研究品位、扩大其社会贡献度与美誉度等方面发挥积极作用,同时也将为全国其他一直致力于和基础教育表里通融、互通共进的师范院校提供参考和增添信心,共同为促进基础教育改革的深化,从而促进整个教育水平的提高做出更大的贡献。

2011 年 12 月
于中国教育科学研究院

目 录

序
　　　　　　　　　　　　　　江苏省教育学会会长　杨九俊　　1

竖起脊梁担事
　　　　　　　　　　　　　　江苏省淮阴中学　张元贵　　1

在文化建设的征途上推进学校跨越发展
　　　　　　　　　　　　　　江苏省清江中学　陈　欣　　11

精致教育的梦想与实践
　　　　　　　　　　　　　　淮阴师范学院附属中学　朱益民　　18

回归本真　点燃培养学生创新精神的火焰
　　　　　　　　　　　　　　江苏省清河中学　颜廷发　　34

做师生成长发展的引领者
　　　　　　　　　　　　　　江苏省清浦中学　陆仁华　　42

用学校教育哲学引领团队成长
　　　　　　　　　　　　　　江苏省洪泽中学　李建成　　48

上善若水　柔和载物
　　　　　　　　　　　　　　江苏省涟水中学　孙　辉　　54

对学校德育工作的一些新思考
　　　　　　　　　　　　　　江苏省郑梁梅中学　嵇雷高　　60

引导学　促进长
　　　　　　　　　　　　　　江苏省盱眙中学　葛天成　　67

善于创新，方能永立潮头
　　　　　　　　　　　　　　江苏省马坝高级中学　王海兵　　71

教育如农　善栽者获
　　　　　　　　　　　　　　淮安工业园区实验学校　李爱民　　77

幸福：教育之道
　　　　　　　　　　　　　　　　淮安市第六中学　　张明芳　　81

慧美育人，打造师生成长的精神家园
　　　　　　　　　　　　　　　　淮安市白鹭湖中学　　曹　锐　　88

成师生之志　建幸福校园
　　　　　　　　　　　　　　　　淮安市第一中学　　钱爱马　　94

"修德"教育的思考与实践
　　　　　　　　　　　　　　　　洪泽县朱坝中学　　李加忠　　100

好学校总是处于成长状态
　　　　　　　　　　　翔宇教育集团淮安曙光双语学校　　马如飞　　106

细常规　谋特色　强举措　求发展
　　　　　　　　　　　　　　　涟水县安东学校校长　　徐爱中　　115

做一个有良心的学校管理者
　　　　　　　　　　　　　　　　涟水县河网中学　　王怀益　　122

从制度管理到文化管理的转变中追寻教育的本真
　　　　　　　　　　　　　　　金湖县实验初级中学　　李德宏　　127

县域义务教育下初级中学的发展思考
　　　　　　　　　　　　　　　　盱眙县第三中学　　张顺勇　　134

学校，一个让人幸福的地方
　　　　　　　　　　　　　　　　淮安市实验小学　　戴　铜　　141

行走在求真路上
　　　　　　　　　　　　　　淮阴师范学院第一附属小学　　唐玉辉　　156

方圆有致，让师生享受教学
　　　　　　　　　　　　　　　淮安市外国语实验小学　　庄德勇　　168

让师生成为具有主动责任意识的人
　　　　　　　　　　　　　　　　淮安小学　　周　武　　181

学校是个阳光明媚的地方
　　　　　　　　　　　　　　　淮阴师范学院附属小学　　戚桂荣　　186

奏响"和美"文化音符　提升学校办学品位
　　　　　　　　　　　　　　　　淮安市淮海路小学　　张亚兰　　195

基于生命表达的教育改革与实践

　　　　　　　　　　　　淮安市城南乡中心小学　黄艳梅　200

加强校本管理　营造幸福校园

　　　　　　　　　　　　淮安市黄码中心学校　从大群　205

尊重差异　发展潜能

　　　　　　　　　　　　洪泽县实验小学　张　辉　212

学校中层执行力的弱化与提升

　　　　　　　　　　　　洪泽县仁和中心小学　刘晓山　217

红色文化　绿色成长　金色童年

　　　　　　　　　　　　淮安市新安小学　张大冬　221

爱满人间　德行天下

　　　　　　　　　　　　淮安市楚州实验小学　王其明　227

浸染"三色"：为学校内涵发展绘就亮丽篇章

　　　　　　　　　　　　淮安市周恩来红军小学　管晓蓉　234

办进步学校　为成长奠基

　　　　　　　　　　　　淮阴师范学院第二附属小学　吴玉国　241

向幸福出发　往品牌发展

　　　　　　　　　　　　涟水县幸福里实验小学　陈云宇　246

人的发展是学校内涵发展的关键

　　　　　　　　　　　　涟水县向阳小学　杨志权　253

打造教育品牌　谋求三个发展

　　　　　　　　　　　　涟水县陈师镇中心小学　李元才　257

传承经典向上文化　培育阳光国学少年

　　　　　　　　　　　　盱眙县五墩实验小学　王国兵　267

雅而润德　敦行致远

　　　　　　　　　　　　盱眙县城南实验小学　黄爱勤　274

序

教育思想,是人们对教育的理解并贯注实践的观念形态。苏霍姆林斯基说,校长的领导首先是思想的领导。正是先进思想的领导,整座校园才焕发出光泽、光亮、光彩。这也使"一位好校长就是一所好学校"的推论得以成立。《淮安中小学卓越校长教育思想录》整体呈现出一批优秀校长的教育思想,在对淮安教育产生引领作用的同时,也给我们带来不少的启迪。

第一,校长要养成思考的习惯。思想源于情怀,正因为我们具有理想情怀,有教育追求,我们才会对教育进行认真的思考。我们思考,是因为我们希望学校更美好,教育更美好,学生更美好,世界更美好。张元贵校长的"担当教育"、戴铜校长的"幸福教育"正体现着他们美好的教育情怀。思想有助于改进实践,如果说行的过程是尝试错误,那么思的结果则是避免再错。所以有了思考,我们才能在不断变化的环境中处于主动,立于不败;有了思考,我们的行为才能减少盲目,走向自觉。且行且思,应该成为我省基础教育工作者,特别是中小学校长和教育行政领导的工作习惯,乃至成为一种生活方式。思想促进创新,校长的教育思想往往是在实践中慢慢体悟形成的。校长的办学实践在一定程度上也是"寻找自己的句子",是对学校文化特色的追寻,是努力体现创新,所以,具有思考意识,养成思考习惯,对于一位校长是十分重要的。

第二,校长要抓住思考的重点。有所不为才能有所为,有所不思才能有所思。校长的思考应该是有所侧重的。一思办学目标是否正确。目标与方法相辅相成,但目标定位是前提,目标对了,步步为营,时时逼近;目标错了,南辕北辙,一错百错。方向明了,信心足、干劲大;方向不明,人心散、士气低。对于一位领导者而言,轻视研究"怎么做"是不对的,而忽视研究"为什么做""要不要做"更是不对的。原因很简单,一旦定向错位,好方法和大干劲也许会让事情变得更糟。所以,"做正确的事"远比"正确地做事"重要。二思管理重心是否突出。特别关注那些"牵一发而动全身"的问题,关注那些构成"学校核心竞争力"的事情。一句话,对那些影响办学目标达成的关键因素,要常思不懈,一抓到底。我在省教科研院时,就与淮安市的很多中小学校长有着交往,到了省教育学会工作之后,与校长们的接触面在不断扩大,对校长的了解也逐步深入。我发现淮安有不少的校长,很善于思考,难能可贵的是,他们能把党和政府的教育方针与本单位的客观实际紧密结合,确定适合自己的办学目标,并带领广大员工为之矢志不渝地拼搏。这本《淮安中小学卓越校长教育思想录》正是记录了他们艰苦奋斗的足迹。

第三,校长要争取思考的时间。闲暇出智慧,忙碌无思想。人的精力是有限的,校长要设计好自己的日程,努力拨冗超脱,腾出更多的工夫来考虑学校生存和发展的大事。一要学会时间管理。面对每天的千头万绪,应分出轻重缓急。要知道,缓事未必轻,急事未必重。下决心从事务怪圈中跳出来,下狠心从无谓交际中逃出来。我个人推崇用百分之七十的精力做百分之三十的事情,用百分之三十的精力做百分之七十的事情,这样重点与一般兼顾,就可以挤出时间来。同时,还要学会留点时间给自己。不少校长朋友,斗志昂扬,匆匆忙忙。我更希望的是斗志昂扬,有闲有忙。想得更清楚、更明白,忙得更有章法、更有成效。要明白,忙里偷闲是一项本领,闲庭信步是一种境界。二要学会放权用人。勤是立身之本、立业之基。然而仅有校长一人之勤是不够的,校长要想办法调动下属的工作积极性,激励大家都勤起来。成功管理者的办法可借一用——教师能管的事,主任不管;主任能管的事,副校长不管;副校长能管的事,校长不管。从这个意义上说,校长有的时候可以变得"懒"一些,有些方面可以装得"笨"一些,这样的"懒"与"笨"不仅让校长赢得了更充裕的闲暇,而且让同事感受到了更温暖的信任,让教师发挥出了更聪明的才智。现在提倡分布式的领导,就是主张让在具体岗位上担责的同志发挥专业领导的作用。这样不仅是减轻校长的压力,更是培养专业领导力量,壮大领导共同体,提高领导效能。

这本书的出版,对于提升淮安中小学管理水平和实现淮安基础教育新跨越都是一件有意义的事。英国文豪萧伯纳说:"你我是朋友,各拿一个苹果来交换,交换后仍然是各有一个苹果;倘若你有一个思想,我也有一个思想,把各自的思想相互交流,那么每个人就有两种思想了。"希望有更多的教育同人分享淮安这批优秀校长的思想,进而生成新的思想"金苹果",为更多的校园带来满园飘香。

江苏省教育学会会长

杨九俊

张元贵,男,生于1961年9月,江苏淮阴区人,大学本科毕业,教授级中学特级教师,共产党员。任江苏省淮阴中学校长、党委书记,江苏省第九届、第十届、第十一届人大代表,江苏省第十届、第十一届人大主席团成员,淮安市第三、第四届党代会代表。2012年当选第十二届全国人大代表。2015年8月,任淮安市委教育工委书记、淮安市教育局局长。"九五"期间主持省级研究课题"多媒体课堂教学模式最优化研究",顺利结题,获淮安市教育科研成果一等奖。"十五"期间主持教育部规划课题"中学生有效学习指导策略研究",获江苏省教育科研成果二等奖。在省级、国家级刊物上发表各类论文30余篇。出版专著《竖起脊梁担事——学术型高中"担当教育"模式的整体建构》,主编《发展性教师评价体系的实践探索》《参与 理解 调适——中学生有效学习的指导策略研究》等书。先后被评为江苏省优秀教育工作者、江苏省教育系统勤政廉政好干部、淮安市十大杰出青年、淮安市有突出贡献的中青年专家,获江苏省"五一劳动奖章"、全国"五一劳动奖章"。

竖起脊梁担事

江苏省淮阴中学　张元贵

淮阴中学是一所有着百余年历史的学校,有着光荣的传统和独特的文化。进入新的发展时期,面对学校发展的历史使命,面对培养更多创新人才的时代要求,我从传承前辈们开创的学校文化中汲取营养,从学习现代教育理论中获得启迪,逐步形成了担当教育的思想,并在淮阴中学进行了担当教育的实践。

一、担当教育的思想溯源

担当教育思想的提出,既是基于对淮阴中学历史文化的传承,也是为了解决当前面临的现实问题,是推动学校持续发展的必然选择。

1. 学校百年文化的浸润。淮阴中学有着光荣的办学历史,以"竖起脊梁担事"为核心理念,每一时期都有明确的文化追求。爱国教育家李更生是学校历史上第一届校友,后于省立第六师范时期,担任六年学监。李更生当年以"竖起脊梁担事"作为自己的座右铭,毁家办学,矢志爱国,而且教导学生"爱国之心重于爱自身",引导学生担负起拯救民族、振兴国家的重任。"竖起脊梁担事",其主旨是"顶天立地做人,积极主动做事",既体现了学校每个人的做人尊严,也要求每位学生和教师发挥主体意识,主动承担起应负的责任。

2. 现实教育困境的反思。我国正处于转型期,文化多元化给青少年学生的成长带来很多负面影响,对学校教育形成了严峻的挑战。

3. 学术型高中发展的必然选择。淮阴中学确立建设学术型高中的战略定位,学术型高中的目标就是以培养学术型、创新型人才为重点,让学生学会担当,培养"大气"的学生,培育他们的社会责任感,滋养他们的领袖气质,润泽他们的济世情怀,使他们在社会思想进步上有所作为,在社会责任上有所承担。担当教育,正是淮阴中学百年传统在新时代的继承和发展,淮阴中学要实现学术型高中的办学目标,必须彰显担当教育的文化主题,克服高中教育同质化影响,形成自己鲜明的办学特色。

二、担当教育思想的理论架构

(一)担当教育的理论内涵

"担当"一词,在《现代汉语词典》中有四个基本义项:①"承担并负责任";②"敢于承担责任,有魄力";③"所承担的责任";④"能够承受"。根据以上定义,我们把"担当"的含义概括为,一个人"清楚地了解其应尽的责任,勇于承担这份责任,并为能够担当而主动修为、不断磨炼的品质和素养"。担当教育,就是以培养学生的担当情怀和担当本领为目的,有组织、有计划的教育活动;具体讲,就是以责任意识、济世情怀、做事本领、主动精神等为培养目标的教育。

(二)担当教育的顶层架构

担当教育的核心理念是"成就每一位师生的卓越追求",体现的是对学校每一个主体的尊重,成就的是师生的发展。担当教育的本质属性:一是形成勇于承担责任品质的成人教育;二是培养服务社会本领的成才教育;三是引导勤于做事、乐于实践、善于创新习惯的养成教育。担当教育的实践取向可以概括为：培养大气的学生；发展卓越的教师；实施适合的教育。

（三）淮阴中学担当教育的培养目标

我们以精神与信念、知识与能力、气质与风范、超越与发展四个维度为横向，以志存高远、身心和谐、德才兼备、领袖品质、个性发展、善于创新六大要素为纵轴，形成淮阴中学的担当教育目标。

（四）淮阴中学担当教育的实践模式

担当教育以"成就每一位师生的卓越追求"为核心理念，既统领着担当教育的思想体系，也规范着实践行为。"从事上磨炼"作为实践的基本取向，贯穿教育实践始终，也内在地影响着课程内容、德育活动和教学方式，并成为学生素质和教师专业素养的组成部分。就教育实践过程来说，"目标""过程"和"结果"是基本框架，"担当教育"的实践模型也需要在这一基本架构中展开。担当教育实践的七要素，即自励学生、卓越教师、弘毅德育、学术探究课程、个性化教学、发展性评价、精细管理，也包含于这一架构内。

三、淮阴中学担当教育的实践探索

（一）弘毅德育——"顶天立地做人，积极主动做事"

淮阴中学积极加强"弘毅德育"实践，引导学生参加各种主题的德育活动，在活动中培养担当意识，提高做事本领。

1. "校史文化"主题活动

学校注重发掘校史文化，组织学生学习校史，参观校史纪念馆，用学校一百多年的奋斗历程与光辉成就激励学生的光荣感和责任感，促进学生的精神成长。学校注重把一百多年的发展史与自强不息的中华民族奋斗史结合起来，努力追求把校园环境建设成为春风化雨、润物无声的隐性德育课程，充分彰显学校丰厚的文化积淀与催人奋进的光荣传统，努力培养学生的担当精神、勤勉精神和进取精神。

2. "励志教育"主题活动

淮阴中学积极以"弘毅德育"为主线，精心设计和组织各类活动，引导、促进学生形成担当意识，激发他们的担当情怀，提高担当水平和能力，实践担当目标和任务。学校邀请北京大学原校长许智宏院士、南京大学祝世宁院士、新东方创始人俞敏洪老师、南京师范大学侯晶晶博士、中央电视台十大感动中国人物洪战辉等人来校励志演讲,让学生得以与大师对话,体悟人生价值,唤醒道德良知,激发主动发展的内驱力。淮阴中学重视开展"周恩来班"创建活动,每年高一新生军训结束后,学校都要开展"弘毅之旅",组织学生徒步30千米,瞻仰周总理纪念馆,这些活动对广大学生学习伟人风范、树立远大志向、坚定理想信念等方面起到了极大的推动作用。

3."文明关爱"主题活动

学校积极培养学生爱祖国、爱社会、爱家乡、爱父母的情怀,引导学生从具体小事做起,将个人的勤奋努力与家庭幸福、社会发展联系起来,教育学生学会感恩,培养学生热爱劳动、自强不息、乐观进取的生活态度。结合学生行为守则、日常行为规范,组织开展文明礼仪教育活动,促进学生提高文明礼貌素质,争当文明使者。学校设立各类奖学、助学基金,引导学生发奋努力、自立自强,将来能够担负起改变现状、回报社会、报效国家的人生责任。

4."文化艺术"主题活动

淮阴中学十分注重文化艺术教育,扎实培养学生的审美与表现能力。每年举办文化艺术节、诗歌朗诵会、戏剧表演节、演讲辩论会、书法绘画展、文学创作比赛、合唱比赛等,弘扬高雅文化艺术,丰富校园文化生活,促进师生员工发现美、感知美、鉴赏美和创造美。学校在组织文化艺术节的过程中,将文化艺术中所蕴含的鼓舞士气、凝聚人心、激励斗志、提升思想等方面的特殊功能进一步发掘和放大,使其演化成为道德与艺术相互促进、相得益彰的德育实践活动。

5."自我教育"主题活动

淮阴中学十分注重学生的自我教育、自我管理、自我成长,让学生在社团活动、班级活动、运动会、研究性学习、社会实践、宿舍管理中发挥主体作用,学校设立"学生校长助理",指导学生深入学校实际了解情况,用自己的眼光来判断、分析问题,提出整改建议。学校还积极利用开学典礼、入学教育、毕业典礼、高三加油活动等,精心开展仪式教育,增强学生的责任担当意识,锻炼他们的综合实践能力,激发其成长的信心和动力。

(二)学术探究课程——"砥砺学生志操,勤学诲人报国"

课程是实现担当教育目标的载体,淮阴中学注重整体建构担当教育的课程体系。

1. 课程目标

在担当教育理念观照下,学校在高质量达成国家课程培养目标的同时,努力追求校本化的课程目标。担当教育课程目标主要体现在:培养学生的责任意识,形成完善自我、关爱他人、服务集体、造福社会的道德认知,激发勇于做事、乐于做事的道德情感,着力培养学生的"四有"素质,即有团队意识,有个性追求,有批判精神,有担当情怀,着力培养学生的担当能力。

2. 课程结构

以高质量、创造性实践国家课程为主,增强课程的个体适应性,突出学术型高中的特点,追求学以致用,提高学生的社会实践能力。课程包括基础素质课程、自主发展课程和社会担当课程三类。其中"基础素质课程"以国家课程为主,"自主发展课程"以校本选修课程为主,"社会担当课程"以服务社会的具体行动为主。

3. 课程实施

根据各个学科特点,设计"担当教育"主题,融入学科教学之中,既作为教育目标,也配置相应的课程资源,还结合具体学科内容,开发主题单元课程;加强课程的学术性、选择性和实践性。根据国家课程特点,将先进的科学技术引入课程,提高课程的时代性和学术性;重视学科综合,以前沿性的科学技术主题统领学科知识,应用跨学科方法。以项目学习与社团活动等形式,开发适应学生需要的校本课程,供学生选择与自主学习。一是艺术教育课程。学校加强艺术课程建设,除保证开齐开足艺术类必修课程外,还大力开发校本选修课程,为学生发展艺术特长提供更多选择。创建学生交响乐团,聘请南京艺术学院专家来校指导排练,为艺术特长学生搭建更具专业水准的发展平台。二是特色课程基地课程。学校依托南京航空航天大学,建设航空航天特色课程基地,建成航空航天体验馆,在普适教育、深化培养和保障机制三个方面深入推进课程建设。三是创新人才培养课程。丰富课程体系,拓展课程资源,搭建课程平台,以特色课程基地、网络学习平台和数十个学生社团为载体,满足多样选择,激发多种兴趣,引导多元发展。丰富课程内涵,增加阅读性课程、实践性课程、体验性课程和拓展性课程,整合通用技术课程,提升艺术体育课程,强化综合实践、研究性学习等课程,构建起内涵丰富、动态开放的课程体系。

(三)个性化教学——"尊重主体,差异发展"

在推进课程改革的实践中,淮阴中学经过十多年的探索,把尊重主体、差异发展的理念贯穿教学的始终,切实转变教和学的方式,推进个性化教学。回顾这一变革历程,学校大致走过了以下三个阶段。

1. 研究有效教学,提高教学效能

针对20世纪末应试教育盛行、课堂效益低下、学生课业负担过重的突出问题,学校明确提出了"低耗高效"的教学要求,并在"十五"期间申报了省级立项课题"课堂有效教学策略研究",在华东师范大学教育系专家的指导下,通过探索有效性途径,提高课堂教学效益和质量,重点研究了三个方面的问题,即促进学生高效参与教学、加强课堂教学互动、提高课堂教学行为的有效性,形成了一系列推进有效教学的策略。

2. 关注全人教育,深化教学改革

"十一五"期间,学校确定了"全人教育视野下的有效教学策略研究"课题,力图借助全人教育思想的学习和研究,摆脱单纯重视知识、过分追求成绩的功利主义影响,真正关注学生的全面发展与和谐成长。一是优化教学环境,重视兴趣的激发,重视学生学习的内生动力,努力创设能够激发学生探索和创造欲望的问题情境。二是改善教学管理,鼓励学生自我管理,进而学会自我控制,学会尊重和理解,学会沟通和交往。三是提升课程实施水平,教师根据学生的需要和课堂的实际,灵活调整预设的教学方案,促成更为有效的学习。四是注重引导学生学会学习,培养问题意识,激发探究热情,提升思维品质,形成学习能力。

3. 重构教学形态,全面改革创新

进入"十二五",学校提出,教学改革要以促进学生基础素质的全面发展和个性特长的充分彰显为目标,努力提供适合学生发展的学校教育生活。在改革的重点上强调三个转变:即转变教育方式,构建新型的师生关系;转变教学方式,构建全新的教学形态;转变学习方式,促进学生自主学习,主动发展。学校教学改革的着力点从以"教"为中心转变到以"学"为中心,从传统教学的讲授、训练、考试转变到新课程倡导的自主、合作、探究,使课堂教学发生了根本性的变革,有力地促进了学生综合素质的提高。

(四)卓越教师——"让研究成为发展方式"

学校着力建设一支研究型教师队伍,让教师在学习中转变观念,在反思中改进教学,在研究中总结经验,在创新中形成特色。

1. 抓好专业学习

学校要求教师每学期制订详细的个人专业学习计划,确定适宜的学习方式和发展目标,确定专业的学习内容和主攻方向,进行"菜单式培训",以保证专业学习的延续性。为了拓展教师的知识面,学校成立了读书小组,将以往的个人阅读、集体阅读改为个性化的分组阅读,每个读书小组精选教育书籍共同阅读,团队共享一本书;每天教师自读至少一节,每周以读书小组的形式进行分组阅读。

2. 加强课题研究

"十一五"期间,学校依托省重点课题"中学发展性教师评价研究"和省立项课题"全人教育视野下的有效教学策略研究"这两个课题,将相关教师组成了研究共同体。为了保证课题研究的顺利开展,学校进行了统筹规划,合理安排,根据研究计划组织了各子课题组,并出台了课题管理条例,建立了一系列校本研究制度。关注过程管理,将课题研究细分为若干阶段,使各阶段的研究更加细致,督查更加具体,突出课题研究的过程性特点。

3. 优化教研方式

一方面,规范已有的"正式教研活动"。如组织每月一次的教师发展论坛,组织系列评优课及教学技能大赛,开展校本教研沙龙活动,建设"校本教研"网站,定期汇编校本教研资料,等等。另一方面,尽可能创设条件,让教师自主进行"非正式教研活动"。如针对个别学生的集体会诊,对学校热点问题的积极讨论,教师自发的学习沙龙或聚会,围绕教学工作的网上讨论,教师撰写教学反思随笔,等等。

4. 引导教学反思

学校将教学反思融入微格教学之中,培养教师教学反思能力。为了及时获得反馈信息,微格教学完成后,教研组长及时组织讨论和评价,让上课者观察自己的教学细节,并与事先的设计进行对照,找出不足,提高对教学的自我诊断能力。然后,让组内同人各抒己见,一起来评价教学过程,总结出优点和存在的问题,指出努力的方向。教师在日常教学过程中,亦通过自我反思的方式与自己对话,寻求教学改进。这样的反思有利于提高教师专业化水平,有助于教师成长为卓越教师。

5. 建立教科研共同体

学校成立"学术委员会",主要职责是指导教师教学工作,培养高素质的学科教师队伍。"学术委员会"对学科教学中遇到的共性问题和热点、难点问题进行研讨,发挥教学研究的作用。教师中还组成各种类型的研究共同体,既可以由志趣相同、同专业或同年级的教师自发组成,也可因具体需要而专门组合。

(五) 精细管理——"致广大而须先尽精微"

精细管理是与学校担当教育相契合的管理模式,淮阴中学管理工作力求让每一位师生成为主体,以管理过程的"精细",服务师生的发展;以管理效果的"精致",成就师生的卓越。

1. 以责任担当作为精细管理的实践取向

学校在管理实践中,深入落实每一个人的管理责任,让学校的每一个人都认识到自己所承担的使命与责任。学校重视教师的主体作用,注重激发教师的主动意识,让教师积极参与到管理过程中,实现自我管理。学校也注重培养学生的自我管理意识,引导学生开展自我管理的实践活动,在学生社团、校运动会、志愿者行动等活动中积极引导学生、自我管理,对活动进行自主设计,从而培养学生的担当意识和自我管理能力。

2. 以智慧释放作为精细管理的目标追求

学校倡导每一位师生既是管理的参与者,同时也是管理的受益者,让师生在学校管理过程中,主体性得到体现,责任意识得到强化,做事本领得到锻炼,让聪明才智有用武之地。学校创建各种平台,为教师素质的提高创造机会。学校创设了一系列激励制度,争取各种社会资源,设立奖教基金,每年评选颁发优秀园丁奖、优秀班主任奖、优秀青年教师奖、优秀管理奖、优秀教育科研奖等,激发教师主动发展,一批青年教师在省市级基本功大赛、公开课教学、论文评比等活动中,脱颖而出,屡屡获奖。

3. 充分发挥制度环境的规范功能

学校将制度建设作为文化建设的重要抓手,让教师积极参与到管理制度的建设中,体现教师在制度建设中的价值。制度订立的过程自下而上,充分吸纳民意,让制度有着广泛的认同基础,并在执行过程中,及时反馈,不断完善。学校改变了传统的教师评价制度,实行发展性评价,旨在激发教师发展的内动力,促进教师发展的主动性与创造性。教师根据自身的实际情况制定专业发展规划,依据评价标准和具体办法确定自己的发展目标,自主申报发展的层级。对于学校发展规划以及涉及教师切身利益的重要事项,交由学校教职工代表大会审议,充分听取教职工意见,激发教职工的主动性和创造性,保证各项制度的顺利执行和工作的落实到位。

4. 追求学校管理的专业性和适切性

学校提出了建设学术高中的发展目标,其学术性不仅表现在学生素质上,还表现在学校管理和工作方式上。学校追求行政管理向学术管理的转换,弱化行政指令,增强学术共同体成员的民主参与。逐步实现制度管理向道德领导转变,建立学校道德共同体;尊重、信任师生,创造平等的管理氛围,借助共同道德愿景树立道德权威;规范共同体成员的教育行为,激发全体人员奉献教育的热情。

四、担当教育的成果与反思

多年来,学校高考成绩一直位居全省前列,淮阴中学是北京大学首批认定的中学校长实名推荐学校,清华大学首批认定的新百年领军计划优质生源基地,被南京大学、复旦大学、上海交大、浙江大学、中国人民大学等五十多所著名高校确定为自主招生实名推荐学校或优质生源基地。广大学生基础素质全面扎实,并在研究性学习、社会实践、航模制作、科技发明、艺体技能、审美素养等方面表现出良好的个性特长、创新能力以及发展后劲。其中,张磊同学被中国人民大学作为创新人才培养的典型在《中国教育报》上宣传;尹杰同学读本科期间就获得国家科学技术进步三等奖;唐吉云同学当选"十大复旦之星"第一名;张新星同学进入大学深造后,作为第一作者,多次在世界权威杂志上发表论文,阐述自己的科学实验成果,被国际公认为极具价值的人类科学新发现。淮阴中学取得了显著的办学业绩,也赢得了社会的高度赞誉。2009年、2011年,学校两次荣获全国文明单位称号。2010年8月淮安市委办公室、市委研究室到学校开展专题调研,形成了题为"受人尊敬、令人向往的教育沃土"的调研报告,省政府曹卫星副省长批示:"要进一步总结淮中的成功经验和有益启示,推动全省中学的优质发展和特色发展。"

担当教育,是我多年来一直思考、研究并实践的教育项目,目前虽取得了一定的阶段性成果,但也遇到了一些困难和困惑。担当教育的探索是基于淮阴中学的办学传统和现实条件,其理论建构和实践模式是否具有普适性,还有待检验和完善;要实现担当教育的目标,培养更多创新型人才,既需要学校以更大的勇气和智慧推进改革实践,同时也需要一个支持学校改革、有利于创新人才培养的外部环境。为深化担当教育的研究,2011年,"担当教育"已申报为省级立项课题。

陈欣,男,生于1969年,江苏省洪泽县人。1985年9月考入江苏省淮安师范学校普师专业,1988年9月被保送至徐州师范大学汉语言文学专业学习,1990年9月再次被保送至南京师范大学政教系,1992年6月于南京师范大学思想政治教育管理专业本科毕业。中学高级教师,1992年起任江苏省淮安师范学校教师、校长办公室秘书,1997年7月起调任淮安市教育局办公室科员、副主任、主任,2007年1月任江苏省清江中学党委副书记、纪委书记,2008年8月起任淮阴师范学院附属中学校长、党委书记,2012年2月起任江苏省清江中学校长、党委书记。主要社会兼职有:淮安市人民政府督学、淮安市人大教科文卫委员会委员、淮安市教育学会副会长;江苏省教育学会理事、教育管理专业委员会常务理事,江苏省青年联合会委员。多年从事教育行政和学校管理工作,倡导开放、民主、包容的办学理念,主持省级规划课题"'E学习'环境下微课的教学设计与应用研究"。在国家、省、市教育专业刊物发表论文多篇,两次被淮安市人民政府评为先进教育工作者。

在文化建设的征途上推进学校跨越发展

江苏省清江中学　陈　欣

办好一所学校,质量是立校之本,创新是活力之源,文化是学校之魂。每一所学校在其发展过程中,都会形成具有自身特点的学校文化,并随着学校历史的延伸不断发展。无论师生员工是否意识到,学校文化始终伴随着学校发展而存在,也始终以独特的方式,潜移默化地影响着在校园内工作、学习、生活过的每个人。因此,建设优良的学校文化,对师生产生健康有益、积极向上的影响,是每一所学校的神圣使命。清江中学的"十二五"规划提出了"创建现代化、有特色、高质量研究型学校"的办学愿景。为此,我们积极弘扬学校优良的文化传统,准确把握时代脉搏,正视学校教育遇到的问题和面临的挑战,把"拓展内涵提质量,强化特色树品牌,以人为本促转型,跨越发展争一流"作为新形势下的办学策略,努力彰显文化育人的独特魅力,学校面貌日新月异,事业发展欣欣向荣,呈现出"一年更比一年好"的喜人态势。

一、弘扬奋发向上的德育文化,促进师生主动发展

学校的根本任务是育人,立德树人是素质教育的精髓。育人重在育德,成人先于成才。创设具有自身特色、适合学生个性成长、全面发展的优良教育环境,培养学生良好的道德品质、心理素质和行为习惯,造就"奋发向上、人格健全、知书明礼、素质全面"的清中人,是清江中学德育文化建设的着力点。

(一)弘扬催人奋进的清中精神

一所学校的底色,在于她的文化;一所学校的品位,在于她的价值追求。建校60多年来,一代代清中人用自己的心血和智慧,凝结成了"团结拼搏,争创一流"的清中精神,绘就了学校精神文化的底色,成为学校持续健康发展的信念之基和力量之源。在"清中精神"的引领下,学校全面贯彻党的教育方针,认真实施素质教育,坚持以优质特色、科学跨越发展为主题,以提升质量为主线,以改革创新为动力,立德树人,不断开创新局面、谱写新篇章。正是在"清中精神"的引领下,全校上下凝心聚力抓质量,一心一意谋发展,团结协作,埋头苦干,敢为人先,学校的知名度、美誉度越来越高,逐步成为师生幸福、家长信赖、百姓满意的优质学校。

(二)探索行之有效的德育模式

清江中学恪守德育为先原则,坚持人本理念,营造清新和谐的人文氛围,努力让学生得到知识的滋养、文化的熏陶、人生的历练。学校积极构建并完善具有自身特色的"三全"(全员额、全过程、全方位)"三自"(自我教育、自主管理、自身完善)"一心"(心理健康)的"三三一"德育模式;坚持以提升素质为着力点,以激发兴趣为切入点,以培养能力为落脚点,促进学生健康向上、全面而有个性地发展。同时,注重学生优良习惯的培育与意志品质的磨砺,利用学生军训、跑操、成人仪式、集体宣誓等活动,增强学生体质和集体观念,磨炼学生的成长意志。指导学生制定三年高中生涯规划,坚定他们的成人成才信念。注重德育网络建设,积极构建以"学校—家庭—社会"为主体的教育网络,实现育人方式的多元化,用丰富多彩的德育活动深化素质教育内涵。

(三) 营造健康向上的校园风尚

学校精神文化的鲜明印记和显著标志就是校园风尚、教学风格和学习风气。清江中学以"德清智明,博学笃行"为校训,既指明了培养道德清正、智慧清明的育人方向,又点明了知行合一、广博健行的成长路径,充分展现了建设优质学校、培育时代新人、提升办学品位的价值取向。学校着力营造"团结、勤奋、求实、创新"的校园风尚,引领全校师生员工"心往一处想、劲往一处使",依靠刻苦的努力、务实的态度和改革的思维,为实现办学目标凝聚共识、积聚力量。学校倡导"严谨、勤勉、真实、活泼"的教学风格,反映了对教师教学实践活动的基本要求,力求通过每一节课,展示每一位教师尽心教书、精心育人的品质,促进每一个学生的学业长进。学校创设"自主、合作、多思、好问"的学习风气,既集中体现了新课程改革的学习理念,又明确了学习求知的根本途径,使每一个清中学子受到润物无声的浸染和熏陶。我们的校歌"清清一条江",歌词励志动人,曲调激越悠扬,在每周升旗仪式和每次大型集会上传唱,成为清中师生心田中的温暖珍藏。

二、营造切合校情的制度文化,促进学校良性发展

用制度规范行为,以制度保障落实,靠制度促进发展,是建设优质学校的当然选择,也是学校文化建设的应有之义。在长期的办学实践中,我们坚守立德树人使命,坚持内涵发展方向,坚定质量提升信念,坚信以人为本理念,以学校章程为统领,制定了一系列规范有序、和谐高效的学校制度。

(一) 引领发展抓好规划编制

我们以科学发展观为指导,向内集中全校师生智慧,向外借助名校经验,向下挖掘历史宝藏,向上利用专家资源,制定并实施了"十二五"学校发展规划,坚持以人为本,突出"强化内涵建设,提升学校品位"的发展思路,通过"重质量、求特色、建队伍、强教研、抓管理、育文化"等关键环节的突破,催生学校事业跨越发展的内在动力。随着规划的深入实施,全校师生亲身感受到学校的发展变化,自觉性、自信心、自豪感明显增强,进一步助推学校步入优质发展的快车道。2015年,我们全面回顾总结了"十二五"学校发展的成绩和经验,准确查找到问题和不足,确立了"十三五"发展的定位和目标,规划了学校跨越发展的新蓝图。

（二）规范办学抓好建章立制

依法治校是办好学校的基本准则，民主管理是促进发展的根本保证。学校本着"尊重教师，让教师有尊严；激励教师，让教师有目标；发展教师，让教师有成就"的原则，构建了师生全面参与的制度管理规范。同时，逐步形成了以教职工代表大会、校行政办公会为主的决策机制；以处室、年级为主的执行机制；以党委纪委、家长委员会为主的监督机制。为了使学校各项管理制度更加规范，我们以党的群众路线教育实践活动为契机，坚持问题导向，聚焦中心任务，自下而上广泛征求意见，由内而外反思借鉴，条块结合完善梳理，围绕增强教育教学管理的科学性和实效性，建立健全了《江苏省清江中学评价制度改革方案》《江苏省清江中学教学、科研、竞赛奖励办法》《江苏省清江中学岗位设置实施方案》等促进教育教学管理规范、调动教职工积极性、激发创造精神与活力的规章制度，使学校德育、教学、后勤等方面的管理制度更加适应学校跨越发展的要求。

（三）注重实效健全落实机制

建章立制，重在落实。我们着重通过科学有效的机制，为规章制度的落地生根提供支撑。立足学校办学规模较大的实情，坚持班子成员带班、德育教学后勤等部门中层干部分块负责的值周制度，明确巡查内容和处理职责，构建问题及早发现、快速处置、及时反馈的常规管理机制，提高了常规管理的质量和效能。克服年级负责制、扁平化管理可能造成的年级、处室各自为战的弊端，构建班子成员蹲点年级、年级主任分工负责、年级组长分别对接职能处室工作机制，实现年级工作与各处室、各方面工作的"无缝对接"，提高了学校决策在年级的执行力度和落实程度。构建学校工作项目负责机制和按月到周落实机制，将全校和各部门工作编成项目表和具体安排表，及时上墙上网，做到早计划、早知道、早落实。

三、浓郁丰富多彩的特色文化，促进学校内涵发展

特色是学校发展的名片，学校文化青睐办学特色，这个特色培育一种理念、树立一种精神，它时时在感染人、熏陶人，不断引领着学校在内涵建设的征途上涌动跨越发展的正能量。

（一）在优化办学特色中彰显学生个性

办学特色是学校文化精神的重要体现，我们始终认为，特色学校建设是

教育改革的趋势,是素质教育的需求,是时代发展的要求,是创新发展的抓手。在多年的办学实践中,学校形成了以信息技术为龙头,外语、艺体、科技特色并举的教育格局。外语课程基地的创建,促进了学校英语教学水平的整体提高,为更多学子到国外大学深造提供了便利;信息技术教育与学科教学的深度融合,推进了教育现代化进程,许多学生凭借信息技术特长被东南大学、武汉大学等国内名校优先录取;田径、健美操、摄影等体艺特色教育,为一大批有个性潜质的学生插上了理想的翅膀。2010年考入北京大学的张泽峰同学、2011年考入中央戏剧学院并在青奥会上精彩亮相的万千惠同学就是他们当中的优秀代表。体育节、科技节、艺术节、外语节、国防教育活动周、信息技术活动周等"两周四节"活动,进一步优化了办学特色,为学生搭建了彰显个性、发展特长的平台。

(二) 在师生精神塑造中提升办学品位

师生的精神风貌表现为高尚的精神境界,学校注重对师生的精神塑造与价值引领,组织师生开展内涵丰富、形式多样的教育实践活动,建设健康向上、特色鲜明的学校文化。作为2016年的创新创优项目,我们在全校师生中实施了"1116全员阅读工程",要求"每人每月读一本、全校每月六千本"。举行阅读工程启动仪式暨知名学者报告会,积极建设新的班级图书柜、年级图书室及学校图书馆,大力推进师生阅读,让校园散发浓郁的书香。为营造生动活泼的育人氛围,学校以学生社团建设为抓手,按照"保持热度、形成气候、铸就品牌"的社团创建思路,不断探求丰厚学生人文底蕴的育人渠道。目前,学校清泉文学社、田径社团、外语剧社、科技驿站等数十个学生社团如雨后春笋,活跃在校园生活的方方面面,其中校朗诵社、健美操队、心灵氧吧等已成为全市学校教育的品牌社团。

(三) 在多元发展中不断深化办学内涵

清江中学高考成绩连续第七年保持高位运行,应届文考二本达线率继续稳居淮安市第二,文化类二本及以上达线人数继2015年超过600人之后,2016年又突破了700大关,文化类加艺术类有近800位同学考取二本及以上本科院校,2014届高三(1)班左磊同学以优异的成绩被清华大学航空飞行班录取。高考成绩固然令人欣喜,但我们并没有因此而陶醉。我们深知,学校的优质特色发展绝不单纯取决于升学率,更在于创造更多适合于学生发展的生长点。为此,学校积极探索有利于学生发展的新领域,突出以健美操为重点的体艺教育,清江中学现已成为全市健美操培训基地、健美操特长生培养基地。校健美操队在国内外中学生啦啦操竞赛中屡获金牌。2013年5月,学校成功承办了全国校园体育健身项目展示活动。认真抓好国防教育,2016年4月18日,全省学校国防教育推进会在淮安市隆重举行,清江中学被授予首批"江苏省国防教育示范学校",与会的260余名代表观摩了国防教育课堂教学现场,学生在课堂上展示的精神风貌给与会领导和代表以强烈震撼。根据教育部、解放军总政治部的部署,新学年率先在江苏开展高中阶段创办"国防班"试点探索,清江中学作为全省唯一一所四星级高中承担了这项任务。围绕把"国防班"打造成新的特色品牌这一办学目标,学校精心谋划,周密安排,全力保障"国防班"教育教学和军政训练工作的高起点、高标准、高质量,努力为国防和军队现代化建设输送更多的优秀人才。

四、创造富有品位的物质文化,促进学生全面发展

物质文化在学校文化建设中是最为直观、最具质感的。学校的一草一木、一砖一瓦、一桌一凳都反映出文化建设的层次和品位。多年来,围绕办学条件现代化目标,清江中学积极打造"绿色校园、精品校园、数字校园、平安校园",为学校发展和师生成长提供了丰厚的物质保障。

(一)打造精品校园

清江中学位于淮安市区中心,寸土寸金,校园建设必须在有限的空间内做到经典规划、精致建设、精心管理。为进一步提升学校现代化水平,2015年6月,学校启动了校舍安全工程高中教学综合楼建设项目,规划设计地上五层,包含60个标准教室、千人报告厅和图书新馆;地下一层,包含汽车库和体操房、乒乓馆、健身室等,建筑面积达26 000多平方米,目前大楼已竣工交付使用。在高中教学综合楼的规划设计中,我们注重彰显校园建设的精品意识和文化品位,既兼顾历史传承,又融入现代元素,使每座楼宇风格一致,亭台楼廊相映成趣,雕塑标牌富有品位,做到理念先进、布局合理、功能齐备、朴素大气,给生活在校园的每个人以美的陶冶。教学楼内用名人格言和校友风采激励学生奋发向上;图书馆里张贴意味隽永的标语,鼓励学生发奋读书,营造了浓浓的读书氛围;实验室中科学家追求真理的风采唤起同学们探究科学的浓厚兴趣……充分展现了浓郁的现代气息和丰厚的文化底蕴。

（二）创建绿色校园

美丽校园应当绿意盎然，生机勃勃。为了创建省级绿色学校，我们在抓好校园的净化、美化和亮化的基础上，想方设法做足做好校园绿化大文章，利用一切可以利用的地方，植树种草，增绿透绿，基本做到了"春有花、夏有荫、秋有果、冬有绿"。我们在校园环境上坚持高标准、严要求，教学楼、科技楼、实验楼、图书馆以及公寓餐厅等室内外的布置，都贯彻绿色环保、健康和谐理念，做到室内外地面整洁干净，果壳箱造型美观大方，警示牌设置恰到好处，让校园每一块墙壁、每一个景点都发挥潜移默化的育人功能。我们还对绿地草坪实行班级责任区管理，让学生参与校园环境建设，形成共建精品魅力校园、共享美好学校生活的合力。

（三）构建数字校园

清江中学是江苏省电教示范校，为实现教育现代化，近几年来，学校投入巨资，用于现代信息技术的软硬件建设，为全校每一个班级配备了多媒体设备，为每位教师再次更新了笔记本电脑，投入200多万元对校园网络进行升级改造，先后建成并优化了校园计算机系统、教育教学网络系统、校园广播电视系统、图书管理系统和校园监控系统五个系统。学校各部门、各年级组、教研组、备课组都有自己的网络资源库。校园网络通畅，每个教室、办公室和教师宿舍都可以无线上网，为E学习环境下的信息化教学提供了先决条件，为全面开展现代化教学环境下的素质教育奠定了坚实的物质基础。

校园文化是学校发展的"引擎"，追求学校的文化品位，就是让教育充满平等、民主、自由的人文精神，充满积极向上的蓬勃气息。我们深知，高品位的学校文化是学校发展中最引人注目的核心竞争力，它不能自发形成，而是需要我们精心培育、长期积累、不断创新。我们将进一步树立以师生发展为本的教育理念，努力营造富有丰厚底蕴、人文内涵、现代气息、蓬勃活力的校园文化氛围，使校园真正成为师生的"精神家园"和"发展沃土"，为学校的跨越发展注入持久旺盛的生命力。

朱益民，男，生于1968年2月，江苏淮安人，现任淮阴师范学院附属中学校长、党委书记。1988年7月从南京师范大学数学系毕业后进入江苏省淮阴中学工作，2007年1月任清江中学副校长，2012年任淮阴师范学院附属中学校长、党委书记。淮安市基础教育专家指导组成员、淮安市有突出贡献的中青年专家、淮安市学科带头人、江苏省首批高考优秀指导教师、江苏省优秀教育工作者、江苏省"333高层次人才"培养对象。先后兼任江苏省教育学会理事、江苏师范大学教育硕士指导教师、淮安市政府督学、淮安市数学学会副理事长、淮阴师范学院师范生实践指导教师。在多年教育工作中逐步形成了"精致教育"的办学思想，这一教育思想得到了省内外教育同行的高度重视，被中央电视台、江苏电视台、《基础教育参考》《扬子晚报》《淮安日报》等多家媒体关注和推介。近年来，淮阴师范学院附属中学先后获得全国中小学首批中华优秀文化艺术传承学校、全国教育改革创新示范校、全国德育科研先进校、江苏省艺术特色学校、江苏省文明单位、江苏省先进基层党组织、江苏省基础教育课程改革先进学校、江苏省艺术课程基地等80余项国家和省、市级荣誉称号。

精致教育的梦想与实践

淮阴师范学院附属中学　朱益民

一、精致教育思想的缘起与内涵

（一）精致教育思想的缘起

1. 减少教育浪费

20世纪90年代以来，中学教育非理性扩张十分严重，校园面积、高楼大厦、师生人数等成为各所中学发展追求的目标，涌现出了许多超大规模的中学。在中学教育高速扩张的同时，伴随着巨大的教育浪费：一是教育经费的浪费,部分学校无节制扩张,大量校舍空置;二是教师资源的浪费,学生要么向超级学校扎堆聚集,导致优生不优,要么被所在地学校行政性干预滞留,从而无法享受到更优质的教师资源;三是学生潜能的浪费,在众多大规模学校里,许多非常好的苗子因为得不到合适的教育,在茫茫人海中迷失自我,最终归于平淡。为减少教育浪费,正视教育规律,中学教育应把"人"置于教育的中心,走内涵式、精致化的发展道路。

2. 改变学校现状

近年来,在学校发展由"外延式"向"内涵式"转变、学校管理由集权模式向民主范式转变的过程中,诸多问题日益凸显:学生缺少更高境界引领,人为降低培养的要求和标准;教师队伍发展不均衡,职业倦怠现象明显;办学缺乏深度哲学思考,主流文化有失鲜明;干部工作作风不过硬,学校管理失范;家校缺少更有效的沟通,出现相互埋怨、指责的现象;办学思想封闭陈旧,跟不上教育发展的主流;教师团队建设滞后,合作共创的氛围不足;课程意识缺乏,教学研究气氛淡薄。实践过程中的这些问题仅仅依靠个人、职能部门或某个学科组的推动,难以得到有效解决。有时全体动员,人人参与,但是具体任务却很难落实到个人,遇到难题更是相互推诿,以致工作很难开展。

为解决上述两方面的问题,我们提出了"精致教育"的理念,并在师院附中全面实施。

(二) 精致教育思想的内涵

1. 精致教育的定义

精致,始于精心,成于精彩;精致,源于细致,成于极致!作为"精致教育"的核心追求,精致具有精益求精、细腻细致等含义。其中,"精"是态度、是过程、是方法,"致"是理想、是追求、是目标。"精致教育"是一种面向全体学生、面向美好未来的教育,它关注差异、关注过程、关注细节、关注个体生命成长需要的教育,强调通过提供优质的教育服务,追求更为美好的教育发展过程和结果。"精致教育"既是一种教育理念,又是一种教育方法,更是一种行之有效的操作法。它由精粹文化、精湛管理、精心德育、精品课堂、精良师资、精彩艺教、精美校园七项工程构成。

2. 精致教育的特征

精致讲究"细化""常化"和"内化":细化,是指精细的,而非笼统的。在具体工作中,体现为目标要精准,过程要精细,效果要精良。常化,是指常态的,而非突击的。在具体工作中,体现为通过建立机制,让"反馈""诊断""改进"自发进行。内化,是指自觉的,而非压制的。在具体工作中,体现为执行到位,即人员反应敏捷,信息传输通畅,工作落实到位。

3. 精致教育的核心价值

追求精致、凸显绩效、止于至善是学校的核心价值观,其中追求精致强调过程,凸显绩效考核结果,止于至善讲求改进。

追求精致。"天下难事,必作于易;天下大事,必作于细。"精致源于态度,精致体现素质。精致有别于粗放低效,既指精益求精的态度,又指细致细腻的工作方法。追求精致是当今转变教育质量增长方式的必由之路,要求我们站在"实施赢在终点的教育,让灵魂在更高处飞翔"的高度,把教育中的小事做细,把细事做透。

凸显绩效。绩效是指组织、团队或个人,在一定的资源、条件和环境下,完成任务的出色程度,是对目标实现程度及达成效率的衡量与反馈。学校工作中凸显绩效的目的:一是达成目标——分解目标,阶段考核,实现超越。二是改进提高——发现问题,解决问题,提升质量。三是绩效考核——不劳不得,多劳多得,优绩优酬。四是共同成长——学校发展,师生进步,实现共赢。简而言之,凸显绩效是用科学系统的方法和原理来评定、测量教职工与工作行为与工作效果,以达到对学校及个人绩效改善的目的。

止于至善。此条出自《礼记·大学》,意思是处于最完美的境界。宋代朱熹在《大学章句》中解释说:修身育人,都必须达到完美的境界而毫不动摇。止于至善有两个要点:一是追求完美,即追求大真、大仁、大爱、大诚、大智、大美。二是"止",兼有达成和维持之意,未达理想前,必须勉力以赴;达成之后则务必使其维持不坠,实现无止境的改进,这才算是"止"。显而易见,这是一种以卓越为核心要义的至高境界。

二、精致教育的实践探索

(一)建设精致文化,倡导先进文化,探寻文化塑校大有可为

"问渠那得清如许,为有源头活水来。"学校管理的最高境界是文化管理,文化管理的内涵是精神,对象是干部、教师和学生。

1. 建设精致文化

为建设精致文化,我们利用三年时间走出了三大步。第一步,做好文化

传承。2012年下半年,我们对学校旧有文化进行梳理,召开教职工代表与干部座谈会,以传承为目的,进一步明确了"师院附中学校文化符号"以及今后文化建设的方向。第二步,进行文化创新。2013年上半年,我们召开教职工代表大会,讨论并通过了《学校文化解读》这一报告,进一步明晰了学校文化发展的方向与架构,指明新时期学校文化的核心是"实施赢在终点的教育,让灵魂在更高处飞翔"的教育理想;主干是"自强不息、务实创新、团结协作、坚忍图成"的教师文化,"抱朴求真、向善尚美,品尚行范、思致超越"的学生文化,"尊重、包容、引领,务实、共创、争先"的干部文化;主线是"精致教育"七大工程。第三步,完善精致文化。2014年2月,学校先后出台了《师院附中发展十大共识》《多给学生一份支持》等文件。围绕内涵建设,站在文化的高度号召全体员工统一到"让正气继续弘扬,让转变渐成常态,让发展面向全体,让发展面向未来"的共识上来;统一到"多一点耐心、多一次帮扶、多一回交流、多一节优课、多一次家访、多一道好题、多一份好卷、多一回赞美、多一重关爱、多一份责任、多一次示范、多一个好班"12项支持学生发展的行动中来。2014年12月,出台了《师院附中文化新符号并解读》,进一步明确了学校"精致、尚美、超越"的文化特质,"追求精致、凸显绩效、止于至善"的核心价值,"把信心、进步和更高境界带给学生"的办学理念,"品尚行范,思致超越"的校训,以及"做有教养、有个性、有竞争力和有未来视野的人"的学生培养目标。

2. 倡导先进文化

倡导团队文化。团队精神可以产生巨大的凝聚力,可以培养团队成员之间的亲和力,可以提高学校工作的战斗力。学校在队伍建设过程中高度强调发挥团队的作用,根据学科、年级、爱好等特点,将教师组成一个个工作团队,并号召团队成员智慧共享、团队共建、成效共创、齐心协力创造新成绩,取得了显著成绩。高一年级被江苏省总工会表彰为"工人先锋队",生物组教师结成团队在淮安市生物实验教学技能竞赛中荣获团体一等奖,生物、地理组教师团队在淮安市网络教研团队大赛中取得两个一等奖。

引领尚美文化。学校大力弘扬尚美文化,全年通过举办"最美瞬间"评比、"星级班级"争创、德育之星评比、文明学生展示等主题教育活动,让"尚美"成为全校师生共同的追求。在尚美精神的引领下,学生取得了喜人的成绩:4个班级被表彰为淮安市"周恩来班",1个班级被表彰为江苏省"周恩来班";在2014年江苏省"百万少年争当'江苏好少年'展评活动"中,8名同学受到表彰,142名同学被表彰为"江苏省四好少年""淮安市优秀团员""淮安市优秀少先队员""校优秀学干""校德育之星"。学校连续多届开展的"尚美年度人物(团队)"评选更是将尚美之风推向高潮。

3. 统一行动共识

一方面,在文化层面深化学校办学的哲学思考。实现学校办学目标是一个长期的过程,只有以先进的文化为统领,才能确保各项事业的健康有序发展。首先,坚定"实施赢在终点的教育,让灵魂在更高处飞翔"的教育理想。办最对得起学生(过去、现在、未来)的教育,追求现实与理想的平衡。坚持教育以育人为本,以学生为主体。把培养学生、促进学生的全面发展作为我们工作的出发点和落脚点,真正做到尊重学生、理解学生、关心学生,努力为学生提供潜能发展的机会和条件。其次,坚定培养目标,即培养"有教养、有个性、有竞争力、有未来视野的人"。建设"抱朴求真、向善尚美,品尚行范、思致超越"的学生文化,明确"成人"和"成才"两个目标,着力在品德和学业上帮助学生有所建树,不断挑战自我,超越自我,通过永不倦怠的学习最终走向成功。让学校教育更多体现出改变人生的效应,以期有效改变"家庭身份复制"的社会现象。另一方面,在理念层面统一教育教学的行动共识。一是以核心价值和办学理念为根本原则,坚持质量管理和课程改革两个轮子一起转,把打造学科建设、环境建设、文化建设三个升级版作为重要基础。二是让发展面向全体,确立"水涨船高"的发展思维,而非"水落石出"的思维方式;确立以品格引领进步的积极教育观,而非被动防守应付的消极教育观。三是让发展面向未来,兼顾考试短跑和人生长跑,树立忧患之心、责任之心、悲悯之心,促进学生增值发展,帮助学生重建自信,为学生赢在终点奠基。四是用智者的眼光观照教学过程,全面推进基于教学改进的学科建设。五是以仁者的胸襟关心学生成长,悉心提高促进学生发展的教育智慧。

(二)强化管理意识,落实范式管理,夯实精湛管理势在必行

在办学过程中,我们清醒地认识到:常规管理是最基本、最重要的管理,要实现管理精湛,必须践行"严、精、细、实、早"的精致要求。

1. 强化管理意识

常规管理重在落实、重在坚持,持之以恒的常规管理能够形成一种文化,产生巨大的力量。一是倡导自主管理。学校成立学生会、年级成立自管会、班级强化班委会,在管理中努力做到"学生能做的事老师让位",努力建设学生自主管理体系。清晨,文明岗的同学在大门前向每一个走进校园的师生微笑;课间,"自管会"的同学向各种不文明的行为发出"挑战";傍晚,广播站的同学用清晰甜美的声音向全校传递音符。校园里,人人都是学校的主人,个个都是管理者。二是规范工作流程。坚持以"学校决策部署、处室统筹协调、年级深入执行"为途径,着力推进以年级部负责制为核心的学校管理制度创新,各年级实施日志化管理,全程记录每天每节课的情况。学校每一项工作均要求提前制订计划,按计划开展。调整学校值班模式,统一调配学校和年级值班干部和教师,做到每个时段、每个重点地段都有值班人员,值班中出现的情况通过短信、公布栏等及时向全校公布。此外,我们不断规范办学行为,广泛开展评议活动,扎实推进校务公开,开展平安校园建设,提升后勤服务水平,取得显著成效。三是创新管理模式。提倡走动式管理、问题式管理和微创新管理。微创新管理,要求管理者从最细微处入手,转变思想,创新求变,从而让管理实现从小到大、从少到多的积聚效应。

2. 落实范式管理

管理范式是行之有效的规则体系,讲求执行力、落实力、改进力。一是在常规管理中提出并推动"走动式""问题式""微创新""集约式"以及学生自主管理范式。其中,走动式管理范式讲求"实践与时效",要求管理者深入第一线,走进年级、班级和宿舍,走进老师和学生中间,通过巡查发现管理的漏洞,第一时间解决问题。问题式管理范式讲求"思考与落实",要求管理者做到"六个不放过",即问题未找到不放过、原因未查明不放过、对策未形成不放过、工作未落实不放过、成效未凸显不放过、机制未完善不放过。微创新管理范式讲求"精细和创新",要求管理者从最细微处,转变思想,创新求变,从而让管理实现从小到大、从少到多的积聚效应。集约式管理范式讲求"整合与实效",通过最科学地整合管理资源,持续深入地开展管理,实现效率最优化、效果最大化。学生自主管理范式讲求"授权与自治",通过建设完善学生管理组织(如学生会、自管会、班委会)和学生社团(志愿者协会、文学社团、科技社团等),授予其自我管理的权利,努力做到"学生能做的事老师让位",最终实现学生自主管理、自主成长。二是在教学管理中提出并推动"教学督导"管理范式和"微环节研究"管理范式。其中,"教学督导"管理范式讲求"监督和引导",通过成立专门的督导组织机构,制定督导制度,监督和引导教师,将教学常规工作做实、做优,在督导中强化"三个结合",即做到定期检查和随机抽查相结合,全员普查和专项检查相结合,学校检查和年级检查相结合。"微环节"管理范式讲求"细节和提升",要求老师在课堂教学中,围绕如何组织预习、如何引导学习小组合作、如何提高学生表达能力、如何帮助学生形成良好学习习惯等细节问题,开展研究,促使学生学习能力提升。三是在科研管理中,提出并推动"微型课题"研究和"项目组"管理范式。其中,"微型课题"研究,以"问题即课题、对策即研究、收获即成果"为基本理念,务求选题"务实",研究过程"踏实",研究结果"真实"。"项目组"管理范式,通过组织老师成立课题项目小组,扎实开展校本课程和校本教材研究与编写,学校不干涉具体研究过程,只以项目组为单位考核成果。

(三)创新德育模式,拓展德育阵地,实施有德教育润泽灵魂

德育是否有成效,必须考量德育的深度和广度:一方面要看德育是否深入心灵,唯有浸入心灵才能润泽灵魂,促使德育内生;另一方面要看德育是否面向全体,只对少部分学生有效的德育显然不能称为成功德育。中学阶段有效而成功的德育应是针对学生德育现状,有着明确的德育培养目标,浸润灵魂、面向全体的培养品德的活动。

1. 创新德育模式

在综合考量德育众要素之后,学校创新实施"以美育人,五心六自"的德育模式。"以美育人"即以美育德、以美启智、以美怡情、以美健体、以美促劳;"五心"即广泛开展自尊心、自信心、感恩心、责任心、进取心教育;"六自"即培养学生走向生活自理、环境自护、行为自律、体格自强、学习自觉、发展自主。"以美育人"是结合附中实际的德育出发点,"五心六自"促使个体品德的自我建构与"内生",最终让学生能用更阳光的心态去创造属于自己的美好生活。

2. 实施"365"德育策略

在创新实施德育模式的同时,我们配套实施"365"德育策略。"3"是创建"三位一体"教育网络,形成"学校、家庭、社会"三位一体工作格局,齐抓共管,统一教育影响,增强教育合力。"6"是组织"六级三层"主题活动。根据学生的年龄和身心发展特点,在六个年级中开展三个层次的主题教育活动:第一层,基础层次,以自尊心教育、感恩心教育为主要内容;第二层,发展层次,以自信心教育、责任心教育为主要内容;第三层,追求层次,以进取心等情商教育为主要内容。三层主题之间有侧重、有衔接、有层次、有递进、有发展。"5"是构建"五环三全"管理体系。构建校长室—职能科室—年级部—班主任和

科任教师—学生五环管理体系,实施全员管理、全程管理、全方位管理,一年365天内切实做到学校无闲人,人人都育人;学校无小事,事事都育人;学校无空地,处处都育人。为使德育触及每个灵魂,时刻浸润每个生命,学校为每个学生建立"成长记录卡",其中包括父母的期望,教师、同学和自我评价,反映自己进步轨迹的成果等内容。

3. 拓展德育阵地

一是以美的环境育人。学校不断改善办学条件,美化校园环境,新辟厚积园、修身园、寸金园,新立一方"超越担当石"人文景观;各级部和班级积极建设特色文化,通过悬挂标语、张贴奋斗目标等方式,砥砺师生"思致超越,学而不倦""勇于担当,大器天下"的精神。校园内每一株花木都"传情",每一处楼宇、每一条道路、每一面墙壁都能"说话"。二是以美的课程育人。学校作为"江苏省艺术特色学校""江苏省艺术课程基地""全国中小学首批中国优秀文化艺术传承学校""全国特色高中建设项目校",不断深化艺术课程的育人功能。三是以美的活动育人。每周由不同年级承办升旗仪式,通过定主题、定程序、定学生和老师发言人等方式进行宣传教育。每月分年级,分住校、走读,分先进、后进学生召开会议,及时提出要求。每学期提前制定主题班会安排表,根据学生年龄、学段特点按时召开主题班会。开展"文明之星"评比、特色班级创建、"尚美年度人物(社团)评选",树立正面典型,对优秀学生、文明行为予以表彰和肯定;开展一日常规值班、量化考核评比等活动,对学生不文明行为及早发现、及时教育、及时纠正。充分发挥"心理咨询室""心灵坊"的作用,提高学生的承压能力和耐挫能力;开展关爱"留守学生"的活动,将友爱互助、扶助弱小等中华民族传统美德注入学生的心中。组织"八礼四仪"系列活动,定期组织开展"学会感恩""低碳环保""成人礼暨走进高三动员誓师大会"等活动。继续推进"周恩来班"建设。四是加强家校联系。通过组织教师家访,举办家长开放日、"好家长事迹报告会""家教经验交流会"等活动,进一步密切学校与家长的联系,了解学生在家的表现,听取家长诉求,及时调整教育对策。

德育模式创新,吸引了关注的目光。2012年4月,"2012年江苏—安徽—上海田家炳中学校长论坛"在我校举行,来自全国的40多所田家炳中学校长走进我校共同探讨学校德育工作。

(四)打造"精品课堂",开展"小班化"实践,深化课程改革,提升质量

为提升教育教学质量,我们提出"低进高出,高进优出"的目标要求,以明确全校师生的奋斗方向。"低进高出,高进优出"指的是经过师院附中三年的培养,确保学生的综合素质得到最大限度的"增值发展",让一般的学生成为优秀学生,让优秀学生成为精英学生。

1. 开展"精品课堂"创建

2012年,我们首开"精品课堂"探索。经过一年的准备,2013年,我们组织了首届"课堂文化展示节"。期间开展了专家讲座、各学科教学展示和督导研讨、教师讲坛、校本教材研修、对外公开课等形式多样、内容丰富的系列活动。2014年,"精品课堂"探索走向深入,3月我们再次成功组织"课堂文化展示节",面向全市开展优课观摩、教师讲坛、教学沙龙、专家讲座等系列活动,受到广泛好评。其中"课堂教学与信息技术的整合市级观摩活动",40位老师开课,吸引全市500多位教师来校听课、研讨。2015年,我们围绕教学成立督导考试中心、课程教学中心和信息技术中心,对"精品课堂"创建提供支持。在精致教育视域下,我们积极推进课程改革,深入开展精品课堂创建活动,提出精品课堂"以生为本、以标制导、以评促学、以学施教"的十六字方针,确立学生的主体地位,以目标场为根本,以思维场为核心,以情感场为保障,以习惯场为延伸,根据学生的学习实际有的放矢地组织教学,围绕"重学生、重基础、重课练、重品质"的课堂教学基本要求,坚持以生为本和启发教学,努力追求目标统领下的教、学、评有机融合,不断推进信息技术与课程整合,不断探索导师制、尖子生、重点班等培养模式,使学生在"学会—会学—乐学—价值"四个学习层次上不断进步,为学生全面发展和终身发展奠基。

2. 开展"小班化"实践

在全市率先开展"小班化"教学实验,并取得了显著成效。一是致力于深度合作。小班化教学的本质特征是教学面向学生个体,而不是面向整齐划一的全班整体;教学指向学生成长,而不是培养思维僵化的考试机器。为最大限度地激发学生学习的积极主动性,提高个体的学习动力和能力,达到高效完成教学任务的目的,教师与教师、教师与学生、学生与学生、家庭与学校之间努力加强深入的合作。二是致力于高位均衡。以让每个学生都享有平等的教育机会,让每个学生都能迈上更高的发展平台,让每个学生的潜能都能得到100%的唤醒为目标,在实施小班化教学的过程中始终如一地强调师爱

100%覆盖、课堂100%参与、平台100%搭建、进步100%实现和学情100%反馈五个100%要求。三是致力于全域精致。从课堂、管理、德育等方面，全程、全面实现小班化教学的精致化。其中，在课堂教学中强调"先学后教、小组合作、当堂训练"的教学模式，同时立足学科不同特点，分别确立作文、数学、英语、政史、物化、体育等学科的教学模式。

3. 加大教学督导力度

为使教学有序高效，我们成立督导团，制定督导制度，优化督导团队，加强教学"六认真"的检查力度，做到定期检查和随机抽查相结合，全员普查和专项检查相结合，学校检查和年级检查相结合。一查课堂，让推门听课成为常态，对教学过程中出现的问题，及时提出改进要求；二查辅导，让导师帮扶成为常态，要求辅导老师明确责任，切实履行辅导职责；三查作业和检测，让科学训练成为常态，要求有练必批，有批必评，有错必纠；四查学生评教，让定期反思成为常态，利用数字化分析系统开展学生评教工作，学生全员参与，多维度、多层次分析教师的教学行为；五查教研活动，让校本教研成为常态，科学调整活动时间，严格审定教研计划，既扎实抓好每周一次的分科教研，又定期组织相近学科的合作教研。开展课堂教学"微环节"研究，针对如何组织预习、学习小组怎样合作、表达能力如何提升、学习成果如何展示、教师如何养成倾听习惯等一系列课堂细节，结合教学实践，找到问题症结，深入开展研究，形成专题文章，提升行动效果。

截至目前，我校已连续18年荣获淮安市高中教育教学质量一等奖，近十年来累计有3 000多人考取本科院校，使大量"输在中考"的学生"赢在高考"，真正实现了"低进高出，高进优出"的高增值发展目标。

（五）开发七大课程，开展教育研究，实现学科建设纵深发展

1. 开发七大课程

为重建新常态，我们重新厘定"把信心、进步和更高境界带给学生"的办学理念。其中"更高境界"包括以下四个层面。一是更高境界做人：品行好，有教养；二是更高水平学习：习惯优，有进步；三是更高品质生活：体魄强，有特长；四是更高目标引领：方向明，有梦想。为贯彻这一理念，支持学生的多元发展，我们重点打造以下七大课程：一是"五心"德育课程建设，成立学生社团联合会，构建大德育体系；二是"尚美"艺术课程建设，以艺术特色课程提档升级为目标；三是国际理解课程建设，以帮助平民子弟登国际舞台为目标；四是"精致"理工课程建设,以打造高品质的理科实验班为目标;五是"至善"文杰课程建设,以打造高水平的文科实验班为目标;六是"阳光"修身课程建设,以提升学生体育与心理健康水平为目标;七是社会实践课程建设,以提升学生实践能力与创新素养为目标。

2. 开展教育研究

牢固树立科研兴校思想,坚持从学校的教育教学实际出发,从提高教育教学效能角度寻求振兴学校科研工作的切入点,不断加大教科研工作的力度,完善教科研激励机制,让教科研走近教师,走进课堂,充分调动教师开展教科研的积极性,增强教科研工作在教育教学中的现实生命力,鼓励教师利用校园网、学科资源库建立"学科工作室",促进"工作室"活动常态化、制度化,以科研加快教师的专业发展,以科研促进教学质量的整体提高。认真做好省、市级课题的研究总结工作,不断推进以省级课题《精致教育视域下的精品课堂实践研究》为首的课题研究,鼓励教师进一步申报省、市级课题,组织论文、教案、课堂教学评比活动,进一步推进校本课程开发,推动校本教材编制工作。认真落实以自我反思、专业引领、同伴互助为主要手段的校本教研制度,鼓励全体教师在教科研尤其在校本研究方面做出突出成绩。开展教师沙龙和学术论坛活动,强化教科研骨干队伍建设,抓好教科研的过程管理,提高科研层次和品位。

3. 建设项目组

2014 年 3 月,学校发出成立项目组的倡议,召开首批项目组成立大会,正式启动项目组创建工作。项目组是指为了完成某个特定的任务而把一群不同背景、不同技能和来自不同部门的人组织在一起的组织形式。学校围绕学校工作的重点、难点问题和薄弱环节,根据教师学科特点、个人特长等,合理整合人力资源,组建诸如青年教师基本功提升、微型课题研究、名师工作室、中学生科技等 16 个项目组,引领教师围绕特定工作目标结成工作团队,开展专项实践活动,促进教师队伍的主动性发展和团队式成长。2014 年,教师基本功提升项目组参加淮安市教师基本功大赛,近 20 名教师获得一等奖,其中 3 名教师被推荐参加江苏省基本功大赛,2 人获得江苏省一等奖;班主任团队建设项目组,集中智慧,先后开展了"母亲节感恩教育""告别陋习走向文明""让历史照亮未来""百日誓师"等主题教育活动,取得显著成果;金钥匙化学竞赛项目组,组队参加全国中小学生(江苏地区)"金钥匙"科技竞赛 CESL 活动团体赛,获得一等奖,学校被授予江苏省青少年科技教育先进学校称号;校本课程项目组获得淮安市优秀校本课程奖;初中作文教学研究项目组,研究论文数十篇发表在核心期刊,教学研究课在江苏省"教育新时空·名师课堂"网上直播,指导的20多名学生获得市级作文大赛一等奖;艺术教育项目组被表彰为淮安市"五一巾帼标兵岗";教师讲坛项目组组织教师面向全校开设微型讲坛,其中,吴娟、王凤兵、姚媛媛等9位教师先后开设了《莎士比亚悲剧评析》《野外求生技能介绍》《揭秘恐怖死亡——埃博拉病毒》等讲座。

(六)成就高尚师德,打造名师队伍,实现师资队伍专业化成长

纵观教育自身发展的历史和规律,要想实现教育的可持续发展,必须在内涵发展上下功夫,而内涵发展首要的问题就是要高度重视师资队伍建设,必须建立一支高素质的教师队伍。没有高素质的教师,就谈不上教育向深层次发展,也谈不上培养高素质的祖国建设者和接班人,更谈不上全民素质和综合国力的提高。

学校目前拥有教职工325人,其中教授级中学高级教师2人、特级教师4人、高级教师107人、市级学科带头人20人,市级基础教育专家指导组成员11人,省"333"、市"533"、市"十百千"工程培养对象和市"有突出贡献的中青年专家"24人,取得硕士学位的教师28人。为建设更高质量的教师队伍,学校启动了精良师资工程,引领教师"立德""立功""立言",努力使教师的专业水平得到主动提升,取得了显著成效。

1. 立德——成就高尚师德

"经师易遇,人师难求",教育不仅是智育,更是德育,只有身正才能为范。师德是教师应有的道德和行为规范,具有高尚情操、渊博学识和人格魅力的教师,会对学生产生一辈子的影响。师德建设是学校管理中不可或缺的组成部分,是队伍建设中常抓不懈的首要工作。一是建设高尚师德文化。学校出台了《学校文化解读》,明确"自强不息、务实创新、团结协作、坚忍图成"的教师文化,"尊重、包容、引领,务实、共创、争先"的干部文化;出台了《附中共识》,从十个方面对教师工作提出进一步要求,明确"教师发展高一层先一步"要求;出台了《深入开展"多给学生一份支持"教育实践活动的实施意见》,要求教师在工作中做到"多一点耐心、多一次帮扶、多一节优课、多一回交流"等十二多,不放弃任何一个学生,让每一个学生都能实现"增值发展"。二是树立正面典型人物。榜样的力量是无穷的,发现和表彰先进典型,让"老实人"

得实惠、以德高者居高位,在学校内部营造出"学高为师,德高为范"的正气。学校每年都通过全校范围的师生互评,评选出"优秀师德模范""优秀共产党员"和"尚美年度人物(团队)",并在教师节和元旦期间召开全体教师会议和颁奖典礼,进行隆重的表彰。教师内部比奉献、比高尚蔚然成风。一大批教师更是荣获了市级以上"优秀教师""先进德育工作者""师德模范"等称号,蔡兆生同志荣获"2011年度感动淮安教育十大人物"提名奖,王浩同志被表彰为"2013年度感动淮安教育十大人物"。三是常年开展教育活动。常年开展"双进双争"活动,组织教干、教师走进社区,走进家庭,为学生和家长提供最需要、最实际的服务。此外学校常年开展"周恩来精神学习宣传月"系列活动,对师生进行同步教育;开展青年志愿者服务,组织"关注留守儿童"系列活动。

2. 立功——打造名师队伍

有了好教师,就能打造好课堂;有了好课堂,才能有好质量。学校着力提升教师"传道、授业、解惑"的能力,从以下三个方面深入开展工作。一是完善奖惩制度。出台《年级部质量管理考核办法》,以正确评价教师表现、业绩和贡献,充分发挥教师的工作主动性和积极性为目的,实行质量考核。成立"教学督导团"。督导团对任课教师的教学质量、在校学生的学习质量、教学过程的管理质量进行调查、分析、反馈、督促、咨询、评价和指导,及时发现教学工作中存在的问题,进行研究总结,并提供改进的建议和方案。二是开展"名师"工程建设。目前,学校中、高级技术职务的教师占专任教师总数的70%,在淮安市名列前茅。如何使这些已经到达教师生涯发展高原的中、高级教师振奋精神、焕发出新的活力、在教学过程中获得成就感和自我价值的认同,这是学校发展规划中的一个重要课题。学校实施"名师"培养工程,通过制订名师培养计划、加强过程管理与考核、成立"名师工作室"等方式形成校级骨干教师—市级骨干教师、学科带头人—省特级教师—教授级高级教师"金字塔式"的骨干教师培养梯队。目前,学校拥有教授级中学高级教师、省特级教师、市级学科带头人、市基础教育指导组成员,省"333"、市"533"、市"十百千"工程培养对象,以及市"有突出贡献的中青年专家"等的人数在全市名列前茅。

3. 立言——提升科研水平

教育改革呼唤教育科研为先导,教师能力提升需要以教育科研为动力。

我们努力引导教师开展教育教学研究,组织全体教师参加微型课题研究。微型课题研究以"问题即课题、对策即研究、收获即成果"为基本理念,选题"务实",研究过程"踏实",研究结果"真实"。在微型课题研究过程中,教师坚持教学科研一体化原则,把课题选择、设计、研究和教育教学工作结合起来,教师的实践、反思、探究、改进的经历形成特定的"个人知识",重建教育教学的"个人哲学"。2013年,学校参与国家"十二五"生命教育课题研究,被命名为"全国生命教育示范基地",中期研究报告《精彩艺教托起生命的翅膀——探究音乐教育对中学生心理健康的作用》荣获"全国生命教育(2013年)科研成果奖"。5位教师被表彰为"生命教育科研先进个人"。2012年以来,3个国家级、2个省级和5个市级课题研究相继结题,学校先后荣获"全国重点课题实验基地""江苏省课程改革先进学校""江苏省教育科研先进单位"等多项荣誉称号。2014年,学校的"精致教育"更是被表彰为"淮安市十大先进操作法",我校成为淮安市基础教育中唯一得此殊荣的学校。

（七）弘扬艺教特色,开展国际合作,开展多元教育,实现学生多样发展

1. 弘扬艺教特色

我校一直高度重视艺术教育,早在1997年,我校与南京师范大学、淮阴师范学院等高校携手开办艺术特色班;2004年,我校被江苏省教育厅命名为江苏省首批艺术特色学校;2010年,我校被中央教科所确认为"全国特色高中建设项目学校";2012年,我校被淮安市教育局命名为淮安市艺术高中;2013年,我校通过江苏省课程基地申报,成为江苏省艺术课程基地。2012年,我校开展艺术教学的模型研制、开发和建构,形成了"二全三级一载体"的艺教模式。"二全"即面向全体学生,服务全面育人,致力于培养"合格+优秀+特长"的学生。"三级"即将艺术教育分为三个层级。"一载体"即以课程为载体,积极推动艺术教育课程规划建设、师资队伍建设、教学内容及课程体系建设、教学方法与手段建设、校本教材建设。按照不同的达成目标和内容设置,具体分为引桥课程、普及课程、欣赏课程、活动课程、专业课程、预科课程六大课程。为使全体学生都能根据自己的需要进行选修,我们每周专门安排了几个下午两节课连排,开设淮海戏、新疆舞、书法、国画、主持艺术、健美操、太极拳、橄榄球、机器人等选修课程,供学生跑班选修。"二全三级一载体"的艺教模式使艺术类学生实现特色化、差异化、高层次发展,为众多看似无缘大学的考生圆了艺术梦、大学梦。2013年,我校"二全三级一载体"的艺教模式荣获

了江苏省教学成果奖。目前,我校艺术课程基地建设得到淮安市政府和市教育局的高度重视和肯定,学校艺术教育中心大楼工程被列入淮安市2013年教育发展十件大事,艺术中心大楼项目总投资3 000多万元,主要由市财政拨款建设,2015年8月已完工。该楼建设本着"立足需求、适度超前、精心规划、精致建设"的原则高标准建设。建成后,高规格的音乐理论教室、电钢教室、艺术教师工作室、标准舞蹈房、学生琴房、美术教室、书法国画教室、泥塑室、美术展馆和学校礼堂等将为课程基地提供良好的硬件支撑。

2. 丰富教育载体

一是常年开展"三周四节"活动。全年按序开展"经典诵读节""精品课堂展示周""感恩节""国防安全教育周""文化艺术节""体育文化节""感动人物推介周"。二是深化学生社团建设。以有益于学生的健康成长和有利于学校各项工作的进行为原则,鼓励师生成立各种社团,青年志愿者协会、弘园文学社、"小爱迪生"科技社、校园金话筒社团、女子合唱团、国旗护卫队、橄榄球俱乐部等30多个学生社团活动全面开花,活跃了学校的学习气氛,丰富了学生的课余生活,提高了学生的自我管理能力。三是推进班级文化建设。建设积极向上的班级精神文化、美观大方的班级环境文化、文明高雅的班级行为文化,鼓励班级凸显个性,开展特色班级创建。在班级和宿舍文化评比中,学生们发挥想象绘制班徽、凝练班级精神、营造班级特色氛围,在全校范围内形成了比文明、比高雅、比超越的良好氛围。

3. 开展国际合作

我校在2013年与韩国又松大学合作,开展中韩国际班建设实践。韩国又松大学是韩国2013年"青年梦想,韩国最优秀的10所大学之一",是一所具有本科、硕士、博士教育资质的高校,是中国教育部认证的海外高校之一。我校中韩班学生在顺利完成高中所有课程和韩语预科课程后可以选择直接入读韩国又松大学;同时,学生也可选择参加国内的高考,除可以参加每年2月份举办的全国小语种推荐高考外,还可参加国家在6月份举行的普通高考。目前,中韩国际班课程内容包括韩语精读、会话、听力,韩语汉字学,韩国文化、礼仪、跆拳道,拓展训练,等等,内容活泼实用,都是学生留学韩国所需要的必备基础知识。2014年,首批12名同学顺利升入韩国又松大学学习。

仅2014年,我校学生就荣获了江苏省"我与美德有约"竞赛一等奖、江苏省"吉尔多肽"杯省高中化学竞赛一等奖、淮安市"共筑中国梦"中华经典诵读比赛中学组一等奖、淮安市第十届中学生"中国电信杯"英语口语(电视)大赛一等奖等多项省、市级奖励。此外,我校橄榄球队12名队员获国家二级运动员认证,6名同学加入国家青奥队。2013年,我校3名同学作为国家队主力队员出战第二届亚洲青少年运动会,为祖国光荣地赢得了亚军;2014年这3名同学再一次以主力队员的身份,在青奥会上为祖国赢得了铜牌。

颜廷发，男，生于1968年2月，江苏涟水人，中学语文高级教师，江苏省清河中学、淮安市北京路中学校长。1992年6月，于徐州师范学院汉语言文学专业毕业，获文学学士学位。历任淮安（淮阴）市第六中学年级组长、教务处副主任，分管教学副校长；淮安市北京路中学、清河中学副校长。2012年7月，任淮安市白鹭湖中学校长。2013年7月至今，任江苏省清河中学、淮安市北京路中学校长。先后被授予"淮安市劳动模范""清河区优秀共产党员""清河区优秀教育工作者"等荣誉称号；淮安市"533英才工程"学术技术骨干人才培养对象、淮安市教科研先进个人、优秀青年教师；清河区语文学科带头人、骨干教师；江苏省写作学会理事、青少年写作研究会常务理事。近几年，主持省规划课题、省教研课题各1项，发表省级论文10篇，主编、副主编教辅、教研资料2种。

回归本真　点燃培养学生创新精神的火焰

江苏省清河中学　颜廷发

苏格拉底认为，教育"不是灌输，而是点燃火焰"。就普通高中而言，这既包括点燃培养学生社会责任感的火焰，也包括点燃培养学生创新精神的火焰、学生实践能力的火焰。而一所学校只有通过更新教育观念、改变教学方式、合理设置课程，才能让学生真正地具有时代发展所需要的创新精神和实践能力。

江苏省清河中学位于国家首批历史文化名城淮安的主城区，地处风景秀丽的桃花坞、古黄河柳树湾景区，在近三十年的建设和发展过程中，清河教育人回归教育的本真，革新育人理念、转换育人模式、创新教育方法，努力打造自主对话的绿色生命课堂，建构人本多元开放的课程体系，初步形成了创新人才培养的清河观点和清河路径。学校也成为国家外语教学实验基地、江苏省普通高中地理课程基地,还先后被授予江苏省基础教育课程改革先进集体、江苏省高中英语课程教材改革实验工作先进集体、淮安市高中学生综合素质提升单位等荣誉称号。

一、回归本真,让真正的教育面对真实的学生

西方"教育"一词源自拉丁文 educate,本义为"引出",意即通过一定的手段,把某种本来潜在于身体和心灵内部的东西引发出来。教育原本是一种顺其自然的活动,旨在把自然人所固有的或潜在的素质,自内而外地引发出来,成为现实的发展状态,为人的个性发展和人格成长奠定良好的基础。

在西方英语世界里,课程(Curriculum)一词是从拉丁语"Currere"一词派生出来的。"Currere"一词的名词形式意为"跑步的道路,奔走的过程或进程",由此课程就是为不同学生设计的不同轨道,并隐喻"一段教育进程"。

然而,在物欲横流的功利社会中,教育日趋浮躁,无论是价值取向、教育目标,还是学习方式、教学方式,都与"教育"的本义发生了较大的偏颇。而"课程"也被简单理解为学科、学科知识,成了分数的垫脚石、工具和手段。

创新能力培养的基石是综合素质。我们认为,必须让教育真正回归其本质、本真、本色,让教育真正回归其本原、规律上来,面对真实的学生,重构学生的日常生活世界,才能顺应学生的发展需求,促进学生的自由、自主、和谐,尽可能多方面的发展。

培养目标决定着课程体系的构建。所以,我们也必须让"课程"回归其本真,让教师既成为课程的实施者,也成为课程的研发者,树立一种全面的"大课程"的观点,不仅重视课堂教学与课外教学以及模仿教学,而且十分重视陶冶教学,即不仅重视建构学科课程、显在课程,也重视建构活动课程和隐蔽课程;实现教育的社会价值与本体价值,从而为学生认识世界、认识自然、认识自我打开一个窗口,点燃"一束火焰",使学生从原来的在升学、分数的单一跑道上被动前行,变成在不同的跑道上奔驰,完成属于自己的"一段教育旅程"。

法国著名教育家朗格朗说:"教育的真正对象是全面的人,是处在各种环境中的人,是担负着各种责任的人,简言之,是具体的人。"我们的教育只有回归本真,尊重学生的个性,从优化课程体系、开发适合学生需要的课程资源、用心备课、提高课堂教学效率等方面入手,才能真正促进学生最优化发展。

二、多元开放，让学生变成"课程超市"的顾客

创新人才培养要求课程体系知识面结构完善，在"大课程观"指引下，我校积极尝试构建一个开放的大课程体制，按照均衡性、综合性和选择性的原则调整了课程结构，建立一个人本多元开放的"课程超市"，最大程度地让课程体系符合"学生顾客"的需要。主要工作有以下两个层面。

（一）推动国标课程的二次开发

在加强必修课教学的同时，坚持开足开齐选修课，规范音、体、美等课程的教学。通用技术、心理健康教育等选修课程也全面执行国家标准。开好综合实践课，探索实施研究课，拓宽丰富活动课，这既是升学的需要，也是将素质教育落到实处。如果教师原封不动地把教材拿来照本宣科，不但缺乏新意，而且很多内容与学生的实际相去甚远，这样的教学就会在不经意间人为地给学生的学习设置了障碍。"最优秀的老师是从心里教书，而不是照本宣科。"无论教材多么权威、多么完美，教师仍然需要结合学生的实际对教材进行加工和改造，使课堂变得生动活泼，以此来营造一种恰如其分的教学情境，以保证学生学习的有效性。

着力于教学内容的重新调整。现行教材的板块结构大多是以单元编排的形式呈现，有些单元内容显得单一而零散，不利于学生的系统学习和全面掌握。在实际教学中，为了有利于学生的学习，我们提倡依据课程标准及学校教学实际对原有教学内容进行合理的重组编排，根据学生已有的知识和经验对某一课的教学内容做适当的调整，继而在尊重教材知识体系的基础上开展教学。

着力于教学内容呈现方式的改革。教材的不同呈现方式在提供教学情境、提示教学方式等方面发挥着积极的作用，教师在这方面可以有所作为。现行教材仍然使用纸质媒体，所以有相当多的知识不能动态地让学生感受知识形成过程。这时，教师可以充分利用多媒体计算机化静为动的优势，把图片情境由静态变为动态，把知识形成的过程淋漓尽致地显现在学生的眼前，从而帮助学生突破难点，掌握相关知识。

着力于问题情境的重新设置。创设问题情境是课堂教学的重要组成部分，情境的创设应当有助于激发学生的学习兴趣和主动性。新教材在这方面为教学提供了范例，而在课堂教学中，为了有利于联系学生生活实际，教师可

以根据需要,利用自己的知识积累和教学经验灵活创设问题情境,开展生动活泼的教学活动,提高学生的创新思维能力。

着力于教学范例的重新选择。我们提倡在把握课时教学目标的前提下,根据学生的年龄特点和生活经验,对教材中原有的例题做出灵活的处理,可以根据实际教学的需要重新设计和创造例题。

着力于反馈练习的重新安排。反馈练习的目的是让学生加深对所学知识的理解,培养学生运用所学知识解决相关问题的能力。我们一直提倡突破教材中的练习,在教学中根据需要重新安排练习。

当然,在对国标进行二次开发前,必须首先对原有教材进行深层次的反复解读,充分认识和深刻理解其内容及编排特点,然后在尊重原有教材的前提下,联系学生的生活实践、知识基础和认知规律,进一步改革教材、开发教材,为学生更加积极高效地学习打下坚实的基础。

(二)推进校本课程的自主开发

校本课程是学校根据实际情况,自主开发研制的课程。丰富多彩的校本课程更能够适应学生的兴趣爱好和身心发展,促进学生个性的全面发展。正如莎士比亚所说:"学问必须合乎自己的兴趣,方才可以得益。"

成立校本课程开发委员会。制订校本课程开发方案,聘请有关专家为顾问,吸收部分教师、学生代表、家长代表为成员。教科室承担校本课程开发的日常管理工作,教师是校本课程开发与实施的主要力量,同时学生有权对校本课程进行选择、评价和建议。

开发校本课程供学生选择。校本课程开发委员会在广泛征求教师、学生及家长意见的基础上,依据本地的人文历史、地方特色、学生的发展需要、教师个人申报等综合因素,开发了"《三国演义》导读"等人文类主题课程,"军事与武器"等时事军事类主题课程,"'书'山有路"等艺术类主题课程,"印在英语殿堂的影子"等拓展类主题课程,"财商起航""食物营养与人体健康"等体验类主题课程,"阳光 青春"等心理类主题课程,"可爱的淮安""品味'淮扬菜'""伟人'老乡'周恩来"等乡土类主题课程,还有针对性地开设了综合课程以及有关学科竞赛、自主招生的辅导等特需课程,共110多种可供学生选修,形成了涵盖思想教育、人文素养、科学素养、动手能力在内的主题课程、综合课程和特需课程,学生可以在不同的跑道上自由奔跑。

规范校本课程的开发开设管理。校本课程开发委员会制订校本课程实施方案,开发校本课程选修选课系统,每学期开学前两周开办课程超市,由学生自主选择课程、选择教师。严格按照课程改革方案开足课时,固定在每周一、五各安排一节课专门用来上校本课程。把校本课程课时计入教师工作总量,对校本课程开发有特色、有成果、有影响、评教评学满意率高的给予表彰或奖励。

爱因斯坦说:"我认为,对一切来说,只有热爱才是最好的教师,它远远超过责任感。""课程超市"的建立、课程体系的完善,使学生在不断选择的过程中,发现自己的兴趣、才能和需求,将学习与自己的人生方向联系在一起,找到"适合的教育"。同时,学生可以在"课程超市"里根据自己的兴趣和个性选择上课门类,自主性、积极性被充分激发,热情被点燃,自己发现了自己、唤醒了自己,然后成为更好的自己,这也正是我们要努力追寻的教育本质。

三、自主对话,让课堂成为校园内最美的风景

俄罗斯教育专家萨维科夫和教育科学院院士巴班斯基都认为:"创新人才在思维能力方面的优秀品质集中到一点主要是有比较高的有效思维发展的水平。"武汉大学前校长刘道玉先生指出,在近现代科学史上,许多重大的科学发现本身就是科学思维、科学方法和科学工具的创新。要培养创新型人才最基本的和最主要的是培养其具有高度发展水平的思维能力。良好的思维能力是培养创新人才的关键。

(一)转变教师观念

学生在校时间的75%是在课堂度过的,课堂是学生成长中最重要的时光,课堂的质量决定着学生成长的质量。从学生全面发展和终身发展的需要出发,学校出台了《课堂教学变革行动方案》,成立了课改推进领导小组和专题研究小组,确立了"自主对话"的课堂教学模式。我们从引导教师学习课改理论、转变教学观念入手,积极推进教与学方式的改革。通过专家引领、机制激发、活动提升等方法去唤醒教师的激情,激发教师发展的动力,提升教师专业素质,提高课堂效率。利用校会、行政会、座谈会、研讨会等广泛讨论学习,通过岗位培训和全校范围的课改大讨论,吸收课改理论的精髓,切实转变教育观念。每年都选派一批教师参加省市级培训,组织教师北上、南下学习兄弟学校的先进经验。

（二）坚持深入推进

高效课堂建设不可能一蹴而就，随着课改的不断深入，会遇到许多难以预见的问题。遇到困难，就要积极找寻对策，上下求索，坚决将改革坚持到底。学校制定了《关于推进"自主对话"的课堂教学模式的实施意见》，并以江苏省"十一五"规划课题《"自主对话"的课堂教学模式操作过程的研究》来推动课堂教学的改革。"自主对话"的课堂教学模式提倡三种对话形式：生本对话、生生对话与师生对话。教师在课堂上普遍运用"对话单"构建高质量课堂，从预习、交流、评价、反馈、巩固、反思等环节入手，实现学生自主构建的目的。学生小组讨论、展示、点评、质疑，积极主动参与课堂教学活动，真正成为课堂的主体。

马克·吐温说："教育的艺术不在传授，而在鼓舞和唤醒。"我们立足于学生的主体发展，特别重视创设民主、平等、和谐的教学环境，鼓励学生积极参与、合作交流，重视学法指导，重视思维方式的培养。师生之间、小组内成员之间、各小组之间，全方位、立体式互动起来，激发了学生的学习兴趣和学习热情，提高了课堂教学的实效性，受到了学生的普遍欢迎，从而促进了教学质量的提升。许多人走进我们校园，都会说我们的校园环境很美，其实我们的校园里最美的风景，不是校园环境，而是我们的教室、我们的课堂以及同学们勤奋而快乐学习的身影。

四、全域育人，让世界都成为学生们的教科书

课程本身就是一种反思性实践，是师生共同参与并能动生成的，教师既是课程实施的主体，又是课程的创造者和开发者，教师即课程。教师时刻用自己独有的眼光去理解和体验课程，将自己独特的人生履历和人生体验渗透在课程实施过程之中，并创造出鲜活的经验。文化是一个学校发展的支撑和保障，学校文化的建设和凸显，将成为学生实实在在的教材，以至潜移默化、春风化雨，学校即课程。加强课程建设，转化育人模式，就是要在主观意识和客观行动上突破和拓展"围墙"文化，要使教师和学生走出教室，走出校园，去接触社会、了解社会、品味社会、评价社会，从而学会交流、学会理解、学会学习、学会生活。从这些层面来说，校园内处处充盈着情境课程，凡"育人的媒体"，不管显性还是隐性皆为课程，世界就是一本学生成长的教科书。

（一）精心布置校园环境

学校以"成长中的记忆"为主题，邀请中建国际设计公司对校园进行重新规划，让每一堵墙壁会说话，每一块绿地都传情，每一个角落都励志，以形成独特的校园育人氛围。校园东有起伏的草丘，西有幽幽的薇湖，南有宜人的杉林，北有神圣的雕塑。漫步薇湖水岸，感受"上善若水"；徜徉文化长廊，缅怀哲人先贤；身处花丛林间，倍觉神清气爽；寻访心灵驿站，愉悦精神世界；遥看巍巍钟楼，更感时间可贵；流连翔宇广场，令人肃然起敬："为中华之崛起而读书"。

（二）精心设计文化布置

在教学楼、图书馆、实验楼装饰淮安名人画像、著名科学家画像、格言警句、学生绘画。在薇湖边设立碑廊，上书岳飞、林则徐等先贤诗词，以伟人的情怀激励学生努力学习、报效祖国。

（三）精心打造育人阵地

利用校报、广播、橱窗、校园网、国旗下讲话等宣传阵地，对学生进行思想渗透；利用校史馆的育人功能，激发出弘扬传统、爱校建校的自豪感；利用课堂主阵地，开设校本课程《淮安地方文化》《周恩来》《心海导航》等，对学生开展针对性教育。

（四）精心设计主题活动

重视通过各种形式开展丰富多彩的主题教育活动深化育人效果。组织新生入学军训、励志远足、感动校园年度人物评比、感恩系列主题活动、"优雅女生"评比、成人宣誓仪式、阳光体育、海量阅读、艺术活动、科技创作等活动激发学生兴趣，增强责任感，锻炼能力，帮助学生确立规范意识，培养学生良好的身体和心理素质，形成团队精神。这些经历使学生受益终身，成为他们生命中不逝的记忆。

（五）精心呵护心灵驿站

我们建设了全市一流的心理咨询导护中心，对那些正处于身心发展突变时期产生系列心理矛盾和心理困扰的学生进行主动心理干预，引导学生合理宣泄不良情绪，淡化被动受教，培养自助能力，增加学生信任感。我们还组织编写《心理小报》，开辟心理健康教育专栏，设立"心理信箱"、心理健康热线电话，开通网络咨询。还通过课题研究深入推进心理健康教育，积极鼓励教师参加心理咨询师资格考试，让更多的教师成为学生心理干预的专家。

今天,走进江苏省清河中学,楼群耸立,绿树成荫,繁花似锦。青翠的小山、宽阔的广场、雄伟壮观的教学楼、水波澹澹的薇湖、曲径通幽的杉树林、古朴厚重的诗词碑廊、卓尔不凡的总理雕塑、敬业爱岗的教师、活泼上进的学生令校园勃发生机,显得既质朴典雅又年轻美丽,是莘莘学子向往的求知殿堂。我们有理由相信,当我们的学生离开校园时,带走的不仅仅是知识和录取通知书,一定还有对理想和真理的追求,有青春岁月中美好的记忆。

什么是最好的教育?卢梭在其名著《爱弥儿》中说道:"最好的教育就是无所作为的教育:学生看不到教育的发生,却实实在在地影响着他们的心灵,帮助他们发挥了潜能,这才是天底下最好的教育。"在长期的思考与实践中,我们清河中学形成了一些育人理念,尝试走过了我们自己探索的路径,显然,前方的路还很远、很长。若要前行,就得离开你现在停留的地方。预测未来的最好的办法,就是把它创造出来。今后,我们将永远以"人"为中心,以"真"为出发点,回归教育的本原,回归课程之本真,丰富和完善学校的课程体系,激发与点燃学生的心灵,努力使创新人才培养的星星火焰,长成燎原之势!

陆仁华，男，生于1960年12月，江苏淮阴人，中共党员，淮安市学科带头人，淮安市有突出贡献的中青年专家，江苏省特级教师。1980年毕业于淮阴师范学院化学系。先后在淮阴区袁集中学、淮阴区王营镇中学、淮安市第一中学任教，2000年调任淮安市第四中学校长，2001年调任淮安市清浦中学校长。1991年被评为淮阴市首批十佳优秀青年教师，1993年被评为全国优秀教师，2002年获区名校长、2005年获市优秀校长、2009年获全国优秀校长等荣誉称号。近年来，有数十篇论文在全国核心期刊及其他各级各类刊物上发表，主持的国家、省、市课题有10余项。多年风雨征程路，励精图治创辉煌。在他的引领下，清浦中学不断发展壮大，2003年由江苏省重点中学转为江苏省三星级高中，2004年建成新校区，2007年加入淮阴中学教育集团，2008年晋升江苏省四星级高中，2010年获评江苏省艺术教育特色学校，2014年被确定为省级运河文化课程基地，2016年升格为副处级单位，连续多年被淮安市教育局授予"淮安市教育教学质量先进单位""淮安市学生素质提升单位"。

做师生成长发展的引领者

江苏省清浦中学 陆仁华

每个时代都有每个时代的教育特征，新的时代理应呼唤新的教育。纵观我国最近几十年的教育发展历程，成就举世瞩目，但是，过分追求与现实的适应和协调，往往在一定程度上忽视了教育的本质功能。

鲁迅先生说："教育就是立人。"习近平总书记也提出，教育要将"立德树人"作为根本任务。作为校长，我感同身受。在多年的管理生涯中，我始终将"育人"作为教育的核心价值追求。在培育学生的同时，更注重教师的培养。

教师是学校的最大财富,赢得了优秀教师才能赢得学校未来。校长要不断学习,善于思考,用自身较高的专业素养和人格魅力影响师生成长,做师生成长发展的领路人。

一、立足以人为本,促进教育内涵发展

教育的目的是让每个人获得最好的发展,要把培养优秀人性,培育有质量的生命作为第一目标。校长应有尊重、包容、平等的心态,给人以空间、时间、机会,助力师生成长,丰富教育内涵。

多年来,我校始终坚持"一切以人的发展为本"的办学理念,坚持走"塑育人名师,建特色学校,育创新人才"的办学之路,强调以师生成长发展为宗旨,着力将学校建成师生创业、学习的乐园,把学生培养成为品学兼优、身心健康、富有个性、富有特长的现代文明人。在办学过程中,我们注重教师的专业成长和学生的全面发展,充分发掘师生潜能,提升教师职业幸福指数,增强学生自主学习和生存发展的能力,逐渐形成了"面向全体学生,实施素质教育,培养合格加特长的创新型人才"的总体办学目标,推行"质量立校、特色强校、科研兴校"战略,确立了"在争一流质量的基础上,创设以体艺教育和学校文化建设为鲜明特色,办好在苏北地区有重要影响的四星级现代化高中"的近期发展目标。

在这一理念的引领下,我们始终秉承"厚德载物,臻于至善"的校训,把"三风"建设当作一切工作的基础。坚持"崇德、求实、合作、创新"的校风和"严谨、精业、爱生、求真"的教风以及"砺志、勤勉、慎思、笃行"的学风,将科学理念与人文精神、时代需求紧密结合起来,着力铺就一条"以人为本"的内涵发展之路。

二、立足德能双修,激励教师专业成长

师者,所以传道、授业、解惑也。而实践中,教育不是教师对学生的居高临下,而是师生互学中的共同成长。教师要先自有其道、业有专攻,才能为人解惑,使人昭昭。加强教师德能修炼,激励教师专业成长,是现代教育的必由之路。

关于"修德",陶行知先生说:"真教育是心心相印的活动。"教师"修德",就是要"修心",要修炼"仁爱之心、尊重之心、包容之心、平等之心"。教师要

关爱学生，尊重学生个性，包容学生差异，平等对待每位学生，用教师的道德操守唤醒童心，润泽童心。我校十分重视师德建设，每年都会评选"师德标兵""师德模范"，用榜样的力量推进师德工程。目前，已有多名教师被评为市、区"道德模范"。

关于"修能"及专业成长，我们提倡要树立"五种意识"：一是目标意识，确立专业成长方向，用具体的目标引领成长；二是积累意识，夯实专业成长基础，用学习积累为专业提升奠基；三是研究意识，提升专业成长品味，紧跟教育动态，主动研究，提升专业品质；四是反思意识，寻找专业成长差距，不断总结反思，实现迅速成长；五是创新意识，形成专业成长特色，铸就独特教学风格。

多年来，我校一直把打造一支师德高尚、专业过硬的教师队伍作为自身可持续发展的重要举措，不断加大教师培训、培养力度。首先是注重通过实施青蓝工程等形式加大对青年教师的培养和培训；其次是坚持"走出去""请进来"，通过开展校际合作交流，请专家来校讲学或教师外出学习等培养一批水平高、能力强的一线教师；最后是积极开展"教学练兵"活动，通过优课比赛、教学基本功大赛、教学设计比赛、对外公开课等形式，锤炼教师素质，提升专业水平。

经过多年的努力，一大批青年骨干教师脱颖而出，一支素质高、业务精的教师队伍正在形成。我校现有特级教师3名，有50多名教师被评为市、区学科带头人和骨干教师，多名骨干教师享受市政府特殊津贴，多位教师成为市基础教育专家组成员。目前，我校已经形成一支以特级教师、学科带头人为龙头，市、区骨干教师、优秀班主任、优秀教师、教科研积极分子为骨干，市、区、校教学能手、教坛新秀为基础的优秀教师队伍。

三、立足礼学并重，引领学生明礼善学

学生成长离不开管理。管理的核心不是约束，而是激励，不是束缚人群，而是引领人性。在学生教育方面，我们坚持"做人"和"为学"两手抓，着力培养崇德明礼和具有个性学习特质的高素质人才。

我校每学期都积极开展"文明礼仪"主题教育活动，将文明礼仪教育作为加强青少年思想道德建设的重要内容。每次活动务必做到"三化"：一是内容主题化。每学期的文明礼仪教育活动，我们都要确立一个鲜明的主题，如"加

强文明礼仪教育,促进和谐校园建设""进德修业,做胸怀天下的担当者"等。二是形式多样化。围绕具体主题,我们会有计划、按步骤积极开展"启动仪式""主题班会""演讲比赛""征文比赛"等形式多样的活动,让学生在活动中学礼、懂礼、行礼。三是评比科学化。每次活动我们都将按照"班级初选、年级推荐、学校评定"的原则,评选一批"文明之星""礼仪标兵"。以此弘扬先进,激励他人,营造浓郁的育人氛围。

在抓好"礼仪"的同时,我们还注重学生个性化学习能力的培养,坚持以"课堂"为突破口,实施个性化学习建设工程,努力做到"三给"。

一是给学生足够的时间。在新课程背景下,教师的角色正在发生积极的转变,正如国际21世纪教育委员会向联合国教科文组织提交的报告中所指出的那样:"教师和学生之间要建立一种新的关系,从'独奏者'的角色过渡到'伴奏者'的角色,从此不再主要是传授知识,而是帮助学生去发现、组织和管理知识,引导他们而非塑造他们。"学生也正在由被动的学习者转变为主动的研究者。因此,我们要求全体教师,课堂上讲授的时间不能超过25分钟,要留有足够的时间让学生完成对知识进行理解、消化与吸收,为学生个性化学习奠定基础。

二是给学生足够的安全感。心理学研究表明,一个人的创造力只有在他感觉到"心理安全"和"心理自由"的条件下才能获得最大限度的表现和发展。要实现学生学习真正的个性化,营造一个民主、宽松的安全教学环境是必不可少的。我们要求教师在课堂上不能有太多的条条框框,不能总是摆出一副"我最权威"的架子,以致学生不敢自主,不敢生成并表达个性领悟成果。教师要遵循教学民主原则,将个人意愿不知不觉地化作学生意愿,在轻松愉快的教学中,增强学生安全感,为促成学生个性化学习提供保障。

三是给学生明确的目标。学生在课堂上有了充分的时间与安全感,学生的个性才能得到释放,个性化学习才有空间。在强调给学生一定时空的同时,教师还要充分发挥好"导"的作用。这就如同放飞风筝,牵引之线永远要控制在教师的手中。这是一种适度控制原则,否则个性化只能导致一盘散沙,最终无法达到发展个性、实现创新的目的。学习目标的制定一定要有具体维度,要考虑学生的能力差异、个性差异、发展差异。为达成目标,教师还要在课堂上进行必要的激励性与肯定性评价,只有这样,目标才有可能得到学生的认同,个性化学习过程才不会变成"无序化"。

四、立足特色办学，推动育人品位提升

一所没有特色的学校，很难培养出个性化、高素质人才，一所特色鲜明的学校一定要将特色外显与内化素质有机结合。多年来，我校坚持对内强练内功，对外塑造形象，在强化内涵发展的同时，逐渐形成了以艺体为主的办学特色。

一是体育教育多元化。我校历来重视体育教育，开展多角度、多层面、多渠道、多途径的体育活动。正确处理好普及与提高、一般与特色、课内与课外、常规活动与主题训练的关系。大力推行阳光体育运动，保证学生每天不少于一个小时的体育活动时间。既坚持全员参加，全面开花，又突出特色训练，我校篮球队、足球队、航模队多次在全国、省、市比赛中取得佳绩。学校先后被授予"全国青少年校园足球特色学校""江苏省体育传统项目学校""江苏省科普教育基地"等荣誉称号。

作为"江苏省射击传统项目学校""游泳特色学校"，我校十分重视特色人才培养，与市射击场、游泳馆紧密合作，聘请专业教练，强化主题训练，先后为省、市体育队输送了大量优秀人才。奥运冠军邱健就是其中的杰出代表。

二是艺术教育专业化。作为"江苏省艺术特色学校"，我校十分重视艺术教育的专业化发展，为提高学校艺术教育的层次和品位，我们特聘了许多在省、市、区内有影响的艺术名家担任名誉校长，并邀请他们定时到学校为教师和艺术班同学开设讲座。

学校还装备了先进的音乐教室、钢琴室、舞蹈房、器乐训练室、合唱排练厅、书画室等艺教活动场所，有专职音乐、美术教师20名，外聘教师8名。与南京师范大学联合办学，为国内多所高校输送了一批又一批的艺术特长生，被南京师范大学音乐学院确定为教育实习基地。学校还组建了淮安市首家学生民族管弦乐团，多次代表市、区参加各种类型的艺术活动，在市区享有一定的知名度和影响力。

三是传统教育基地化。我校利用当地丰厚的传统教育资源，发挥资源优势，打造教育基地。基地化建设为学校开展传统教育提供了"活课堂"，我校每年都利用基地举行"十四岁青春仪式"和"十八岁成人仪式"。我们还注重利用重大节日组织学生到周恩来纪念馆、苏皖边区政府旧址、刘老庄八十二烈士陵园参观，用先辈的精神和品质来激发学生的爱国热情，增强他们的历

史责任感、民族自尊心、自信心和自豪感。我们还在省教育厅的支持下,投资建成了"运河文化课程基地",让这条淮安人的母亲河,在浦中学子心中源源不断地流淌。

教育,永远在路上。教育的发展离不开思想的进步,校长应该是全校师生思想和精神上的引路人,是一种深思熟虑的教育思想的代表者和实践者。希望我们的教育能够在科学思想的指引下,回归本质,回归纯正,在育人的道路上越走越远。

李建成,男,生于1966年3月,江苏洪泽人,现任江苏省洪泽中学副校长(主持工作)。1986年8月至1995年8月在黄集中心小学任教师、教导主任;1995年9月至1996年8月任万集中心小学副校长;1996年9月至2002年3月任洪泽县教育局教研室教研员、教科室主任;2002年4月至2015年9月任洪泽县实验小学校长;2002年9月至2007年8月兼洪泽外国语实验学校校长;2010年2月至2015年9月兼洪泽县教育局副局长、党委委员;2013年2月至2012年2月兼洪泽县教师研修中心主任;2015年2月至2015年9月兼洪泽县第二中学校长、党委书记;2015年8月任江苏省洪泽中学常务副校长、党委委员。淮安市优秀党员、淮安市劳动模范、江苏省特级教师、江苏省人民教育家培养工程培养对象;创立"自问自探"教学法、"成长教育"教育思想、"用文化发展人"管理思想、"儿童参与课程建构"课程思想;发表论文200余篇,出版专著8本。

用学校教育哲学引领团队成长

江苏省洪泽中学　李建成

学校管理的方式很多,但在诸多方式中,最高境界是"用文化发展人";在文化管理中,最重要的方式是用学校教育哲学引领团队成长。

一、"用学校教育哲学引领团队成长"的内涵

(一)"学校教育哲学"的界定

什么是"教育哲学"?一种意义:教育哲学是一门学科,是用哲学的观点和方法研究教育基本问题的一门学科;另一种意义:教育哲学是一种价值追求,即师生所信奉的教育思想和信念。学校教育哲学不是一种学科意义上的

教育哲学，而是一种观念层次上的价值信仰。学校教育哲学亦指学校办学宗旨、培养目标，是学校根据师生特点、教育资源、学校传统以及教育者的办学旨趣确立的学校独特的发展方向。

（二）"让世界与我们共成长"的教育意蕴

"让世界与我们共成长"作为学校教育哲学，其教育意蕴是：学校教育追求的不应仅仅是成绩而是成长，不只是学生的成长，还应关注教师的成长，是师生一起成长。"让世界与我们共成长"包括世界的发展影响我们的成长，我们的成长也要改善世界的发展。其中，"世界"应该用广义视角界定，小而言之，一花一草皆世界；大而言之，地球是世界，宇宙也是世界。"让世界与我们共成长"要求我们能更好地认识自我、发展自我、实现自我；同时，也能更好地认识世界、走向世界、改造世界。

（三）"用学校教育哲学引领团队成长"的追求

学校管理不是校长管理师生，也不是校长用制度约束师生，而应是用团队的共同价值追求引领每个成员发展。我在多年从事学校管理过程中一直秉承这一基本理念，调至洪泽中学后，首要任务是和师生共同寻找"洪中人的价值"，努力追求通过引领师生共同建构自己的教育哲学，实现用文化发展人的理想境界。

二、"用学校教育哲学引领团队成长"的本质

（一）建构一种价值引领团队

学校教育哲学从本质上说是这个团队的共同价值，是团体中每个成员的共同信仰。金生鈜教授认为："教育哲学的意义就在于它是一种探询教育的价值应然学说，它通过思想而为追求美好生活的应然的教育理想进行辩护，即为精神的教化辩护。"由此可以说，校长的价值领导力就是学校教育哲学的影响力——学校教育哲学中的核心价值与师生成长之间的张力。我校提出"让世界与我们共成长"，我们将其作为师生终身追求的价值目标，也将其作为每个"洪中人"人生的意义，这个"价值"是学校文化之根，是师生生命之本。

（二）建构一种理念发展团队

学校教育哲学的三大命题是学校的使命、核心价值观及愿景。从"三大命题"可以看出，学校教育哲学是学校发展的根本理念，也是学校全体师生所信奉的教育信念。从本质上说，这一核心理念源于办学实践又作用于办学实

践,是一种建立在把握学校历史、基于学校现实和展望学校未来基础上的理性认识和实践价值;是学校发展过程中提炼出的发展观和方法论,也是生活在这里的人应追求的做事方式。洪泽中学提出"让世界与我们共成长",追求学校一切教育活动的出发点和立足点都基于"让世界与我们共成长"——学校的教育教学活动、各种仪式、课外活动和典礼等都在这种理念的引领下实践。

(三)建构一种目标激励团队

尼日利亚教育学者杰·阿·阿基比鲁在其著作《教育哲学导论》中,把教育哲学分为普通意义上的教育哲学和专业意义上的教育哲学。一般意义上谈论的教育哲学就是指学校的目的或目标,以及实现这些教育目标的教育哲学。从某种意义上说,学校教育哲学的核心内容是学校的育人目标——培养什么样的人。学校提出"让世界与我们共成长",追求的是学校教育应关注师生的成长,在自己成长的同时不断引领和促进世界的发展。这个人生目标对团队中的每个成员都有一定的激励作用。

(四)建构一种模式成就团队

学校教育哲学是指导学校经营管理的最高层次的经营模式,是规范学校办学行为的根本准则,是处理学校矛盾的价值观与方法论,是学校文化最本质的概括。从某种意义上说,建构了学校教育哲学,也就建构了学校的发展模式、管理思路和制度要求。洪泽中学提出"让世界与我们共成长",从一定程度上说,是要求学校围绕"让世界与我们共成长"这一原则、路径、方法去建构自己的教育。通过这一模式的实施,促进团队不断走向理想追求。

三、"用学校教育哲学引领团队成长"的实践

(一)让师生共同建构"让世界与我们共成长"

学校教育哲学的建构不是校长一人所为,应是全体师生共同耕耘所得;不是大家凭空想象,应是根据学校办学历史对学校发展的展望。通常情况下,建构学校教育哲学需要经历这样的历程:一要组织师生学习"教育哲学",全面理解"教育是什么""教育为什么""教育怎么样";二要组织师生反思"教育经历",了解教育自身的发展过程、社会对教育的需要、学校自身的教育追求、自己学习和接受教育的过程;三要组织师生提炼"教育思想",根据个体对教育的"认识",用简洁的语言概括出自己的教育价值观,凝练成自己的句子。

在建构"让世界与我们共成长"这一教育哲学时,学校组织全体师生从学校60年的办学历史中寻找自己的价值追求,很多教师提出了自己的观点。后来,大家基于这样的路径进行探寻:一方面,从学校优秀教师中探寻。特级教师姚湘仁创建了"布点教学法",根据学生认知方式,建构"以学定教"的教学模式。另一方面,从学校自身价值追求中探寻。在多年办学历史中,学校确定的核心价值主要是"尊重学生""崇德尚文""全面发展"和"体育强校"等。同时,我们又根据洪泽中学的任务——培养走向世界、改变世界的精英,由此确定"让世界与我们共成长"这一教育哲学。应该说,学校教育哲学的建构过程既是引领师生成长的过程,又是实施学校管理的过程。

（二）让师生一起实践"让世界与我们共成长"

学校一切工作包括教育活动都应围绕自己的教育哲学开展。管理不是为了完成上级布置的任务,也不是为了学校工作计划;教学不是为了教完教材,也不是为了应付考试。学校的价值是实践自己的教育哲学。洪泽中学为了全面实施"让世界与我们共成长"这一教育哲学,对学校教育工作进行了全面改革。

其一,建构"让世界与我们共成长"的理念文化。"成长",是学校教育哲学的关键词,是教育的本质追求,也是人生命的价值,我们将"追求成长"作为学校校训,引导师生勤奋耕耘,在追求成长和共享成长的过程中发展自己。"成长",是对个体现实基础的否定,是对生命潜能的挑战,也是对自我的超越,我们将"超越自我"作为学校精神,激励师生挑战极限,在超越自我中实现成长,在成长中创新世界。成长,追求生命的完美——身心、智慧、情感和道德的全面成长;教育的根本任务是"立德树人",学校应形成德育至上、文化育人的氛围。基于此,我们提出追求"崇德尚文"的校风,意在引领全校师生形成以德树人——用道德陶冶人的情操,塑造完美人格;以文化人——用文化启迪人的智慧,润泽人的心灵。

其二,建构"让世界与我们共成长"的环境文化。在设计环境时,针对"世界"与"我们"的成长需要,对学校环境进行整体规划。"硬环境"建设方面,建设了影响世界变革的"伟人墙"和"大学路",让师生在大师和大学的影响下建构自己的梦想;创建了"科学宫""文学园"和"艺术苑",让师生在科学、文学和艺术的陶冶下更好的成长。"软环境"建设方面,建设了"经典栏"——将几千年传统文化的精髓精选好张贴在宣传栏中,让师生受到传统文化的熏陶;

创建了"国际廊"——将世界文化的精华精选出来做成"文化廊",让师生能够更加全面地了解和走近世界。在环境建构和实施过程中,内容上,由学生参与选择;方式上,请学生参与确定。通过学生参与环境的建构,促进学校教育价值的更好实现。

其三,建构"让世界与我们共成长"的课程文化。为了全面实施"让世界与我们共成长",学校从学生发展、世界发展、自身发展和高考发展需要出发,将原有的十多门国家课程与地方课程、校本课程从内容上整合为语言、社会、科学、艺术、体育、劳动技能和国际交流七类课程,并针对要求分为必修、选修和自修,改变以往零散型和拼盘式的课程规划方式。在课程建构时,一方面,让学生参与课程内容的建构。不是教师选择好教材让学生去学习,而是明确学习"主题",让学生自主选择相关内容,通过选择内容,实现自主建构。另一方面,让学生参与教学过程的建构。不是教师设计好教学过程让学生按图索骥,而是让学生根据探究要求自己参与教学过程的建构,通过参与教学实现自主建构,形成课程建构能力、认识世界和改造世界的能力,促进自己更好成长。

其四,建构"让世界与我们共成长"的课堂文化。变革世界的人需要有自主学习能力和自主创新能力,课堂教学实施"让世界与我们共成长",必须培养人的自主学习能力。目前,学校课堂教学改革积极探究培养学生自主学习能力,其方式是:自构——自主学习,让学生探寻自己的学习方式;共构——师生互教,让师生共享他人的学习方式;重构——练习升华,让学生发展自己的学习方式。总之,通过"自主建构"课堂教学模式的架构,形成适合学生发展的课堂教学文化,培养学生自主学习的能力。

其五,建构"让世界与我们共成长"的活动文化。为了培养走向世界和改变世界的建设者,学校特别重视通过"校节"加强对学生个性的培养。学校举办成长节、体艺节、国际文化节、读书节和创新节"五大校节",每个节都设计丰富多彩的活动,让每个学生都能从中选择几项自己最感兴趣的活动参加。学生在活动中发现自我,张扬个性,陶冶情操,历练与滋养自己,从而更好地成长。

(三)师生自主反思"让世界与我们共成长"

反思是促进学校教育哲学形成的重要方式。在组织师生参与教育活动时,应引导他们一边享受自己教和学的收获,一边反思自己行为与学校教育哲学的"偏差"。为了全面促进"让世界与我们共成长"这一教育哲学的实现，我们每学期都组织全体师生对自己的教育行为进行反思：一方面，反思教育哲学理论的科学性；另一方面，反思教育哲学实践的可行性。通过"反思"实现对"已构哲学"和"实践行为"的"检验"，对"理论思想"和"教育实践"的"互补"。

应该说，引导师生建构学校教育哲学是促进其思想形成的重要方式，学校教育哲学的建构和实践过程也正是校长管理思想的形成过程。

孙辉，女，生于1966年3月，江苏涟水人，本科学历，硕士学位，中学英语高级教师。历任江苏省涟水中学教师、级部主任，江苏省郑梁梅高级中学校长助理、副校长、校长，2007年12月起兼任涟水县政协副主席，2015年8月起任江苏省涟水中学校长。2003年8月至10月被江苏省教育厅选派到英国进修。教科研成果丰硕，有多篇论文在全国核心期刊发表，组织研究多项全国教育科学规划课题，撰写的《构建学生健全人格的研究》一文，受到中央教科所德育研究中心的表彰。在学校管理上，秉持先进理念，锐意改革，善于创新，创造出了优异的办学业绩。是江苏省第十届、第十一届人大代表，曾荣获"首届全国中小学外语教师名师""江苏省德育先进工作者""淮安市十大杰出青年""淮安市优秀教育工作者""首批淮安市英语学科带头人"等荣誉称号。

上善若水　柔和载物

江苏省涟水中学　孙　辉

学校是启智修德、孕育文化、传承精神的重要载体。近年来，江苏省涟水中学始终坚持"以人为本、文化立校"的办学理念，积极倡导"诚简和廉"的文化价值取向，探索实践"以柔化人、柔和载物"的教育管理方式，着力构建有自身特色的精神气质、教育生态、课堂形态和管理模式，努力追求和建设学校与教师、学生共同成长发展的优良教育环境。

一、"以柔化人、柔和载物"的文化内涵和教育功能

老子曰："上善若水。"水性柔而能变形，在海洋中是海洋之形，在江河中是江河之形，在杯盘中是杯盘之形。做人做事须像水一样，柔和载物，滋润万物，从善如流，以利万物，此乃道家之"阴柔"。儒家亦"尚柔"，与道家不同之

处在于"儒以柔进取",孔子主张"无欲",是乃"阳柔"。两者并不矛盾,且相辅相成,具体表现在:至柔之中既有能容、能恕、能大的胸襟和气度,又有至刚、至诚、至上的执着和担当。这其中既包含了尊重理解的品性气度和怀仁悯人的思想情怀,也囊括了团结和谐的浩然正气和担当有为的理想追求。

学校教育实践中的高境界正是体现在如水一般儒道融合的"柔和"文化之中,"柔和如水、以柔化人、柔和载物"。将水一般的"柔和"文化融入学校教育管理之中,你独领风骚,我便全力扶持;你遭遇挫折,我便默默帮助;你奋发有为,我便撑梯搭台;你积力蓄势,我便注视陪伴;你昂扬向上,我便加油点赞;你踬踣沮丧,我便嘘寒问暖。

二、"以柔化人、柔和载物"的办学选择

江苏省涟水中学是建校近九十年的历史名校,面对学校深厚的文化积淀和不同时期留下的宝贵精神财富,如何保持并发扬学校的精神传统?如何使学校始终保持昂扬向上的精神风貌?如何使学校始终保持高效优质的教育教学成效?在继承和吸收学校传统办学思想的基础上,我们确立了"以人为本、文化立校"的办学理念,践行"以柔化人、柔和载物"的教育管理路径。

具体来说,"以柔化人、柔和载物"的过程就是"以人为本"的教育过程;就是团结人、扶持人、鼓励人、关怀人的过程;就是振奋精神、任贤简能、劝勉激励、人文关怀的过程。这个过程的本质就是:用一种文化去建构学校、用一种精神去激励教师、用一种品质去感召学生、用一种情怀去关心职工,如此薪火相传、生生不息。这种由"柔和"的教育管理文化生成的教育效果可以不断激发广大师生员工的热情、智慧和潜能,因为他们无时无刻不感到自己被尊重、被倚仗、被爱护、被关注,每个人怀着如此的健康心态和积极情绪,以主人翁的斗志和姿态融入学校教育管理的各项工作中,领导干部率先垂范、身先士卒;一线老师言传身教、培桃育李;莘莘学子精神饱满、钻研探索;教辅后勤精神振奋、奉献进取。一切正如魏徵在《谏太宗十思疏》中所描绘的施政景象:"智者尽其谋,勇者竭其力,仁者播其惠,信者效其忠。"

三、"以柔化人、柔和载物"的教育管理实践

一个优秀学校的教育管理的生态效应应该是:充分激发学校成员创业发展的热情和潜能,继而有力推动学校成员积极完善其进步成长的学习过程,

不断激励学校成员自觉形成不懈追求和开拓创新的创业行为，促进学校成员形成奉献进取和提质创优的拼搏共识。

它是包含精神、制度、行为和环境的综合因素，是学校的文化、生命和灵魂。它为其成员成长发展提供了强大的精神动力、事业的愉悦体验和坚强的灵魂支撑。学校在"柔和"文化构建和教育实践中不断赋予其新的内涵、丰富其新的方式、提升其新的品味，并把学校的核心价值观转化为学生自觉遵守的行为规范，逐步形成尊重、关爱、奉献、进取的校风班风，倡导崇德与尚善、鼓励与欣赏、公正与求实的评价机制，建立有共同愿景的师生集体文化和精神生活。据此，在"以柔化人、柔和载物"的教育实践中，学校着重从以下几方面具体实施。

（一）以提升创新为手段，努力创造"博学睿智悦心"的教师文化

近年来，学校把加强教师队伍建设和促进教师职业发展当作学校发展的头等大事来抓，建立健全了教师成长发展机制，大力实施名师工程，包括加强理论指导、外联合作共建、搭建教研平台、实施"青蓝工程"、构建高效课堂、重奖荣誉教师等。这些激励、关怀、提升一线教师的工作机制和举措就是"以柔化人、柔和载物"文化在教师文化养成方面的具体体现。它们有效促进了教师自觉提升个人业务水平和育人能力，有力激发了教师主动发展的进取意识和主动追求的创优动力，使一线教师持久焕发教育激情和生命活力。

1. 建设"善育善教"的教师队伍

学校每周推出"加强师资队伍建设专题学习材料"，包括师德修养、高效课堂、素质提升等教育教学方面的理论指导材料；定期组织学科队伍赴与我校结对共建的南方名校学习取经，借鉴南方学校创新创优的宝贵经验；积极构建富有特色的校本培训机制；不断深化"书香校园"建设，定期开展教师读书笔记评比展示；组织"以老带新、共同提高"的"青蓝工程"，定期开展青年教师"成长工作坊"，交流名师听课学习的感悟和收获，并开展半年一度的"青年教师优课评比大赛"，营造出"帮学赶超"的良好教学氛围，激励和促进青年教师快速成长。

2. 建设"善创善思"的学科团队

学校着力强化学科团队的建设，打造"名学科""核心备课组"，发挥名师团队的示范引领作用，使每一位教师在强大的教学集体引领下实现个人的成长发展，逐步形成以学科组和备课组为群体的专业化的学科教研团队。组建并不断完善"骨干教师工作室",打造"涟中大讲坛"和"名师沙龙"两大平台,开放名师课堂,传播名师思想,为广大一线教师创设教育思想和教学实践的交流互动园地。充分发挥学科优秀教师的精神感召力。学校还建立了多元立体的校本教研交流网络平台,让每一位一线教师享受到名师团队的优质资源。同时,举办一年一度全校师生参与投票的"感动涟中十大教师"评选表彰,通过树立好榜样、传播正能量,激发并培养教职员工的荣誉感和成就感。

3. 打造"求变创新"的高效课堂

学校加强课堂教学的改革与创新,每学年都组织全校范围的"推进教学改革、构建高效课堂"活动,进行课堂展示、教学比武、交流研讨、评比表彰,并在此基础上,深入开展由校长推荐人、学科带头人、中层干部开设高效课堂示范课。活动探讨各学科"以学生为主体"的高效课堂教学模式,打造"燃烧着热情之火、荡漾着智慧之波、涌动着创新之泉"的高效课堂,通过"轮番推进、持续攻坚"式的课堂改革活动,将追求课堂高效的教学理念深深植根于每一位老师的心里,并时刻想着落实在每一节课中,真正实现课堂教学效率的持续提高,为学校教育教学质量的不断提升提供重要保障。

子曰:"为人由己,而由人乎哉?"队伍的发展、课堂的高效和成效的提升最终靠的必然是每个人对工作和人生价值的自觉追求,学校"柔和"文化理念指导下采取的措施和搭建的舞台,便成了教师们主动追求"成名成腕"的风水宝地,学校"柔和"文化下的教育实践行为让他们发现了更好的自己,获得了更多的尊严,实现了更大的价值,这也是最契合发展规律的教育生态。

(二) 以成长发展为目标,努力创建"向德向善向上"的学生文化

新的教育形势下,真正有效的德育形态不是只规定不能做什么,不是刚性十足的耳提面命,而应该是平等尊重的交流沟通,应该是展示青春风采、充满生命体验的教育实践活动。学校充分挖掘"柔和"文化特质在培养人、塑造人过程中的德育优势,全面开展主题鲜明、形式多样的特色文体活动,致力于培养不断追求"最好自己"的现代高中生,持续努力创建"向德向善向上"的优质学生文化。

一是注重环境育人。学校在校园环境和校园文化建设中,突出国学课程基地的特色,设计打造了具有鲜明中国特色的国学文化氛围,让学校的每一个地方、每一处场所都以经典的国学文化去感染学生、熏陶学生,使学生在充满传统文化色彩的校园环境中获得感悟,修养身心。二是注重社团育人。组

织建设适合学生发挥个性特长、展示个人风采的多种社团,如"红日文学社""青春飞扬"健美操队、"杏花雨"国学名句诵读社、"蝴蝶结"情景剧表演社、"兰亭"书法社等,并以这些社团为平台,开展丰富多彩的特色活动,让学生在活动中成长,在活动中提高。三是注重活动育人。不断完善传统的"每日一读""国学名句阅读"两大特色活动,组织开展包括"读书节、植树节、体艺节、成人节、圆梦节、感恩节、国庆节、科技节、国学节、冬夏令营"在内的"十大校园节"主题活动。以其创新特色的形式和内涵娱乐学生的身心,陶冶其性情、培养其情操、塑造其灵魂。

杜甫诗曰:"随风潜入夜,润物细无声。""柔和"文化指导下形成的学生文化及开展的实践活动,是"走进学生心里"的教育形式,必然产生优良的教育效果。

(三)以团结同心为追求,努力创设"文明和谐进取"的管理氛围

学校始终把"柔和"文化中的人文关怀放在教职工管理工作的首位,注重营造民主和谐的工作氛围和发展环境,努力创设文明、和谐、幸福的管理文化。一是注重沟通。在强调责任意识和担当意识的同时,学校领导经常深入学科组、走进备课组同教师谈心情、谈事业、谈梦想,使每一位教师充分感受教书育人的乐趣和荣耀。二是注重肯定。在强化目标导向和业绩成果的同时,对教职工中的好人好事、感人事例予以表扬、鼓励,定期评比表彰优秀教师和先进工作者,宣传重奖在各级各类比赛中为学校争得荣誉的教职工,不断强化争先创优的满足感和成就感。三是注重关爱。在强调纪律制度和奉献进取的同时,做好针对广大教职工的"暖心"工程。在每位教职工生日当天送上温馨祝福,对每一位教职工特别是困难家庭和外地年轻教师的工作和生活给予关爱,做到"三个必",即教师成绩有起伏必谈心指导,家里有难处必关心帮助,身体有病恙必看望慰问。令广大教职工"进校如归家",以共同的目标追求为引领,以共同的事业梦想为基础,以共同的幸福追求为导向,逐步形成"文明向上、和谐进取"的"柔和"管理文化。

综上所述,"以柔化人、柔和载物"是学校教育的智慧精髓和文化精义,即所谓:上善若水,刚柔相济,至刚则柔,以柔化人,柔而生和,和则业兴,和则长久。

有道是:"一般的学校以规定限制人,一所好学校靠制度管理人,而一所优秀的学校用文化影响人。"今后,我们仍将在教育管理过程中突出"柔和"文

化的主导地位,坚守真善,保持特质,不断赋予"以人为本、文化立校"的办学理念以新的内涵,不断丰富"以柔化人、柔和载物"的教育思想,不断提高学校的办学层次,不断优化学校的教育生态。在全面提升教育教学水平的同时,充分挖掘学校发展的个性特色,弘扬学校精神,铸就学校品牌,努力在办学活力、发展能力、综合实力上实现新的跨越式发展,力争在科学化、现代化、特色化方面创造新的高度。

嵇雷高，男，生于1962年5月，江苏涟水人，1984年毕业于徐州师范学院（后改为徐州师范大学，现更名为江苏师范大学）化学系，获理学学士学位，2002年6月修完苏州大学硕士研究生主要课程。1984年8月至1998年6月任教于江苏省涟水中学，1998年6月调入江苏省郑梁梅高级中学。历任教师、班主任、备课组长、教研组长、级部主任、教务处主任、教科室主任、副校长、副校长兼副书记、党委书记兼副校长，现为江苏省郑梁梅高级中学校长兼党委书记，中学高级教师，淮安大市首批化学学科带头人，江苏省优秀教育工作者，江苏省化学化工学会理事，淮安市教育学会化学教学专业委员会理事长。在《中国教育报》《化学教育》《中学化学教学参考》等报刊上发表论文30多篇，主持或作为核心成员完成了6项省级课题。

对学校德育工作的一些新思考

江苏省郑梁梅中学　嵇雷高

近来，我认真研究了省内外（包括台湾地区）30多所知名学校的办学理念，也看了很多理论书籍，结合自己30多年的教育教学感悟，得出一个结论：那就是学校教育不能为了抓智育而抓智育，只抓智育，到一定阶段就会出现瓶颈，教育教学质量就很难有质的飞跃。真正想提高成绩，离不开良好学风、班风和校风的支撑，而这良好"三风"的形成归根到底是德育的功劳。所以，要彻底改变抓智育硬、抓德育软的做法，我们就必须"两手抓，两手都要硬"，要旗帜鲜明地宣告：抓德育就是贯彻落实宪法和教育法，就是全面落实党的教育方针和"十八大"精神，就是回应社会诉求，就是促智育，就是抓教育质量，就是抓升学率。俗话说"磨刀不误砍柴工"，我们要坚信，学校越是想出成绩，就越要贯彻立德树人的理念。伟大作家但丁说过："道德常常能弥补智慧的缺陷,而智慧永远也填补不了道德的缺陷。"我们不妨想一想:一个不懂得怎样做人的学生,能有明确的学习志向和学习动力吗?一个没有毅力的学生,能够刻苦攻读、坚持学习吗?一个没有良好习惯的学生,能够按时认真学习、搞好学习吗?

北京师范大学博士生导师檀传宝教授说:"能对德育真正下功夫的学校是有境界的!"

著名教育家高震东先生说:"德育是一切教育的根本。智育没有德育做基础,智育就是犯罪的帮凶;体育没有德育做基础,体育就是暴力的前卫;群育没有德育做基础,群育就是社会动乱的根源;美育没有德育做基础,美育就是腐化的催化剂。"

党的"十七大"提出"育人为本,德育为先";党的"十八大"更是提出"把立德树人作为教育的根本任务"。这是 21 世纪中国教育的历史新定位、是顶层设计,是对教育方针的完善,是我们教育界同人的历史责任。

中小学德育工作如何实功实做呢?著名教育家李季教授的德育宝典中提出:"在我们多年的实践探索中,对德育工作而言,管束要求是下策,说教灌输是中策,启发引导是上策,体验感悟是上上策,促进自我建构是至上之策。"

一、中小学德育工作的基本任务是培养好的公民

公民是一个法律概念,凡是具有中国国籍的人都是中国公民。但公民有好与不好之分,那些违法犯罪分子自然不是好公民,那么,是不是没有违法犯罪行为的人就是好公民呢?不尽然。好公民是有条件的,这个条件就是中央的三份文件。

1988 年中共中央颁发的《关于改革和加强中小学德育工作的通知》中规定:"中小学德育工作的基本任务是把全体学生培养成为爱国的、具有社会公德的与文明行为习惯的、遵纪守法的好公民。"这就是我们中小学德育工作最基本的任务,最基本的目标,是底线。

中央文明委依据 2001 年中共中央颁发的《公民道德建设实施纲要》的内容,确定了我国公民 20 字基本道德规范:"爱国守法,明礼诚信,团结友善,勤俭自强,敬业奉献。"

2012 年 11 月,中共"十八大"报告明确提出了社会主义核心价值观的 24 字基本内容:富强、民主、文明、和谐,自由、平等、公正、法治,爱国、敬业、诚

信、友善。

二、中小学德育工作要从抓守纪律、讲规矩开始

有的专家宣传西方教育，主张课堂上要给学生自由，提倡绿色生态教育，认为不必要求学生坐端正，可以允许学生打手机……总有人说国外中小学生多么自由，学校管理多么宽松，其实根本不是那么回事。在英美留学的学生被开除、坐牢的还少吗？甚至还有刚报到三天就被开除并遣送回国的。我不同意课堂上对学生的放任自流，如果这样，学生自由散漫、各行其是、进进出出，课堂效率怎么提高？教师怎么能静心讲课？怎么能培养学生的良好习惯、态度？这样的学生长大了怎么能够成为遵纪守法的公民？

三、中小学德育工作要从抓基础开始，要分层次

德育工作不能只注重最高层次的先进性而忽视基础性和层次性。法国作家雨果在《悲惨世界》中写道："做一个圣人，那是特殊情形；做一个正直的人，那却是为人的正轨。"学校德育目标过高，会表现出重圣人道德、轻常人道德或大众道德的倾向，然而，这些高不可攀、完美无缺的人间圣人、超人、完人的道德标准就如同海市蜃楼，是遥不可及的，会使人感到做一个有道德的人难之又难，结果是敬而远之。事实上纯粹的完人在现实中有多少？何况学生呢！要把完人与现实人、成年人与未成年人区别开来，把理想中的号召、鼓励、期盼与现实中的评价标准区分开来。

个人认为，人在道德层次上，可分为三种，即圣人道德、常人道德和底线道德。我们应该提倡鼓励圣人道德，允许常人道德，守住底线道德，反对不道德。例如，谈到道德，常讲助人为乐，特别是每年在学习雷锋的活动中更加突出强调这点，但助人是分层次：第一层次，也是最高层次，这就是助人为乐，这是道德的最高境界，是圣人道德，是努力的方向；做不到就低一点的第二层次是乐于助人，是良好的道德；还做不到就再低一点的第三层次是尊重别人、应该助人（尽管你乐不起来也应帮别人一把），是基本的道德准则；还有人做不到那就是现实生活中最低的第四层次，即当然你也可以不助人但不能妨碍别人，是最低道德，这就是道德底线。不能再低了，再低了就是妨碍别人、就是损人利己，这就不道德了，应受道德谴责。也许有人认为提"可以不助人但不能妨碍别人"的要求太低了，应该承认这个要求是低的，但你要提"助人为乐"

为道德的底线,不要说中小学生,就是成年人又有多少人能做到呢?所以只能从"可以不助人但不能妨碍别人"这个最基本的要求开始。因为连最低的要求还没有做到,那些高的要求提了也很难落到实处,倘若社会上大多数人的头脑里有"可以不助人但不能妨碍别人"的观念并体现在实际行动中,那么整个社会风气就会发生明显变化。

这里面需要注意的是,我们要帮助需要帮助的人,不能认为"我帮助你,我就是一个道德高尚的人"。我曾看过一篇报道,说3月5日学雷锋做好事那一天,去敬老院的人特别多,结果敬老院的老太太,一首歌就听了七遍,有个老头被洗了五次澡。这样的帮助,有点搞笑,这就是好心办坏事,是典型的形式主义。

四、中小学德育工作要从大处着眼小处着手,要抓实

某省接待了台湾地区中小学校长考察团,在最后一天的座谈会上,一位当地校长问:"你们考察了大陆中小学教育,那么,能不能比较一下在德育工作方面大陆和台湾有什么相同点和不同点?"台湾地区中小学的一位校长说:"大陆和台湾都重视德育工作,但台湾的德育工作抓得实,大陆的德育工作抓得虚。"我们过去往往注重从大处着眼,忽视从小处着手,"粗放式经营德育",这是有问题的。今天我们做德育工作时要特别注重从小处着手,低起点切入。例如,关于"爱国"怎么抓?高震东先生讲:你把西瓜皮倒在你家炕上,叫不爱家,你倒在马路上就叫不爱国,因为马路是国家的地方;你浪费水、电和粮食就是不爱国,因为水、电和粮食是国家的资源,你怎么能浪费国家资源呢。看看我们郑梁梅学校校园的一草一木、一砖一瓦,就知道了郑兆财先生是怎么爱国爱乡的。由此我联想到:你损公肥私就是不爱国;你破坏公共财物就是不爱国;你不做好本职工作就是不爱国;作为学生你不认真学习就是不爱国;你的言行举止有损国家声誉和形象就是不爱国;当国旗升起、国歌响起时你不肃立致敬就是不爱国……爱国就这么简单具体。爱国,不是空洞的口号,它有实实在在的内容和实实在在的行动。

五、中小学德育工作要贴近学生,要讲求实效

我们所有的教育(当然包括德育)都应该贴近学生、贴近生活、贴近实际,变大道理为小道理。学生学生,学什么生呢?就是学"生活的常识(衣食住

行、打扫应对、待人接物等)";就是学"生存的技能(各种知识、技能、本领等)";就是学"生命的意义和价值(世界观、人生观、价值观)"。所谓贴近学生,通俗的解释就是从学生的需要和可能出发来施教。即学生需要什么,我们就给他们什么;学生能接受什么,我们就给他们什么;学生不需要或现在还接受不了的就不要给他们,不是给学生越多越好,而是越合适越好,少则德多则祸。也就是我们常说的因材施教,要考虑学生的年龄特征、思维方式,遵循学生身心发展规律。切不可凭教育者想当然地、主观地、随意地施教。

道德倒挂现象存在。一是教育目标上的倒挂,如在小学生中进行的是远大理想的共产主义教育,如少年先锋队队歌中唱的"我们是共产主义接班人";在中学生中进行的是社会主义教育,如教科书中讲的"我们仍处在社会主义初级阶段";在大学生甚至研究生中进行的是集体主义教育,是行为规范、文明习惯养成教育,如"东西放放整齐、人多时要排队、便后要冲水"等。二是教育结果上的倒挂,如社会上常说"道德教育滑坡,大学生还不如小学生呢!"早在2000年12月13日《北京青年报》上刊发了一篇文章,题目叫《大学生高学历低规范引人深思》,这种现象看似滑稽,却从侧面说明我们的德育工作是不成功的、是出问题的、是倒挂的、是没有从基础抓起的、是没有分层的、是没有贴近学生的。

六、中小学德育工作的方法要多种多样

德育方法与智育方法具有明显的不同。一个人道德知识的多少并不能完全反映其道德水平的高低,也就是说,有了道德知识,未必能够成为一个有道德的人,现实中知行背离、知道却做不到的例子太多。所以说,智育方法要解决的是"知不知""懂不懂""会不会""熟不熟"的问题;德育方法要解决的是"知不知""信不信""做不做""为不为"的问题,德育工作更为重要的是需要将道德知识内化为道德信念、外化为道德行为,不仅仅要听其言,更重要的是观其行。说一套做一套、光说不练、只说不做的都是假把式。要多搞一些"向善向上向美"的活动体验。

七、中小学德育工作要与时俱进

当今世界,无论是国外还是国内都在迅速地发生着变化,例如,大量涌入的外来思想文化、急剧转型的社会环境、飞速发展的信息技术,对学生的生活

方式、思想观念和价值取向产生了深刻的影响,因此,我们的中小学德育工作也不能一成不变。社会发展迫使学校德育不得不与时俱进,在工作中要不断地发现新动向、新趋势、新问题,研究新问题,解决新问题。有利的东西要利用,不利的东西要预防。这样,我们的工作才会不断进步,不断有新的作为。可以建立班级教师与家长的家校通、QQ群、微信圈,经常交流教育心得。

八、中小学德育工作要不断创新

怎么创新德育工作要想清楚,否则会越创越糟。正确但未落实到位的要抓落实,要继承、发展和创新,不当的要改进。例如,长期以来,我们的中小学德育工作或多或少存在的问题有:(1)注重国家需要、忽视学生需要。"宁为公字前进一步死,不为私字后退一步生。"人首先是自私的,诸事先为自己考虑,这并不是一件不齿的行为。德育不是只为别人,也为自己。德育不是自我牺牲,而是实现自我。德育不是灭私,而是肯定私又超越私,既能满足个人需要,又会对社会有益,也就是"德福一致"原则。(2)注重人治、忽视法治。中国很长一段时间是人治的社会,人们头脑里形成的是人治意识,人们的行为习惯服从人的管理。而太轻视规则意识、法治意识,就有问题了。个别学生出格的事时有发生,不知底线、不知边界、不守规则、不懂敬畏、不懂感恩,天不怕地不怕。我认为这是我们德育的短腿,偏离了以法治校的根本。这就要加强,就要改变,既要人治,又要德治,更要法治,从"教会让梨"到"学会分梨"。

九、中小学德育工作不能只有表扬没有批评

学生犯错误是其不再犯错误和成长的前提,学生成长的烦恼是其成长的催化剂,而不是成长的包袱,是人就会犯错误,何况是学生呢!但犯错误要不要批评、能不能批评?试问:学校教育有无批评的教育吗?

表扬、鼓励、奖励是教育,批评、惩罚也是教育。中国青少年研究中心副主任孙云晓写过一篇文章,题目为《没有惩罚的教育是不完整的教育》,写得很好,新浪博客中有,建议大家看看。他在文中指出:现在社会上流行一种无批评教育,认为好学生是表扬出来的,似乎对学生多加鼓励就可以解决一切问题。我的观点恰恰相反,我认为,无批评的教育是伪教育,没有批评的教育是不负责的教育,是不科学的教育,是缺钙的教育,是危险的教育。在提倡表

扬、奖励的同时，不应该忽视批评、惩罚在教育中的积极作用，适当的批评与惩罚是爱而有度的具体体现，经不住批评与惩罚的学生是脆弱的，是学不会承担责任的。但惩罚绝不是体罚，其目的是让学生对自己的过失负责，让他明白：你是一个人，你要对自己的行为承担责任。

惩罚，是一剂苦药，但它是学生成长过程中不得不服的苦药。我们要注意惩罚的方法和惩罚的尺度，不要伤害学生的自尊，有话好好说，不打骂，不体罚。师爱的一个重要内容，是教师应尽量不要伤害学生的自尊，这是学生心灵中最敏感的地方。尽可能不要把学生的缺点公布于众，更不要动不动就开"批斗会"。《中国青年报》曾经发表一篇文章，说一位叫聂攀的同学，有一天在老师的办公桌上看到一份名单，老师把他们班上的同学分为三种：有希望的、没有希望的、可能有希望的。而聂攀是属于没有希望的，结果会怎么样？大家可想而知。我想你可以这样分，但不能让学生知道，更不要说出去。

美国第一任总统华盛顿在小的时候，砍了他父亲心爱的樱桃树并承认是他砍的。他的父亲老华盛顿对他说："敢于承认错误是一个人最起码的品德。只有敢于承担责任的人才能在社会上立足，才能取得别人的信任。"所以学生主动认错可以不罚或轻罚，给犯错学生以信任和尊严。轻微错误可以罚唱歌、做好事、劳动、写犯错说明书(魏书生说："犯错后写检讨书，学生越写越恨老师，而写说明书越写越恨自己。")。但常错或严重违纪违规必罚，必要时给予处分。

一句话，校园呼唤"绿色惩罚"。

总而言之，面对新的时代、新时代的学生、新的国情、新的德育背景，我们真的需要对学校德育工作做一些新的思考，把德育放在学校教育的首位，用新思路、新机制、新方法全面提升学校德育质量，为培养合格的人才做出更大的贡献。

葛天成，男，生于1970年8月，盱眙县人。1987年6月淮安师范普师毕业，1990年6月通过南京师范大学中文大专自学考试，1991年9月至1993年6月参加江苏教育学院中文系本科脱产学习，2005年9月至2008年6月参加江苏省委党校行政管理专业在职研究生学习。1987年8月参加工作，先后任盱眙县水冲港中学教师、教导主任、副校长；1994年1月起先后任盱眙县文化局、县政府办、县委办秘书、副科长、科长；2000年8月任县委办副主任；2001年12月任县人大办主任；2007年1月起任县委组织部副部长，并先后兼职组织员办公室主任、老干部局局长、县人大人代联委主任；2011年6月任盱眙县副调研员兼组织部副部长、盱眙中学副校长；2013年9月起任盱眙中学校长、组织部副部长。先后在《中国文化报》《江苏教育报》《教师报》等报刊发表教育教学论文10多篇，参与编撰《写作借鉴中外范文》《中学作文百题构思》等正式出版物6部。

引导学　促进长

江苏省盱眙中学　葛天成

基础教育的根本任务是立德树人，立德树人的主要途径和手段通常被概括为"教育教学"。《现代汉语词典》对"教育"的解释是：按一定要求培养人的工作，主要指学校培养人的工作；对"教学"的解释是：教师把知识、技能传授给学生的过程。词典上把这两个词作为名词来解释，做了一种概括性的描述，解释中更多地强调了教师的主导、支配作用。但教育、教学其实是师生间互动合作的行为，教师更多的是指导、配合，是配角。因此，我更愿意从师生关系角度特别是从学生的角度去理解教育和教学的本质。

所谓教育，从字面上把它拆开，通常理解为教和育的并列关系，都是由教师来主导的。但我认为，教，是从教师角度说的，有帮助、指导之意；育，是从学生角度说的,可理解为发育、生长之意。教育,即帮助促进学生成长。以上虽是我个人的观点,但我感到这既体现了教育是师生双方交流与合作的关系,更反映了教育是为了促进学生成长的本质。既是成长,就有其自身规律,教育者必须认识、遵从这个规律。"教育"的主体是学生,学校、教师一切工作的出发点、采取的一切措施,都应该围绕、服从这一主体的需要。

所谓教学,也从字面上把它拆开理解。教,是从教师角度说的,帮助、引导的意思;学,是从学生角度说的,学习、运用的意思。教学,就是引导学生主动学习。主动学习是"我要学",学生是学习的主人;被动学习是"要我学",学生是学习的奴隶。主动学习和被动学习的效率、效果有天壤之别。教师引导学生主动学,就会形成合力。教学相长一词,也从根本上反映了师生之间合作提高的关系。教学的关键是学,教得再好,最后学生没有学到,还是空的;讲得再多,学生没有听进去,还是无效的。因此,学校、教师的一切方法、措施,都要围绕学生学习能力、学习成绩的提高而展开。学习也有自身的认知规律,教育者必须认识、遵从这个规律。

教育和教学的最终目标,是让学生健康成长和逐步提高,这也是我们所有基础教育阶段学校的根本宗旨。这样的宗旨和任务,必须得到全体师生的心理认同,才有可能化为目标取向一致的实际行动。这其实就是文化育人,即用共同的价值观为学校全体师生指明共同愿景,影响师生和学校日常行为、精神追求与发展方向。盱眙中学根据这一宗旨和任务,结合盱眙中学悠久的历史、传统的书院文化,从当年毛泽东同志"好好学习、天天向上"的题词中提炼出"向上文化",以此来统率、引领校园文化建设。其核心内涵就是提醒师生共同努力,每天向前进步一点点、向上提升一点点。内涵不仅包括传统的"制高"校训、石板路精神,也包括新时期提出的"三名"目标。向上,不仅是学生的学习成绩要向上,文明习惯、综合素养也要向上;不仅是学校的各项指标、外在形象要向上,师生的精神状态、学校的内涵建设也要向上。我想,我们提出以"向上文化"来引领学校各项工作,正是实现教育教学目标的一个有力而实际的举措。

教育的任务是促进学生成长,要对学生长远发展负责,使他们将来能顺利地步入社会,更好地生存与发展。因此,基础教育阶段的学校教育,要尽可能多地抛弃一些只顾眼前、急功近利的做法。在高中阶段,在提高学生学习成绩、应对高考升学的同时,更要努力加强学生的素质教育。基于这样的认识,盱眙中学提出了为学生长远发展、终身发展打基础的教育理念。在实际行动中,不仅开齐开足音、体、美、信息技术等国家规定的课程,还率先开设通用技术等课程,并开发了盱眙龙虾等20多种校本课程,每周开设4场专题讲座让学生自由选听,每天保证学生一小时以上的体育活动时间,还每年举办两次运动会、两次艺术节和科技节。为发掘学生特长、张扬学生个性,学校每学年成立36个社团,让学生自主报名参加,每周活动两个小时,受到学生的追捧,取得了明显的成效。

教学的任务是引导学生提高学习效率,那就要从内因入手,着力培养学生的自主学习能力,掌握学习方法,引导学生把学习的主要阵地放在课堂,提高课堂学习效率。然而,传统的课堂教学模式和课堂教学方法,是以教师讲授为主。从头讲到尾、满堂灌等现象,在日常的教学活动中十分常见。教师只顾自己讲,只想着把自己教的任务完成,结果教师讲得很精彩、很投入,却并未顾及学生是否掌握、是否吸收,有的课讲完了,学生却还云里雾里,等于在做无用功,成为无效课堂。为改变这一状况,盱眙中学提出了以"让学生动起来"为宗旨的"三动课堂"教学模式,即学生主动、师生互动、教师推动,通过学生课堂上的自主学习、合作展示、质疑探究,来提高学习效率,达到让学生的学习热情调动、脑筋开动、思维触动的目的,从而实现课堂教学目标。

引导学,学的主体是学生。要让学生真正学进去,对教师的要求是很高的。教师不仅要懂得所教学科的知识体系,还要研究教育心理、人的认知规律;不仅要教学生知识,更要教学生科学的学习方法,培养学生良好的学习习惯。在"三动课堂"上,盱眙中学要求所有教师把自己的角色定位为导演,事前要详细地编写好"剧本"(备课),这个剧本不只是知识的准备,更要有过程的设计,通过提出问题、设计情境来推动课堂教学活动的开展。教师上课前要做大量的准备工作,对课堂上学生可能提出的各种问题、课堂上可能出现的各种情况,进行预判,并设计预案。在课堂上,教师可以提问、讲解、指导,甚至示范,但真正的演员是学生,教师绝不能代替学生去表演,学生的自学、质疑、合作、展示,才是课堂成功的真正标志。就像不让学生在水里游,学生永远不可能真正学会游泳一样。

促进长,长的主体是学生。要让学生健康成长,教师、父母的帮助是十分重要的。但无论多么重要的帮助,多么到位的帮助,也只能作为外力,不能包办代替,要创造机会让学生自主管理、自我提高。成长过程中,教师的作用是精神上的鼓励、方向上的引导、外力上的助推。为了督促学生沿正确的轨道生长,必须对学生的言行进行规范,要求学生必须遵守法律法规和学校的各项规定,这是基本的。在此基础上,盱眙中学促进学生成长的主要措施是实践教育、体验教育,尽可能多地创造条件,让学生了解社会、感受生活,在体验中感悟、在实践中提高,引导学生学思结合、知行并重。学校每周的升旗仪式、班级每周的班会,由学生自行设计、主持;学校的运动会、艺术节、科技节,由学生讨论、设计、主持;学生社团中的一部分,由学生自己组织,自己聘请外教,自己展开活动。学校还创设了"一日社会实践"活动,每个班级每学期利用一天的时间,在校内参加学校教学、卫生、食堂、宿舍等日常管理,到校外敬老院、特殊学校、消防大队、博物馆等活动基地进行劳动、参观,活动结束后进行总结、反思、讨论。"一日社会实践"活动开展以来,受到学生的积极响应和参与,成效十分明显。

引导学、促进长,是教育教学的本质,道理既不新鲜也不深奥,但真正实现却有很多的工作要做,有很长的路要走。学校和教师首先要做的是转变教育理念,摒弃传统的支配型、强势型思维和做法,真正掌握学生的需求,了解学生的心理,遵守学生的认知规律。一切教育教学活动,都应该做到让学生参与、让学生体验,我们的教育教学目标通过参与和体验来实现,这样教育和教学才能真正为学生所接受。

王海兵，男，生于1970年7月，江苏盱眙人，中共党员，教育硕士，中小学高级教师，江苏省马坝高级中学党委书记、校长。1989年9月至1991年6月就读于淮阴师院英语系；1991年8月至今一直在马坝高级中学任教；1999年9月至2001年8月在南师大外国语学院进修本科；2005年任马坝高级中学副校长、党委委员；2005年至2008年在江西师范大学攻读硕士学位；2009年2月任马坝高级中学党委副书记、常务副校长；2010年8月至10月公派到澳大利亚进修；2011年1月任马坝高级中学校长、党委书记。先后获得"江苏省中小学校优秀共产党员""江苏省高中英语课程改革先进个人""江苏省基础教育课程改革先进个人""第九届全国中小学外语教师园丁奖""全国环境教育示范学校突出贡献人物""淮安市优秀教育工作者""淮安市高中英语学科带头人""盱眙县十佳校长"等荣誉称号。

善于创新，方能永立潮头

江苏省马坝高级中学　王海兵

谋求科学发展，办人民群众满意的教育，让孩子们享受最好的教育，是我们孜孜以求的目标，也是时代赋予我们的神圣使命。近年来，随着盱眙县城市化进程的加快，农村人口集聚城区，优质学生汇聚城区，农村中小学出现人去楼空的现象。由于马坝高级中学地处农村，地域劣势明显、生源严重萎缩，加之先前艺体特色被过度宣传，被标签化，导致优质生源一路走低。一时，地域劣势、生源危机成了制约学校进一步发展的最关键因素。如何破解学校发展的困局？这是每个马坝高级中学人都必须面对、必须思考的问题。

一、确立新的办学理念，引领学校健康发展

我接任校长后，对学校的办学理念思考了很久，最终将"讲良心、负责任、

敢担当"确立为新的办学理念。何为良心？说起来，良心者，善良、美好之心也。良心是人之根本，是一定的社会关系和道德关系的反映，也是人们在履行社会义务中形成的道德感和责任感。学校的责任，就是对学生负责、对家长负责、对社会负责、对民族负责、对未来负责。担当，顾名思义就是承担、担负的意思。敢于担当，就是勇于担当重任、承担责任、忠于职守、不计个人得失；就是直面一切艰难险阻和勇于承担任务责任的可贵意志品格。马坝高级中学作为农村高中，绝大多数学生来自农村，学校要讲良心，就是要对这些靠读书来改变命运的孩子们负责任，要对他们的健康成长负责，要对家长和社会负责。直面责任，努力工作，就是最好的担当。

二、进城办学是改变马坝高级中学的有效途径

在学校的积极努力下，在教育局的积极推动下，2013年暑期县委批示：同意马坝高级中学在城区设立分校。进城办学有利于打破现有的教学格局，有利于让更多的农村孩子享受到优质教育资源，有利于促进全县教育均衡发展，进一步提升全县高中的教育教学质量。2013年9月马坝高级中学城区分校成功开班办学，城区分校的规范化管理得到了家长和社会的认可。两年来，学校招生发生了质的变化，尤其是2014年学校仅用两天半即招满了计划的名额。两个校区，有效地改善并优化了全县办学格局，为高中生就近入学提供了方便。今后马坝高级中学还将加大投入，改善条件，完善环境，加大教学改革力度，在办人民满意学校上再下功夫。

三、加强教学改革和管理，积极提高教学效益

（一）积极推进教学改革

学生在校时间有限，教学必须回归到课堂主阵地上来，让他们跳出题海战术，实现减负增效。学校多次组织教师到山东杜朗口中学、山东兖州一中、如皋白蒲中学、镇江一中等学校交流学习，教学领导带领业务骨干结合校情，深入研究，确立了有效课堂教学的基本思路，形成基本抓手，制订出各项措施方案，营造出一线教师人人参与，人人反思，积极探索和实施有效课堂研究的浓烈氛围。2009年承办了全县高效课堂的现场会，通过主题发言、经验交流，学校成了全县探索有效课堂教学的模范典型，先后获得"江苏省高中课程改革样本校""江苏省实施新课程先进学校""江苏省实施素质教育先进学校"

"江苏省基础教育课程改革先进集体"等荣誉称号。

（二）进一步规范教学管理

所谓教学管理，主要是指学校的管理者对教师的教学过程进行指导、监督、调控和评价，以保证教学质量的管理过程。这主要包括对教师的教学理念、备课过程、上课过程、课后作业以及教学质量评价等方面的管理。

马坝高级中学实行"双线交叉管理模式"。学校成立了专门的教学管委会和年级一起对教学情况进行双线检查。对检查出来的问题，进行互动跟踪检查。

同时，制定措施，规范教师的教学行为。按省、市、县要求严格规范地对学校教育教学工作进行重构，对导学案的编制、备课组集体备课、教师教学反思等方面出台了具体而有可操作性的方案，因教学管理过程实在、规范，学校在市教育教学督导中受到高度评价，在省、市、县多次专项督导中获得好评。

四、动真碰硬破陈规，用情调动积极性

2013年学期末，通过收集所有教职工的建言献策书，我们发现大家最为诟病的现象是存在十几年的岗位津贴不合理，干部多拿，教学工作量却很少，一线苦干的教师心理不平衡。在班子会议上身为校长的我说出了肺腑之言，不要说普通教师心里不平衡，我做校长的心里也难以平衡，干得多的、干得好的所拿的津贴怎么和没干的、少干的、干得不好的差不多呢。我坚信，在学校这样的单位，教学实绩是硬道理。这种情况下，延续了十多年的岗位津贴制度在教代会代表的热烈掌声中全票予以废止。领导也要向普通教师一样，凭教学成绩拿钱。不上课不拿钱，少上课少拿钱，教学成绩好、贡献大多拿钱，在学校这是"天道"。老的岗位津贴制度的破除极大地调动了全体教职员的积极性和主动性。

五、抓好创建工作，促进马坝高级中学再上台阶

领头抓好省四星级高中复检工作。四星级复检是马坝高级中学发展史上的重大事件，对此，学校启动早，准备充分。在全校师生的共同努力下，5月8日至9日江苏省教育评估院专家到现场复审工作顺利，学校得到了专家组的高度评价。

领头抓省艺术特色学校创建工作。拿出方案，整理材料，撰写专题片脚

本,指导专题片拍摄工作,和艺术教研室一起提炼概括学校真正的艺术特色,并高标准通过省专家组验收。

领头抓江苏省基础教育课程改革先进学校创建工作。学校最终创建成为江苏省基础改革先进学校,我本人因此荣获江苏省课程改革先进个人和江苏省实施新课改牛津英语模块教学先进个人。

领头抓好"周恩来班"创建工作。学校高度重视"周恩来班"的创建工作,把创建与培养公民素养结合在一起,把"周恩来班"创建作为深入实施素质教育的突破口,作为学校的一大德育抓手。学校有多个班级创建成了省、市、县及校级"周恩来班"。"周恩来班"创建活动焕发了师生新的精神面貌,提升了学生的综合素质,提高了德育工作实效,增强了精神文明建设水平和校风、教风、学风、班风建设水平。

六、扎实抓好"三个队伍"建设

三个队伍是指教师队伍、班主任队伍、教干队伍。一是重点抓好教干队伍建设。马坝高级中学教干队伍应该是也必须是能吃苦、愿率先、善研究的干部队伍。能吃苦就是比群众能吃苦,因为你是干部;愿率先就是比群众更愿意超前,身先士卒,不是你叫别人干,而是你做给别人看,因为你是干部;善研究是指科学干,研究学科知识,研究教学对象,研究教学与管理手段,因为你是干部。二是认真抓好教师队伍建设。马坝高级中学近几年生源困难,生源是客观因素决定的,既然改变不了别人,就要改变自己。我亲自带领教师开启了学习征程,除定期为全校教职工推荐学习研究的文章外,还在两个假期购买学科外书籍下发阅读,拓宽教师知识面,培养杂家,开学后予以适当考核,促进读书效果。同时,关注让教师走出去,得到更深层次的、更长时间的蹲点学习。2011年,马坝高级中学安排了两位教学骨干到如皋市办在乡镇的白蒲中学挂课学习。除了走出去,还要请进来。学校3次邀请白蒲中学校长及各科教师来校指导教学,使我校教师拓宽了视野,提高了业务水平。选定教师理论学习教材,制订具体学习、检查、反馈等的实施方案,关注教师业务成长,建立教师个人发展规划平台,关注教师成长,确立了省级名师、中学高级、中学一级、青年教学骨干等教师系列培养计划,并逐步得到实施,培养专家。三是着力抓好班主任队伍建设。班主任是班级建设的灵魂,一个班级教育教学质量的好与坏关键在于班主任。学校高度重视班主任培训,每学期由分管德育的副校长和德育处牵头,制订好班主任培训计划,分步骤有序推进。学校积极鼓励班主任参加省、市、县级各项培训。

七、引进人才,借力发展

学习、引进适合马坝高级中学发展的经验是促进马坝高级中学健康发展的捷径。对外学习也有方法,也有价值观,认准了学,决不能走马观花、蜻蜓点水,不深入只能是雾里看花。我认准了南通白蒲中学,与白蒲中学结对,向人借力,早在我干校长前,就有这种念头。做校长后,立即开始实施,自己去学,去和白蒲中学融洽关系。精诚所至,金石为开。送走了2013届高三学生,升学率达80%以上,白蒲中学年级主任王锡林终于被我说动了心,在白蒲中学校长的协调下,来到了马坝高级中学。我对白蒲中学范建银校长说,白蒲中学就是马坝高级中学的人才库、马坝高级中学的思想库、马坝高级中学的资源库,人才的引进,表明向江苏高考高地的南通借力成功。王锡林校长作为马坝高级中学城区分校的业务校长,以身作则,积极将他的管理理念融入马坝高级中学的管理中,城区分校的管理赢得了家长和社会的好评,社会认可度高。

八、加强绩效考核,形成公平、合理的考核方案

根据学校现状,从2009年起,加大对教学一线教师的绩效考核,通过广泛调研,民主商讨,几轮修改和完善,最终形成了较为公平、合理的,并经校教职工代表大会通过的马坝高级中学教师职工绩效考核方案。此举引导并大大促进教师对教育教学的关注,有效地扭转了干多干少一个样,干与不干一个样的大锅饭现象,确实达到了一切以教学为中心,以教学绩效论英雄的目标。

九、讲大局,严自律,榜样示范,和谐自现,清风自来

工作以来,认真做好业务和管理、做好学生工作的同时,做到讲大局,力求清廉,善于自律。学校的工作烦而细碎。在教师职称晋升方面,从未直接参与,仅负责搭好评审委员会工作,一切工作公开透明,未给任何个人做过违反规定的事情。一心为公,廉洁自律,有极好的口碑和群众基础,未参与学校任何经济承包工作,没有一个亲属参与学校任何工作,没有任何违规用车、招待现象。我真正做到对自己要求严格,以人格感召,以品德引领,以行动感染

着教师群体。这样严格自律,一心为公,我觉得对得起自己良心,无愧于自己的职业和职位,我在马坝高级中学做到堂堂正正做人,踏踏实实做事。

　　总书记提出中国梦,马中人也有马中梦。我们的梦就是把马坝高级中学办好,办成名副其实的四星高中,进城梦实现了,教育教学及管理再上台阶是我们永无止境的梦!

李爱民,男,生于1963年7月,江苏涟水人,中小学高级教师,现任淮安工业园区实验学校党总支书记、校长。1985年8月至2005年7月,任教于淮阴师范学院第一附属小学,历任总务主任、校务办公室主任;2005年7月至2008年8月,任淮安市特殊教育学校副校长;2008年8月至2011年7月,任淮阴师范学院第一附属小学副校长;2011年7月至2012年8月,任淮安工业园区实验学校副校长;2012年8月至2013年8月,任淮安工业园区实验学校党总支书记、副校长;2013年8月至今,任淮安工业园区实验学校党总支书记、校长。淮安市首批小学数学学科带头人、淮安市首批小学数学教学研究专家指导组成员、淮安市优秀教师、淮安市优秀共产党员、淮安市优秀党务工作者、淮安市十佳"五德"干部、江苏省优秀教育工作者、全国教科研工作先进个人,教育部"十一五"教育科学规划立项课题"基于学生视界的教学行为改进研究"课题组核心成员,江苏省教研课题"新办学校教师教学合作共同体建设的研究"课题主持人,参与编著《小学数学应用题大全》等专著,在《小学数学教师》《小学教学研究》等刊物发表论文十余篇。

教育如农　　善栽者获

淮安工业园区实验学校　　李爱民

叶圣陶先生曾说:"教育是农业,不是工业。"农业是栽培作物,农业产品是有生命力的,有它自身的特点和生活习性,有属于它自身的内在力量。对于这种内在力量,外部环境不能彻底改变它,只能因地制宜、因时制宜地满足它。而且,不同的农作物有不同的生长季节,有不同的栽培方式,有经验的农民都懂得要适时施肥浇水,适时除草松土;既不能拔苗助长,也不能强制它不生长。

"农业"就要春风化雨,潜滋暗长,不急不躁,从容不迫,朴素自然。教师就是年复一年做着如同"农夫"播种、施肥、除草般平凡的事:备课、上课、批改作业、找孩子谈心……

一分耕耘,一分收获;种瓜得瓜,种豆得豆。这是良心教育的自然法则。

一、欲栽新苗,先接地气

2011年暑期,我从淮安主城区的淮阴师范学院第一附属小学到20公里外、地处城郊的工业园区,创办这所从幼儿园、小学到初中的十二年一贯制学校。当时,园区刚从农村向城市转型,园区人也正从农民向市民转变。学校教师大部分是新聘的应届大学毕业生。一所新办学校,如何"接地气",是个很费思量的问题。"讲规范,立习惯;抓质量,树品牌;搞科研,促发展;建文化,创特色"是学校创办之初根据学生情况确立的核心工作,而且一直坚持,从未动摇。从那时起,"说普通话、写规范字、读经典书、立君子品、做文明人"成了全校师生共同的约定。经过五年的努力,"力行·至善"校训文化,"尊重、合作、崇学、向上"的校风润物无声地融入了师生的血脉。

二、本根不摇,枝叶茂盛

《贞观政要》曰:"夫治国犹栽树,本根不摇,则枝叶茂盛。"教育又何尝不是如此。十年树木,百年树人。教育工作是育人,需要经历更长的时间,花费更多的心思。办一所学校,要着眼长远,有长程意识、远景规划,并使之一脉相承,方能走得长远。

建校五年来,我们一直坚持着眼十二年一贯制长程设计,关注每一个学生的生命成长和个性发展,引导学生"自信、自主、好学、会学",逐步养成良好习惯,走向自我管理。我们的目标始终一致,那就是培养具有"平凡素养+特长+持续发展"的园区学子。平凡素养,即培养学生学会做人、学会求知、学会生活、学会健体、学会审美。特长,即拓展体艺"2+1",发展学生社团,培养学生体艺等技能。持续发展,即加强学段间衔接,培养学生的持续发展力,不断提高学生的幸福感。绝不贪眼前利益、局部利益,坚守"为学生的终身发展负责"这条底线,绝不做伤害学生成长的事。

教育大计,教师为本。名校贵在有名师。一所好学校不仅要有好校长,更需要有一支德才兼备、敬业精业、乐于奉献的教师队伍。经过五年的实践探索，我们创生了"钻研教材，个体自备；中心发言，集思广益；修改预案，二次备课；重视反思，总结经验"四步备课法，探索出了"铺垫激趣，设疑引探；自主探究，合作交流；引导提炼，归纳完善；巩固应用，反馈提升；回顾总结，实践延伸"五步教学法等一批校内有成效、市内有影响的教育教学经验做法。同时，通过"四个一"名师工程，即每位教师"上好一堂课，出好一份试卷，写好一篇文章，开好一个讲座"，造就了一大批优秀教师，学校188名教师中，有特级教师1名、市学科带头人4名、特级教师培养对象4名、中小学高级教师11名、中小学一级教师30名，形成了教师梯队成长机制。

多元智能理论让我坚信：人人都能成才。教师要善于"另起一行，成就多个第一"，让不同的学生得到不同的发展。校长更要善于成为相马的伯乐，让更多的教师获得多样化的成长。学校管理中坚持的"成人成事"理念，让工业园区实验学校这棵大树抽枝长叶，枝干粗壮，伸向四面八方，树上的每一片叶子都绿得发亮，绿得闪光。

三、风调雨顺，扶摇而上

我们这所新办学校又好又快的发展，除了归功于"园丁"们的辛勤努力，更得益于"风调雨顺"。这里的风调雨顺，既是指优越的客观发展条件，又是指主观的借力成长。学校办学性质是市教育局直属学校，由淮阴师范学院第一附属小学协助办学，在集团内充分享有"管理、师资、教学、文化"四个共享的优厚待遇。后来又相继与淮阴中学新城校区等名校合作办学。优质教育均衡发展的东风使工业园区这所新办学校成了最大的受益者。在短短五年内，全校教职员工以一流的创业精神办一流的学校，获得了国家级荣誉1项、省级集体荣誉6项、市级集体荣誉33项，教师个人获得国家、省、市级荣誉共计800余项，创下了一所新办学校的办学奇迹。

四、耐心守护，花果满园

仰望星空，深邃而又璀璨；脚踏大地，广袤而又坚实。很多时候，我们也会抱怨学生基础薄弱，家庭教育不给力，慨叹"水之积也不厚，则其负大舟也无力；风之积也不厚，则其负大翼也无力"。可能现实让我们承载不了"卓越"与"担当"，但"力行·至善"却务实可行。

如何力行？众说不一。这里，我想起了一个故事。这个故事是万玮在

《教师的五重境界》中讲述的。说有一个日本人,叫木村秋则,是一位日本果农,坚持几十年种苹果不用化肥和农药。他从开始实验,到看到七朵苹果花,再到采摘到两个苹果,足足用了十年,这让他穷困潦倒。正想放弃时,女儿给他打气:"爸爸,一定要坚持下去,否则我们不就白穷了吗?"二十年后,木村的苹果成了全世界最神奇的水果。他的苹果切成两半,放在空气中两年不腐烂,只会枯萎缩小,最后变成干红色干果,散发出淡淡果香。在东京,用木村苹果做的料理订位已经排到一年之后。全日本都在疯抢,"一生能吃到一次就好"。木村一辈子就做了一件事——种苹果。全家动员给果树捉虫,在果园里种黄豆改善土壤,每天逐棵抚摸果园里的 800 多棵树并与它们说话……这样种出的苹果树与其他普通苹果树最大的不同就是:一般的苹果树根系就两三米,而木村的苹果树根系有 20 米,苹果与枝叶的联结更有力。哪怕遇到台风,别人家的苹果全被吹落,而木村果园里 80% 的苹果仍在枝头摇曳。这个故事被写进了一本书,书的名字叫《这一生,至少当一次傻瓜》。

力行,永无止境。守住寂寞、潜心付出、砥砺智慧、耐心等待,才会迎来花果满园。

我想,做校长也好,做教师也好,都是要有教育情怀的。有教育情怀才能时时想教育、事事想教育、实实在在做教育。蔡元培讲"教育者,非为已往,非为现在,而专为将来"。既从事教育,就得做点有意思、有意义的事。既称"园丁",就要栽得了大树,养得成鲜花,还可以种得了春草,年年看那新绿满园,闻那桃李飘香。

张明芳,女,生于1968年10月,江苏省淮安市人,现任淮安市清江浦中学、第六中学校长、党支部副书记。1988年8月至2010年1月,就职于淮安市第三中学,先后任教师、政教处副主任、教务处主任、校长助理、副校长等职务;2011年2月至2013年7月,就职于淮安市第六中学,任校长、党支部书记;2013年8月至今,就职于淮安市清江浦中学、第六中学,任校长、党支部副书记。曾荣获"全国特别重视班集体建设的优秀校长""江苏省优秀青少年科技教育校长""江苏省中小学优秀班主任""江苏省优秀青少年科技辅导员""淮安市五一劳动奖章""淮安市基础教育专家指导组成员""淮安市历史学科带头人""淮安市'中小学、幼儿园教师教育和教学指导委员会'委员""淮安市教育科研先进工作者"等光荣称号;撰写的淮安市第六中学"幸福教育的实践与研究"荣获江苏省首届教学成果二等奖;领衔的"幸福教育科研小组"被评为江苏省"五一巾帼标兵岗";"幸福教育"入选淮安市首批基础教育特色管理十大模式。

幸福:教育之道

淮安市第六中学　张明芳

为孩子提供幸福的教育,是清江浦人爱孩子的最好方式,也是我们送给孩子最珍贵的礼物。追寻幸福,是我们美丽的教育信仰。

——校本教育观

什么是最好的教育?教育的最终目的是什么?我们认为,这不仅仅是"传道、授业、解惑",也不仅仅是为社会培养"人力资源",教育的根本目的是提升人的生命质量,让人成长为自由、全面、大写、幸福之人。

美国斯坦福大学荣誉教授内尔·诺丁斯认为,幸福是教育的核心目的,学校应该思考如何使人幸福,并向能够实现幸福的方向前进。苏联著名教育家苏霍姆林斯基说,理想的教育是"培养真正的人,让每一个从自己手里培养出来的人都能幸福地度过一生。这是教育应该追求的恒久性、终极性价值"。带着这样的思考和追求,带着把清江浦中学办成"老百姓家门口的好学校"的美好梦想,我们开始着手实施"幸福教育"。我们认为,教育是帮助每一个人,不仅仅是孩子,还有教师、家长以及社区的每一个老百姓都能在传承、创新、创造文明中成为最好的自己,实现幸福的人生。因此,我们的教育应该是幸福教育!幸福教育应该是卓越校长的核心思想力!

教育必须使人获得幸福,幸福是教育的旨归,义务教育理应给予每一个孩子带来或赋予初始的人生幸福感。失之,教育便失去了必要的根基、理想、前途。但从现实分析,我们当下的教育和人并不幸福,这是因为教育偏离了实事求是的原则,偏离了教育的发展规律,偏离了人的成长规律。所以,我们必须回归教育的本真,追求办教育与办学校的一致性,为了孩子们的一生幸福做教育,做幸福教育。幸福教育承载着数代人的办学梦,承载着孩子们生命的成长梦,承载着所有人美好的生活梦,对实现幸福中国梦有特别现实的意义。

根据学校实际,结合现代教育科学理论,我提出了鲜明而独特的幸福教育的办学思想和理念。在得到全体师生认可并达成共识的基础上,我和我的管理团队长期坚持身体力行,率领全体师生努力践行幸福教育的思想和理念,逐步积累了幸福教育特色经验,彰显了"优势富集效应",使幸福教育的办学思想和理念转化为学校办学的现实和效益,形成了适合清江浦中学校情、个性鲜明、社会认可的独特的办学风格和办学风貌。

一、凝练学校的文化符号,在幸福中浸润品格

校有文化气自华。一所学校的好坏,往往不在于外观,而在于气质,即文化精神。而教育改革的一个重任,就是潜下心来梳理,传承并酿造富有特色的学校教育文化精神。

近年来,在传承学校优秀文化的基础上,我们致力于以"家、好、美、做"文化引领全体清江浦人通过追求正派做人、踏实做事、勤奋做学问的幸福行动,呈现各尽其美、各美其美的幸福场景,提升你好、我好、大家都好的幸福感受,实现家和万事兴的幸福愿景,追求幸福的校园生活。在此基础上我们进一步凝练了"水"文化,这既是一种地域文化,也在更深刻的层面上代表了教育的

本真。这个教育本真就是上善若水(善行)、海纳百川(仁爱)、水滴石穿(坚韧)的精神与坚守。若此,教育就能耐得住寂寞,经得起诱惑,顶得住压力。

在学校已有的"三风"基础上,我们进一步凝练了学校的办学理念、愿景、价值观和目标,精心设计了校徽、校旗、校服,撰写了校赋、校歌等,它们不仅为学校发展勾画出一个美好的未来,更加速了学校文化建设和文化提升的过程,使学校发展从此有了强大的向心力,有了凝聚人心的力量。具体如下:

办学理念:构建幸福教育,成就幸福人生。

办学目标:创建"古典与现代并存、成人与成才并重、精神与内涵同在"的现代化品牌学校。

培养目标:培养"有爱心、有尊严、有担当"的现代社会公民。

核心价值观:以爱和责任,让每一个人快乐生活,健康成长。

核心发展观:内外兼修,师生并重。

学校精神:深深地热爱。

学校校训:明德守礼,存真求是。

在幸福文化的引领下,我们进一步厘清认识,理清思路,明确方向,坚定行动,努力践行本土情怀与国际视野下的草根教育——幸福教育:依法治校,民主理校;思想先行,文化引领;行动奠基,科研统领;德育为先,教学核心;课程变革,课堂建构;活动支撑,评价导航;特色发展,开放办学。通过幸福教育,让清江浦中学真正成为师生快乐生活、健康成长的幸福家园。

二、改变教师的行为方式,在幸福中心手相携

江苏省教育学会会长杨九俊先生曾用"感触最深"来形容他见到的清江浦中学所走的幸福之路。他说清江浦人不是"坐而论道""怨天尤人",而是敢于提出"幸福教育"的文化主张,"明亮"且"斗志昂扬"地践行着自己的教育理想。

在对"幸福教育"的理解和诠释中,率先发力的是学校"爱教育奉献教育、爱自己栽培自己、爱学生成就学生"的幸福教师们。他们通过改变"行走方式",倾力打造了"1+N"幸福课程体系,同时自主构建"元素·对话"式幸福课堂教学模式,探索出了立足专业发展,以课程改革为抓手,以课堂变革为核心,提升师生生命成长质量的新路径。

课程是学生全部学校生活的总和,是全部教育目标的实现途径。只有让

学生浸润在课程所创造的独特文化之中并经过长期熏陶才能彰显出学校教育无可替代的育人效果。我们秉承"为了孩子开好课程"的理念,用课程关照每一个孩子的成长,努力探求适合孩子们成长的最佳课程模式,目前已形成"1+N"幸福课程体系。其中,"1"为国家课程,"N"为自主研发的课程。幸福课程体系的核心内容是"国家课程保基础,校本课程求拓展,综合实践活动课程重研究"。"1+N"幸福课程体系的建构,遵循"从学生中来,到学生中去"的原则,坚持立足课堂,延伸课外。以校本课程和社团研发为例,校本课程教师走班,社团建设学生走班。周一到周四的下午第七、第八节课,我们以班级为单位,开设了"平安清江浦""活力清江浦""唱响清江浦""美丽清江浦"等系列校本课程。周五下午,打破班级界限,学生根据自己的兴趣爱好自由选择,组建了四大类近二十个社团。

课堂是孩子们成长的核心阵地。学校秉承"课堂文化、思维变化、元素建构、个性发展"的教学理念,自主构建"元素·对话"式幸福课堂教学模式,运用元素建构的方法尽量去包容幸福课堂所必需的诸多幸福元素。师生通过预习,在收获中与文本对话,发现并提出问题;通过研习,在互助与展示中与伙伴对话,探究并解决问题;通过复习,在内省中与自己对话,总结并发现新问题。"元素·对话"式幸福课堂关注改变学生的学习过程结构,改变教师的教学行为结构,改变课堂教学的组织结构,关注孩子们作为学习者的主体性,关注在课程实施中的学习设计,关注孩子们的"预习、研习、复习"的学习生态系统,关注孩子们收获的过程、互助的习惯、展示的需求和内省的智慧,彰显的是对孩子们青春生命的敬畏、关爱与尊重,其根本目的是"为了学、基于学、成全学",其根本立足点是最大化彰显孩子们的学,通过有意义的对话实现孩子们的德性成长和精神升华。该模式的建构,是课堂教学的一种探索与创新,使课堂以多种形态呈现教学信息,为教与学增加了新的维度和方向,形成了多通道、全方位、整体化的教学信息加工传输模式。这样的课堂有利于淡化或消除课堂中相当多孩子被边缘化,沦为"沉默的大多数"的可能与现实,有利于课堂教学效益的提高、创造性思维能力的培养和课堂幸福感的提升。

三、改善学生的生存情态,在幸福中快乐成长

"今天我们给世界一个怎样的孩子,明天孩子将给我们一个怎样的世

界"。显而易见,实施"幸福教育"必须回答的首要问题就是"培养什么人"和"怎样培养人",我们的答案是"让人成为人""让人成为好人""让人成为幸福之人"。具体到当下就是"让孩子成为孩子""让孩子成为好孩子""让孩子成为幸福孩子"。在"构建幸福教育,成就幸福人生"的办学理念引领下,学校积极倡导"文化引领、活动支撑、评价导航、个性发展"的德育工作理念,着力培育基于美德的立体生态的幸福德育。一是实施养成教育,做好美德习惯体系。二是实施自主教育,做美美德活动体系。三是实施体验教育,做精美德课程体系。"给孩子最喜欢的德育课程"是学校"健身健人"常态化幸福德育工作的核心,学校重点研发了"开学第一课""升旗仪式精品课程""八礼四仪课"、大课间活动课程、少年文化墙课程、责任主题文化节课程、"与春天有约"社会实践活动课程等,孩子们在这样的德育课程中,不再只是教育的客体,更是教育的主体。他们参与策划、体验过程、感受意义,他们在传递爱的同时也担当着责任——世界小公民的爱和责任。

作为为孩子们量体设计的德育课程的创新之举,学校自主研发了幸福家长成长课程,帮助每一个家长成为"热爱家庭、经营亲情、率先垂范、成就孩子"的幸福家长,让这只"推动孩子摇篮的手"更好地推动孩子们的未来。幸福家长开放日课程,一千多个家长如约而至,和师生一道倾情演绎孩子之美、老师之美、家长之美,共同成就学校之美;幸福家长论坛课程,家人式的"华山论剑",各位家长在论坛现场的"惊艳"表现——脱稿式的发言、自由式的表达、对阅读的高度认同、对幸福家庭教育建构重要性的自觉践行,尤为让人惊叹;在系列亲子活动课程上,家长们总是积极踊跃地全程参与、全面管理……

德育课程化建构对于学校而言可能只是一小步,但对于孩子们来说却是一大步,且是质变的一大步。因为德育课程建设,孩子们多了一点灵性,多了一点理性,校园的洁净、课堂的安静、成长的奋进成为他们追求"完美"自己的真实写照。他们学会了"心宜善、行宜敏、言宜慢",懂得了"生命是需要不屈的、是需要奋斗的、是需要那挣破的力量的!"(初三 12 班彭嘉龙语)。近年来,学校最核心的改变在孩子,改变的不仅仅是他们的学业水平,更是他们的体魄、气质、精神,他们明白不仅要自主追求幸福,更要为社会和他人的幸福承担使命。成为"有爱心,有尊严,有担当"的现代社会公民,不仅是我们对孩子们的期待,更成为孩子们自主、自觉的幸福追求。越来越多的孩子们有自己的理想、有自我的境界、有自在的幸福,他们既能仰望星空,亦能脚踏大地;

既有本土情怀,又有国际视野;既具实践能力,更具创新智慧。

四、丰富管理的服务内涵,在幸福中绽放美丽

我们一直坚持用"科研的思维"做管理,践行"管理,从干部的形象开始"。坚持"有为"管理(敢作敢为、亲力亲为、善做善为),引领每一个干部做"从我开始、向我看齐、清正勤勉、示范引领"的幸福管理者。要求干部们做到的,校长首先要做到;要求教师们做到的,干部首先要做到。不与教师争名,不与教师争利;想教师所想,急教师所急。管理轮岗制度打破了旧的"思维习惯",逼着干部们去变革、去创新;课程化建构学习型管理制度是一种倒逼机制,逼管理者"在学习中思考""在思考中管理",真正成为一个学习型领导;管理考核制度和诫勉谈话制度的落实,使管理"软着陆",管理"底线思维"更加清晰,让管理成为"真管理"。走出这一步显然是需要勇气和智慧的,但只有这样做,才能真正体现"管理就是服务"的本质内涵。只有每一个管理人员"有担当的责任,有责任地担当",学校才能建立起上下同心、干群同心、师生同心、家校同心的责任传导机制,而这种机制会演变成经久不衰的力量,推动学校在追求卓越之路上不断前行。

其实,管理的变革中传递出的一个重要信息,就是我们对幸福的追求事实上就是教育的返璞归真,我们追寻的就是教育的本质,我们所走的路就是党的十八大报告中强调的"内涵式综合改革"之路。而关于走"内涵式综合改革"之路所涉及的核心:特色发展、课程改革和教育文化培育,我校全体师生不但率先涉足,并且形成了发展模式和品牌效应,如:凝练了校本"幸福教育观",包括学校办学的宗旨、核心理念、核心价值观、核心发展观、学校精神和学校校训等,赋予了幸福教师、幸福学生、幸福管理者、幸福家长新的内涵,并使之成了全体人员的内在价值追求;探索了校本"幸福教育研究路径",其中"1+N"幸福课程体系、"元素·对话"式幸福课堂、幸福德育的"三化"建构等方面探索形成的理念、方法可以为更多的学校所汲取、借鉴与应用;建构了校本"幸福教育实践体系",给予每一位孩子以应有的或更多的人文关怀和精神关照,创造最好的条件促使每个人达到他所能及的最佳状态,并成为"最好的自己",为"人"(学生、家长、教师等)的幸福成长提供了一条生动有效的路径。

长期以来,我们做了很多教育理论功课,坚持通过教育科学、教育规律来解释自己的教育行为,在探索的过程中,对教育的规律,对人的成长规律,在

很多方面都有了自己的准确理解、把握和表达,特别是对教育的灵魂——爱与责任的理解与践行。功夫不负有心人,学校办学质量大幅提升,办学效益迅速提高。近几年中考,孩子们人均总分大幅度提高,热点学校和四星级高中的达线人数成倍增长……幸福教育的实践与研究荣获了江苏省首届教学成果二等奖;幸福教育科研小组被评为江苏省"五一巾帼标兵岗";《基于校本特色的"幸福教育"实践研究》被列入江苏省"十二五"规划课题;"幸福教育"入选淮安市首批基础教育特色管理十大模式……学校先后荣获"江苏省平安校园""江苏省科技教育先进学校""江苏省优秀家长学校""江苏省职工之家"等光荣称号。

"学校,王政之本也。古者致治之盛衰,视其学之兴废",说的是学校是国家政权的根本。自古以来,国家的盛与衰就看这个国家教育的兴与废。今日之幸福教育,明日之幸福中国。幸福教育,不仅是一种理想,更是一种思想;不仅是一种信念,更是一种信仰。我们要做的,就是不断挖掘自己思想和信仰的力量。

"从事一份伟大工作的唯一方法,就是去热爱这份工作。"教育是伟大的,需要我们深深地热爱它;教育是幸福的,需要我们静静地守望它。我们相信,只要愿意去追寻,幸福就会成为教育常态。

曹锐，男，生于1974年12月，江苏宿迁人，1996年加入中国共产党，同年8月参加工作，现任淮安市白鹭湖中学校长、党支部书记。1993年9月至1996年7月在淮阴师专政史系学习政教专业；1996年8月至2010年7月在淮安市北京路中学工作，期间先后任北京路中学团委副书记、办公室副主任、教务处副主任、教务处主任；2010年7月至2013年7月任淮安市清河实验中学副校长；2013年8月调任淮安市白鹭湖中学，任副校长（主持工作）；2014年9月至今，任白鹭湖中学校长、党支部书记。撰写的论文，获国家级一等奖1篇、二等奖1篇，省二等奖2篇，市一等奖5篇。2005年5月被评为"江苏省青少年科技教育先进个人"，2009年被评为"清河区优秀教育工作者"。

慧美育人，打造师生成长的精神家园

淮安市白鹭湖中学　曹　锐

白鹭湖中学占地55亩，坐落于淮安市杭州路10号，东临白鹭湖，西倚钵池山，是清河区委、区政府在"十二五"期间为优化教育布局、策应清河东片区发展、建设更高水平现代化教育强区而新建的一所现代化学校，总投入约1.5亿元，按高标准规划、设计、建设。2012年8月中旬，学校在基本建设尚未完工的情况下招收首届学生，现有24个教学班，在校师生1 000余人。

相对于市内其他兄弟学校而言，白鹭湖中学办学时间短、在校师生少、文化底子薄，办学特色还没有完全形成。好在一张白纸可以画最新最美的图画，在"以人为本，全面发展"的办学思想指导下，我们奉行"关注每个学生发展，为孩子的美好人生奠基"的教育理念和"适度宽松、严格到位，尊重个性、和谐奋进"的管理理念，积极开展生本教学、有效教学研究，全面提升小班化教育品质，致力于建设适合于每一个学生成长和教师发展的人文生态校园。

郭沫若说：白鹭是一首精巧的诗，一首韵在骨子里的散文诗。白鹭湖中学承其名，引其意，本着教育是追求真、善、美的真谛，提出"慧美育人"特色建设，旨在用教师的教育智慧培育学生的完美人格，在教育教学实践活动中历练学生的优秀品质，为学生的终身发展奠基。办学两年来，我们以洗尽铅华呈素姿的尚美精神，潜心探索"慧美教育"的实现路径，立志把学校打造成为一个"自然和谐的师生成长共同体"，最大限度地激活了学生成长、教师发展的内在动力，实现了学校、教师、学生发展的和谐统一。

一、转变教育观念，为师生发展确立方向

当前，教育正沿着多元、特色、内涵发展的方向稳步前进。能否以提高质量为导向，以民主公平为特征，使教育真正做到面向全体学生，为每一个学生提供适合的教育，使每一位教师体验到教育的幸福感，成为检验一所学校是否真正健康科学发展的重要依据。基于这一认识，我们从转变教育观念做起，坚持寻求促进师生共同成长的教育之路。

（一）学生观（发展观、差异观、全体观）

我校于2013年正式提出"慧美教育"的理念，理念的提出首先基于这样的认识——每一个生命都是一个独特的存在，每一个学生都是成长中有灵性的生命个体。教育首先是基于对每个独特生命的敬畏和尊重，在此基础上使之充满生命的活力与张力，逐渐明了生活的意义与人生的价值，逐步培育起完美人格和优秀品质。因此，我们提出教师要从"发展观、差异观、全体观"的视角全面客观地看待学生，以"一切为了学生，高度尊重学生，全面依靠学生"为宗旨开展教育教学工作。

（二）教师观（每位教师都应是学校"和谐成长共同体"中的主角）

再好的理念，绕开教师，不过是一纸空谈。教师的胸襟有多宽，学生的视野就可以有多远，教师的品格可以无声地内化为学生一生的品格。要努力做一名学生喜欢和敬佩的好教师，就要有理想信念，要有道德情操，要有扎实学识，要有仁爱之心。我们认为拥有正确的教师观，并在此基础上打造一支"优质教师"团队始终是学校工作的重中之首。

（三）质量观（把学生的精神成长放在首位）

提高教育质量，是全体教育人的共同理想。对于质量好坏的评价，我们的定义是这样的：高质量的教育应当在教育的过程中培养学生终生学习的兴

趣与能力,给学生提供挑战高水准学习的机会,开启学生心智和觉悟,培育其自由精神和独立人格,铸造其勇于担当的灵魂。这是我校的质量观,也是我校教育的主题。

(四)管理观(尊重、民主、公正、协同)

管理的最高境界是"没有管理",就是用教职员工自发的行为代替管理,实现高度的自觉与自治。在这个过程中,教职工的积极性和主动性高度提升,创造力和进取心全面激发。在这种精神状态下,工作将成为一种快乐的付出。而要实现这一目标,就必须在尊重、民主、公正、协同的前提下进行有效管理。在"慧美教育"理念下,我校摒弃了"春蚕""蜡烛""铺路石"之类把教师工具化的认知,倡导教师同样要作为一个完整的人,坚持民主精神与独立人格,享受教学过程带来的快乐幸福,并以这种精神影响学生,薪火相传。

二、创新管理机制,引导教师追求高质量的教育人生

如何贯彻落实"以人为本"的科学发展观?我们的理解是:教育以育人为本,以学生为主体;办学以人为本,以教师为主体。学校的发展首先是教师的发展,我们将教师放在最重要的位置,尊重他们,信任他们,最大限度地发挥其积极性和创造性,并且把它作为学校管理最重要的策略。我们在实践中探索和运用分布式领导的理念来应对学校的管理难题(分布式领导是20世纪末出现的一个词汇,它主要指的是在一个知识密集型的组织中,必须在组织成员中分布领导职能,否则便无法有效完成类似于教与学这样复杂的任务。就是说,学校的领导权力必须分布于学校的各个层面)。一方面,我们不断创新制度建设,采取一系列措施激发和保障教师成长,如设立"名班主任工作室",评选"学生最喜欢和敬佩的好教师""教学能手""杏坛新秀",举办"教师发展论坛""读书论坛""班主任沙龙"等系列活动;另一方面,我们学习借鉴先进学校管理经验,进一步完善各项制度,明责加压,严细考核,强化督导,切实转变工作作风,提高管理水平,提升办学效益。

优秀教师应当是一盏不灭的灯,他的"亮度"取决于他个人的修炼。我们为每位教师提供"电源",鼓励他发出自己独特的光,然后融合集体智慧形成复合光,既光耀自己,也照亮学生。为此,学校制定和完善了《名师名校长工程实施方案》《教师教学行为规范和过程管理细则》《合作教学模式实施的基本要求》《教改课题立项及管理办法》《优秀学科组量化评估细则》等一系列有

关教师队伍建设的规章制度;学校通过调研,了解每一位教师的发展需求,为其量身设计职业发展规划;学校坚持"走出去,请进来"的做法,多途径、多方法地开展教师培训,做到全员培训与骨干研训相结合,集中培训与校本研修相结合,自培与他培相结合,促使教师从"适应性学习"向"创造性学习"转化,推进教师队伍师德和业务水平的整体发展。

三、重视内涵发展,努力打造"慧美育人"办学特色

(一)特色项目创建的目标

德育工作"以美引善,寓美于德",教学工作"以美导真,寓美于智",学校建设"以美育美,寓美于景",把"发现美、感受美""选择美、践行美""欣赏美、创造美"渗透到学校工作的各个环节中,以美益德、以美启智、以美健体、以美怡情,逐步形成"慧美育人"的办学特色,让"美"成为一种习惯,把白鹭湖的学生培养成为"美的学生",让白鹭湖的教师成为"美的教师",把白鹭湖中学办成"美的学校",让教育成为"美的事业"。

(二)特色项目创建的具体做法

1. 制订"慧美教育"实施方案

为保证创新创优特色项目工作顺利实施,学校专门成立了创建工作领导小组。领导小组根据学校实际情况,拟定了较为详细的实施方案,明确"慧美教育"分为宣传学习、组织实施、总结提升三个阶段。

2. 开展"慧美教育"特色主题活动

营造良好氛围,为慧美教育的顺利开展奠定基础。加快校园环境建设,逐步建设具有慧美内涵的多层次的校园文化环境,包括校园整体布局、班级文化环境、卫生场所文化环境等。坚持"以美育美,寓美于景"的理念,班级文化布置要有班风、班规以及标语、警示语。环境整洁、命名典雅、布置美观,"以美建校",大力加强学校文化建设。

促进队伍建设,为慧美教育的持续发展注入活力。加强师资队伍建设。成立慧美教育工作室,分阶段对全体教师进行慧美教育培训,创造条件组织教师参加慧美课程的观摩、研讨和实践活动;进一步改变全校教师的课堂教学观念,鼓励各学科组教师探索和建立能够正确引导学生慧美意识生成的课堂教学模式,每个学科组都具备开发具有学科特色的美育课程的能力。

组织开展活动,为慧美教育的通畅推行搭建平台。实施慧美教育工程。

学校将推进"一二三四"慧美教育工程,即一个节日——校园艺术节;二项比赛——师生才艺大赛、环保创意大赛;三种教育——责任教育、爱心教育、感恩教育;四类展示——学生书画展、学生摄影展、学生手工品展、班级文化展,使每个学生都成为学校文化和特色建设的参与者、创造者和享有者。推动学生社团建设,进一步完善了文学社、合唱团、书画社、篮球社等社团,鼓励和资助各社团举办学生才艺展。不断改革和完善学生综合素质评价体系,将参加社团活动纳入学生综合素质评价内容,培养学生的慧美能力、开放个性和健全人格。开展社区交流活动,扩大对外美育交流,建立校内外文化互动机制。每学期组织两次向学生家长和社区群众开放的文化汇演活动,扩大学校慧美特色教育的区域影响力和感召力。

加强教育科研,为慧美教育的高位走强保驾护航。学校在慧美教育课堂教学行为规范、慧美教育课程开发、慧美教育教师素质、慧美教育后勤保障等方面,开展课题研究,用慧美教育微型课题和立项课题研究支撑和促进慧美教育特色化建设,为学校慧美教育高点定位、持续走强提供有力保障。

同时,搭建我校与中国西游记博览馆、中国淮扬菜文化博物馆、江淮风俗馆、清河城市馆、文化馆、图书馆"馆校衔接"平台,培育与整合校内外慧美教育资源,开发出具有学校特色的欣赏性、体验性、实践性的慧美校本课程。

(三) 特色项目创建取得的阶段性成果

一是慧美教育初见成效。"以美引善,寓美于德"的德育理念,深入每一位班主任、任课教师心中。在学生的仪表美、语言美、行为美等方面初见成效。

二是师生追求"慧美"更为主动。他们努力践行着走路坐立姿态美,声音响亮大方美;声情并茂朗读美,有理有据表达美;书写工整习惯美,仔细检查严谨美;欣赏品味情趣美,勇敢创新个性美;衣冠整洁形象美,健康自信气质美;助人为乐情操美,心地善良真诚美;脚踏实地态度美,团结合作境界美,努力学习智慧美。

三是学校美誉度不断上升。建校两年来,学校的办学行为更加规范,办学特色不断彰显,保持了又好又快的发展态势。一是养成教育成效凸显。学生遵规守纪蔚然成风,养成了较好的行为习惯和学习习惯。二是学业成绩提升较大。首届毕业生中考成绩达到了预期目标,在市、区产生较好影响。三是团队建设品质优越。在竞争激烈的教育环境中,打造一个强大的并能够长期保持竞争力的团队始终是学校孜孜追求的目标。

人的幸福来自需求的满足。我们建立并创新人本化的管理方式、教学方式与活动方式，目的是引导师生向往更美好的心灵需求，让师生们发现自我，发展自我，成就自我。目前，我校的"慧美教育"创新创优工作正在进一步推进中，我们有信心让白鹭湖中学"慧美育人"优质特色建设烙上学校文化的印记，让学校文化通过特色建设得到传承和创新。白鹭湖中学的"慧美教育"一定会为淮安教育演绎出一道美丽的风景。

钱爱马,男,生于 1966 年 6 月,江苏清浦人,现任淮安市第一中学校长兼党总支副书记。1987 年 8 月从淮阴师专物理科分配到淮安市严卓中学任物理教师;1987 年 9 月至 2002 年 8 月历任严卓中学团总支书记、教导副主任、教导主任、副校长并主持工作 3 年,期间于 1993 年 10 月加入中国共产党;2002 年 8 月至 2004 年 7 月任淮安市盐河中学校长、党支部副书记;2004 年 7 月至 2007 年 7 月任淮安市城南中学校长、党支部副书记;2007 年 7 月至 2013 年 3 月任淮安市第一中学副校长、党总支副书记;2013 年 3 月至今任淮安市第一中学校长、党总支副书记。1988 年 12 月被清浦区政府表彰为先进工作者;1997 年 11 月、1998 年 11 月、1999 年 11 月连续 3 年因初中教育教学工作成绩显著,受到淮阴市教育委员会的表彰;1998 年 2 月荣获清浦区教育奖励基金第二届"优秀德育奖";2002 年 8 月被清浦区委、区政府授予"清浦区名校长"称号;2007 年 12 月清浦区优秀党员;2009 年 6 月被中共淮安市委教育工委授予"优秀党务工作者"荣誉称号;2010 年 6 月被中共江苏省委教育工委授予"江苏省中小学校优秀党务工作者"荣誉称号;2012 年 9 月被清浦区委区政府评为"优秀教育工作者"。

成师生之志　建幸福校园

淮安市第一中学　钱爱马

校长办学需要智慧,最重要的就是要从学校的实际出发,站在发展的结合点上。只有根据学校的实际,开发已有资源,强化特色,形成一种精神品质,学校内涵才能形成一种可贵的精神。

特色学校建设,要充分认识自己的个性,准确把握"优势"和"劣势"。而学校特色建设成功的标志是学校文化。只有凭借文化的力量,才能推进学校的全面变革。优秀的学校文化就等于鲜活的学校特色。

一所学校的文化建设需要一个核心理念来架构、支持,这样才能使学校文化建设有根基,才能科学、系统、高起点地展开。随着社会的进步与发展,教育为幸福生活奠基,让教师享受教育幸福,让学生享受幸福教育。追求教育的"幸福度",已成为当今教育发展的趋势。因此,基于对教育本质的认识和当前教育形势的分析,淮安市第一中学结合学校自身特点,以其创始人李更生的"成人当从立志始"的治学治校理念为核心,提出了"成师生之志,建幸福校园"的办学理念,着力构建"成志教育"文化特色,初步形成了"成志德育""成志课堂"和"成志艺体"三大系列。

一、成志德育——培根工程:培养学生树立爱国之心,确立报国之志

"成志",即成人立志。从宋代范仲淹"先天下之忧而忧,后天下之乐而乐",到清代顾炎武的"天下兴亡,匹夫有责",再到周总理的"为中华之崛起而读书"……千百年来,"立志成才"的精神已经凝铸为中华儿女的价值取向与理想追求。成人立志的过程是一个人终生成长的过程,是在传统文化的教育中,促使学生在阶段性成长中做到道德提升、人格发展、有个人价值感和使命感,从而成就志向,完善人生。这正是学校德育的永恒追求。

(一)丰厚的历史积淀是"成志德育"不竭的源泉

1923年12月,古老的淮阴城西一座新校园拔地而起。这就是著名爱国教育家李更生凭着超人胆识和毅力,白手起家,一点一滴募集,又一砖一瓦建设起来的私立成志中学,即淮安市第一中学的前身。

李更生(1883—1927),名荃,出身于淮安的一个书香世家。1902年进入新办的江北高等学堂(淮阴中学前身)学习,接触了许多新知识、新思想。他坚信"兴邦必先兴教育"的真理,决心献身于崇高的教育事业。从1906年起,李更生便投身于教育事业,历任小学、中学、省六师等学校负责人,为苏北教育工作呕心沥血、鞠躬尽瘁,做出了杰出贡献。

私立成志中学原是由一所补习学校改制成的,因办学无方负债累累,学生锐减,濒于倒闭。校董会举荐李更生兼任成志中学校长,李更生欣然挑起了这副重担。他"不惜卑躬屈膝,沿门托钵,有一点办法可想,无不想到;有一点便宜可趁,无不去趁"。自己也尽倾家产,终于把这所学校重新扶植起来。

毛主席曾高度评价："他在淮阴办了一所私立成志中学,培植人才而救国。那是可贵的事,是革命爱国的行动。"

李更生先生用碧血凝成的"成志精神",多少年来,像运河水绵绵不息地滋润着无数成志学子。在"成志精神"的照耀下,一中学子在各个历史时期奏出了不同的华美乐章：著名剧作家、新中国第一个戏剧学博导陈白尘,书画家谢冰岩,原中科院研究生院院长温济泽,中科院上海药物研究所研究员笪永忠……历史记住了这一串串闪光的名字,他们是母校的骄傲,也是"成志精神"的实践者和杰出代表。传承"成志"精神已成为每一位一中人义不容辞的责任。

学校充分挖掘这一历史资源,专门修建了校史陈列室。了解校史、缅怀先哲,成为每一位成志学子必修的开学第一课。同时,学校还开发了《李更生与成志中学》《淮安历史文化名人》《江淮名士名篇选读》等校本教材,让丰厚的历史成为滋养学生心灵的源泉。

(二) 儒雅的校园环境是"成志德育"无尽的动力

校园环境是一部立体的、多彩的、富有吸引力的教科书,它有利于陶冶情操、美化心灵、激发灵感、启迪智慧,促进师生们的身心健康发展。第一中学在校园物质文化建设中传承老校传统,营造"成志"文化主题景观,以激发学生积极向上的情操。

在绿化布局规划上,设计"更生园",内有学校创始人李更生半身铜像,著名书画家谢冰岩先生撰写的石刻碑文《李更生先生事略》。设计校园景观大道"行志大道",意含事成于行,志成于恒。楼宇文化设计上,五幢教学楼以"志"来命名,分别为志仁楼、志义楼、志礼楼、志智楼、志信楼,命名下方注明其寓意。志仁楼——心中有仁德,志义楼——双肩担道义,志礼楼——举止守礼仪,志智楼——处世有睿智,志信楼——待人讲诚信。

在墙体文化设计上,学校广场两侧墙壁上各装饰了一块大型石刻《弟子规》,学生食堂、公寓、综合楼、学校运动场四周围墙装饰了文学佳作、名言警句、书画作品、名人画像、文明用语等,无论从外观风格、外墙色调,还是楼梯走廊、墙壁布置等各方面,都尽可能体现"成志育人"的儒雅环境文化,形成幸福和谐校园的氛围。

(三) 多彩的课程活动是"成志德育"有力的支撑

良好的德育离不开活动的支撑。在多年的探索中,学校提炼出了具有个性的成志德育工作三大工程：初一、高一年级学生开展"唤醒"工程，进行"感志言志"、行为习惯养成和校风教育；初二、高二年级学生推行"立志"工程，进行"明志行志"和学风教育，确立特长；初三、高三年级学生实施"励志"工程，进行"励志成志"系列教育，制定人生目标规划，强化学生的责任感和使命感，教育学生树立人生理想。通过"三大工程"建设，形成立志、言志、励志、成志育人体系，以达到德育目标序列化、层次化。

同时，定期举办校园艺术节、读书节、科技节、体育节，使之成为学生表现自我、展示实力的大舞台；日月洲生态行、古运河文化探寻、铁山寺采风等社会实践活动，则将"成志德育"由校内延伸到校外。这些活动因势利导，因材施教，为德育工作搭建了广阔的舞台，注重实践性，做到了知行并重、寓教于乐，取得了良好的育人成效。

二、成志课堂——固本工程：培养学生的学习能力，使之具备报国之能

为了探寻教师的职业幸福感，让学生变苦学为乐学，学校在借鉴国内名校改革经验的基础之上，开启了具有本校特色的"成志课堂"建设。

（一）高效为目标，模式为驱动

何谓"高效课堂"？仁者见仁，智者见智。我们探索的"成志课堂"的高效标准为：（1）引起学生学习兴趣的课堂；（2）促使师生、生生多维互动的课堂；（3）促进学生积极思维的课堂。它的基本操作程序为：解读目标→自主学习→合作探究→展示交流→点评拓展→反刍总结→检查测评。通过这一模式，真正把学习的自主权还给学生，培养起学生自主学习的能力。实现真正的教学相长，满足教师的专业发展要求，帮助师生去实现事业的幸福和个人的成就。

（二）以《成志导学案》为统领

导学案是引导学生学习的方案，高质量的导学案是高效课堂的路线图。为保证导学案的有效性，学校提出了具体要求：（1）编制者要本着高度负责的态度，下大功夫精心研究课标要求、知识能力要求，重点突出，难易适中，设计 ABC 分层，切实引导学生自学、讨论、探究，拒绝简单化、习题化，探究问题要有深度，要有挑战性。（2）编制走程序，提前一周确定编制人，提前一周开始编制，中间研究两次，备课组长、年级部分管领导参与组织，研究修改好，最

后定稿印发给每位老师,全部形成电子稿并上传至校园网,实现资源共享。(3)导学案要包括:学习目标、重点难点、使用说明、自学指导、相应练习、当堂检测、学习反思等(不同课型、不同内容的导学案应有所侧重)。(4)每个导学案要有编制人、审核人、分管领导签字、日期、编号。(5)每个导学案提前一天发给学生,有指导,有要求,有收有批,有评有纠。

(三)小组建设为保障

"成志课堂"以小组为基本单位进行教学活动,小组通常由6名学生组成,小组成员在性别、学业成绩、智力水平、个性特征、家庭背景等方面有着合理的差异,分为ABC三个层次,使每个小组成为全班的缩影或截面。每个小组集学科、学习、行政三大功能于一身。学科教师每一节课前都要对学习小组进行培训,课前培训是实现学生从"学会"到"会学"到"学好"的关键。教学就是教着学生自己去学,教学不仅是教知识,培养学生的学习能力比教学生知识要重要得多。通过小组分工,把学生推到前台,让学生各自承担相应的任务,既分工又合作,充满活力,不断比较,时时刻刻都激发每个人学习的热情与欲望。

我们的"成志课堂"以各门学科教学为载体,努力打造出回归教学本质、符合教学规律、有利于学生身心健康成长的高效课堂,以期达到"成就学生,幸福教师"的目的。

三、成志艺体——扬长工程:培养学生掌握一技之长,具有兴国之才

悠久的办学历史,为学校积淀了丰厚的文化底蕴,但也给学校的进一步发展增添了难度。在市区普通高中的整体格局中,目前学校在办学条件、师资队伍、生源质量和管理水平等方面都无法与市区其他学校比肩,生存于强手林立的夹缝之中,如何让师生有校园幸福感?我们认为,普通高中同质化的发展道路,已经无法适应社会对优质教育的需求,普通民众对高中教育的需求也是多层次、多样化的。我们把目光聚焦于艺术,旨在培养健康、善良的生命,丰富、高贵的灵魂,以艺术审美的方式实现学生的自我塑造和自我完善。明确"以文化为基础、艺体为抓手,两翼并举,全面提升"的培养途径,让有艺体潜质的学生得到应有的关注和培养。

学校通过创新办学模式,构建多元化、校本化课程体系,为不同潜质学生

的发展提供条件,成志艺体就是通过"发现、引导、提高、成才"四步,让学生特长、个性得以张扬,成为兴国之才。

学校全面开展艺术类课外兴趣小组活动,组建艺体处。高中全面开设了艺体选修课,有篮球、排球、羽毛球、乒乓球、田径、健美操、书法、绘画、唱歌、舞蹈等内容,学生根据自己的意愿走班上课,确保了每个学生学会一两种体育锻炼技能和一两门艺术课程,使艺体元素成为一中人的特质。

在普及的同时,着力提高学生的艺术功底。学校聘请校外名师来校讲座和授课,开拓师生的眼界;和南师大、南艺联合办班,开设了书法、美术、音乐、舞蹈、影视等专业课,聘请南师大、扬州大学、淮阴师范学院名师定期指导。学校还专门配备了书画室、音乐教室、舞蹈房,保证了学生的成长空间和高考专业合格率。

在艺术天地里,师生们尽情施展自己的才华,品味成功的喜悦,实现了人生的飞跃。

回顾学校走过的九十余年,骄傲与光荣已成为历史,但这一历史又沉淀出了成志精神。成志,彰显着穿越百年历史的、无数一中人行胜于言的精神风骨;成志,寄托着躬耕基础教育的、无数教育者薪火相传的祈愿;成志,承载着致力中华民族伟大复兴梦的、无数中国人不屈不挠的庄严使命!在淮安一中新的百年发端之际,"成志教育"这艘满载着憧憬和希望的航船,已在时代的洪流中扬帆启航,带领我们走向幸福人生!

李加忠，男，生于1968年6月，中共党员，大学本科学历，中学高级教师。现任洪泽县朱坝中学校长。1990年8月参加工作，在基层学校（洪泽县蒋坝中学）任职10年，2000年调入洪泽县实验中学工作，先后任教师、教务副主任、政教主任、教务主任。2011年8月由洪泽县实验中学调任朱坝中学，任校长至今。先后获得"江苏省优秀青少年科技教育校长""淮安市优秀教育工作者""洪泽县全国义务教育发展基本均衡县创建工作先进个人"等荣誉称号。坚持在一线教学，长期担任初三毕业班的历史课教学任务，教学成绩历年在全县名列前茅。淮安市第一批、第三批初中历史学科带头人，洪泽县历史学科带头人，洪泽县后备特级教师，2015年2月被淮安市教研室聘为"中小学、幼儿园教师教育和教学指导委员会"委员。坚持教学研究，有多篇论文发表和获奖，多项市县级课题结题。其中，教学研究成果《以"自学案"为载体的生本课堂教学模式》荣获洪泽县人民政府颁发的洪泽县首届教育教学成果二等奖。

"修德"教育的思考与实践

洪泽县朱坝中学　李加忠

学校教育的目的是培养人、发展人，而培养和发展的"人"首先应是一个有道德的人。今天的学校并不缺少德育课程和德育活动，但道德建设的效果收效甚微。在综合分析学校发展现实的前提下，学校以"修德"教育作为发展的核心价值观，使学校文化建设与人的道德建设相结合。三年多来，在"修德"文化的引领下，学校走上了向好的发展势头。教师爱岗敬业，学生乐学向上，学校也由薄弱学校转型，位居全县同类学校的前列，连续两年获评洪泽县教育系统综合目标考评优胜单位。目前，"修德"文化已经根植于学校发展的血脉之中，在管理文化、学生文化、教学文化、教师文化、教研文化等方面实现了人的文化自觉,成为学校不断发展的精神力量。

一、关于"修德"的认识及价值

"修德",意为修养德行、积德行善。古人对"修德"有很多阐述,学校强调"修德",突出一个"修"字,即通过日常道德教育活动,不断修正、修复、修补教师和学生的道德行为,把道德教育融入师生的学习、生活中,让中华传统美德回归教育本位,让"修德"成为一个人最重要的立身之基、发展之本,真正为社会"培育明德尚礼之人"。

"修德"文化的重构与实践,对于农村学校发展的价值意义十分明显。

(一)探寻农村学校转型发展的路径

文化建设是学校发展的必然选择。我们提出的"修德"教育,旨在改造学校在长期处于低谷发展过程中形成的不良观念,重塑自己的核心价值观,并体现现代教育改革的基本理念。以班级文化建设、课堂文化建构、教研文化创新等活动为抓手,以师生的主动发展作为学校所有的教育活动的出发点和立足点,让师生将学校的教育哲学和教育理念内化为自己的行为。"修德"教育从培养"人"的目的出发,建构适合学生成长需要的课程,重塑适合教师专业发展的教育框架,构成了富有学校特色的教育体系,提升了办学品味,推动了质量跨越。通过学校文化建设改变学校管理方法、优化育人方式,并通过改造"人"来改造学校,完成了学校的转型发展。

(二)培育师生自主发展的文化自觉

当下学生成长的主流观点是"自主成长观",显然,学校教育教学要能充分体现自主学习、自主管理、自主发展。然而,生理学和心理学的研究表明,初中阶段的学生正处于青春期,其心智尚不成熟,对是非的判断和甄别尚不明智。因此,我们在放手让学生选择适合自主成长方式的同时,还创建了一种适合学生自主成长的学校文化,让学生在这种文化的浸润下坚守自己的理想、信念。教师的文化自觉是教师拥有职业尊严和教育幸福的前提和基础。通过教师文化、教学文化、教研文化的建设,构建了一套体现教师"自主文化"的校本研修体系,让"修德"教育文化深入教师心灵,渗透到师生的日常生活中,激发其内心向善向上的积极道德因素,并让这种积极因素影响教师的职业习惯和敬业精神。

(三) 探究学校个性发展的校本特色

一所好的学校必有自己的文化,且每所学校都应有自己的"文化个性",这一"文化个性"不只是物质环境的差别,还应有自己的教育理念、教育内容和教育方法,即有自己的"教育文化"。"修德"教育,从宏观上体现了学校整体精神的价值取向,在微观层面提出打造"道德教育生活化"的学校特色道德教育文化,成为学生成长过程中具有强大引导功能的教育资源,引导学生健康成长,并在建设过程中推进学校"修德"教育的个性文化品质的形成。

二、基于"修德"教育的顶层设计

(一) 办学思想

坚持德育为先的原则,以"修德"教育的核心理念为基础,文化立校,立德树人。坚持走内涵发展、和谐发展、科学发展的道路,加强学科建设,深化课程改革,坚定不移地深入推进素质教育。通过"主动发展"化解办学危机,走出发展低谷,形成办学特色,全面提升教育教学质量和整体办学水平,开创朱坝中学全面发展的新局面。

(二) 办学理念

结合学校目前的办学现状,将"'修德'教育"作为学校教育主张,作为校本文化建设的核心价值观。以"立德树人"为教育理念,提出"培育明德尚礼之人"的办学宗旨,针对学校及学生的现实基础,不再把分数、成绩作为评判学生的唯一标准,而是为国家和社会培育具有良好道德素养,并且能用自己的道德规范影响人、改造人的"人"。在校训"厚德敏学"的基础上,提炼出"进德修业"的校风、"尚德善教"的教风、"明德乐学"的学风,让朱坝中学的全体师生都能成为品德高尚、人格健全,且善于学习、乐于学习的可持续发展的社会人。

(三) 总体目标

围绕"办人民满意学校"的目标,以培养人、发展人为宗旨,以"修德"教育为核心,用"文化改造学校",打造"道德教育生活化"的学校特色道德教育文化,让每个学生走出校门时都是知书达理、具有高尚道德情操的人。

学校发展上,全面推进素质教育,提升办学质量。在教育教学的管理和成效上,依据《义务教育学校管理标准(试行)》,三年内逐步形成具有优良教育品质、鲜明办学特色、一流教学质量的"洪泽优秀,淮安知名"的初级中学。

三、基于"修德"教育的实施策略

(一) 管理文化：建道德学校，促和谐发展

文化立校，确立"以文化求改变，以质量求发展"的发展思路。在"修德"文化引领下，培育适合学校发展的文化因素，用文化引导人、发展人，建设和谐共融、可持续发展的学校文化。"培育明德尚礼之人"，促进学生主动、全面、健康成长，促进教师尚德、乐教、自主地向专业化发展。

在"修德"教育主导下，制定学校发展规划和文化强校战略。以《义务教育学校管理标准(试行)》为依据，进一步建立健全学校各项管理制度，以制度促进学校各部门实行科学化、规范化、精细化的管理。探索现代学校管理制度，打造一支思想先进、作风务实、精于管理、团结协作、敢于创新、清正廉洁的管理队伍。执行"校务公开"制度，实现全员民主管理，不断推进学校的民主管理水平。完善绩效工资考核方案，制定切实可行的学校考评制度。增强服务意识，严肃部门作风，尊重、关怀、信任和帮助每一位教师，尊重和关怀每一个学生，全心全意地爱护、服务学生，以服务践行"修德"文化，用文化感染、影响每一位师生。

(二) 学生文化：育明德学生，促健康成长

树立"德育为先"的理念，以学校"修德"文化建设为核心，立德树人。建设"道德教育生活化"的德育课程，在活动中让学生形成正确的道德观，促进学生主动、全面、健康成长，让每个学生走出校园之时都能成为一个"明德尚礼之人"。

以"周恩来班"的创建活动为契机，把班主任队伍的管理、培养与"文明班级"的创建和"文明学生"的评比有机结合起来，积极开展班级文化建设，用文化改造人，用文化改造班级，探索班级文化建设的良好途径，形成"一班一品"的班级文化特色，在班级文化建设上打造出学校班级管理的德育名片。开发校本课程，建设学生社团，打造系列校园节日活动，搭建读书节、英语节、艺体节、科技节等校园节日平台。建立多元化、发展性的评价机制，推行赏识教育，大力表彰在各个方面做出成绩的学生，让每个学生获得成就感，在学校营造一种积极向上的氛围。

(三) 教学文化：创修德校风，促质量提升

在"修德"教育的引领下，建设生本课堂教学文化。完善建构以"自学案"

为载体的、基于校本的"导、探、展、馈"自主学习课堂模式,培养学生可持续发展的学习力,并通过自主学习的方法锤炼,创设"进德修业"的校风,努力实现"洪泽优秀,淮安知名"的质量发展目标。

以学校基于"自学案"的"导、探、展、馈"课堂教学改革为切入口,探索"自主、合作、探究"的课堂模式,把课堂还给学生,多给学生练、问、展、评的机会。转变教师的教学方法和学生的学习方法,引导教师正确理解"教"与"学"的关系,以学生的"学"组织课堂教学,把课堂变成"学"堂,引导学生形成良好的学习习惯和学习品质,发展学生自主学习、终身学习的能力。实施分层教学,尊重学生发展的差异性,建立后20%学生在校表现与学业"会诊"、跟踪分析制度,实施"一帮一"教师助学制度,帮助学生树立自信心,体验成功的喜悦,从而改变学习态度,提高学生的学习成绩。

(四)教师文化:培尚德教师,促专业发展

通过学习、培训、课堂教学、学科教研、反思交流等活动,苦练内功,引导教师不断提升专业能力与专业素养,实现自主发展,努力创建"尚德善教"、合作共赢的学习型教师共同体。

以"千师访万家"活动为抓手,加强师德师风建设,让教师在家访中不断增强职业意识;以基于学校课堂教学改革的校本教研为出发点,重视"反思"在教师专业发展中的作用,美国学者波斯纳认为:教师的成长=经验+反思,"反思"是教师摒弃传统思维模式,自觉进行自我学习,实现自我提高、自我成长的重要方法。同时,完善教师培养与发展规划,倡导教师规划专业生涯,鼓励教师树立开放的学习意识,在教育教学过程中养成终身学习的良好习惯。重视对青年教师的培养工作,建立青年教师成长档案。积极实施"名师工程",评选校内名师、学科首席教师,充分发挥名师引领作用。建立以专业能力和教学质量为核心的"教师发展性评价"制度,在教师成长过程中引入竞争激励机制,形成教师较强的文化自觉意识和荣辱与共的学校认同感。

(五)教研文化:秉崇德精神,促教研自强

坚持"科研兴教,科研立校"的价值取向,以崇德精神,聚焦课堂教学有效性、高效性的实践研究,聚焦学生自主发展的行动研究。通过教育科研,提升学校教育教学质量,促进学生的自主性发展和教师的专业化成长。

加强对教育科研的领导,明确科研工作职责,建立健全教育科研网络。以省教研室与县教育局开展的"基于测试分析提升区域义务教育质量合作项

目"为契机,加强学科建设,从学校层面、学科层面和教师层面积极开展工作,请省、市、县的教育教学专家为学校的学科教学把脉会诊,全面开展学科教学改革,制定学科教学改革的三年发展规划。以学校"自学案"课堂模式的建设为契机,提倡人人参与教育科研,立足于课堂教学和学生学习方法等开展课题研究,创新教学研究的方法,并在"自学案"生本课堂模式研究的基础上,建立基于"自学案"的教学资源库,并实现资源共享。

哲人说,点化和润泽生命是教育之本。学校提出的"'修德'教育"正是从人本出发,给生命以精神和灵魂。随着学校校本文化战略的实施,"修德"文化犹如春风细雨滋润着师生的心灵,并成为催人奋进的不竭动力,学校在教育管理、教学质量、素质教育、课程建设等各个方面都取得了丰硕的成果,"修德"文化已经成为学校发展、师生成长的精神支柱,必将引领学校继续前进。

马如飞,男,江苏楚州人,中学高级教师,江苏省教科研先进个人,江苏省骨干教师,淮安市优秀教研员,淮安市中语会常务理事,全国中学语文教学法专业研究会理事。现任翔宇教育集团人力资源部部长,淮安曙光双语学校总校长。长期从事中学语文一线教学工作和中学语文教学研究工作。在担任教学工作时,曾培养出一批就读于清华大学、北京大学、南京大学的优秀学生。其优化情景、合作互动、自然生态、循序渐进的课堂教学风格深受学生喜爱。在担任教学研究工作期间,努力实施行动研究,把学科研究与一线教学紧密结合起来,其"以评促教""同课异构"教研法得到一线老师好评。注重阅读教学和作文教学的积累和研究,论文《在阅读苗圃中培养学生人文主义情怀》被《江苏年鉴》收录,著作《新概念作文快车道》已由河海大学出版社出版。

好学校总是处于成长状态

翔宇教育集团淮安曙光双语学校　马如飞

翔宇教育集团淮安曙光双语学校于 2003 年建校,学校坐落于城乡接合部,是一所九年一贯全寄宿制民办学校。十多年风雨路,十多年创业歌。如今的学校已经成长为江苏省内规模最大、品质最优的以农村留守儿童教育为主的优质学校,也是地方上一所"政府放心、家长信任、学生向往、教师享受"的优质学校。

校长简单,则学校简单

办一所简单的学校是学校一以贯之的追求,因为我们相信好的东西一定是简单的。

第一,我们把校长及其领导团队定位为学校的服务者和示范者,坚决防止管理过度而领导不足的弊端。管理的主要指向则是校长们自己。学校的一切管理都源于对管理者的自我管理是我们管理文化的共识。第二，我们把校长的自我形象标准明确为三个层面：第一层面是做一个好人；第二层面是做一个自我认可的好教师；第三层面才是做一个能享受职业幸福的好校长。第三，我们把校长的专业领导约束在价值领导、教学领导和组织领导。在鼓励岗位作为的同时，也不时地矫正乱作为；其中核心工作限定在规划学校发展、营造育人文化、领导课程教学和引领教师成长这四大块。在专业领导和核心任务这方面，我们去繁就简，一切都以学校制定的《行动纲要》的有关条款为参照进行落实；我们的校长都是从教育的最基层开始起步，都是教育教学的好把式，"知其能而能驭之"方为管理者中的高手。第四，我们把学校内部运行程序明晰为对上可以越级反映问题，但不可以越级请示工作；对下可以越级了解情况，但不可以越级布置工作。这样层级清晰，信号明确，使得整个学校运行得很有秩序感。第五，对教师评价这一敏感话题，我们则简化为"学校教师五维评价"，即"学生喜欢、家长满意、同行佩服、领导信赖和自我认同"这样操作简单，定量定向准确，实施效果当然不错。第六，在办学过程中，口碑的积累方面，我们明确服务承诺和职业规范，即"视质量如生命，视家长为上帝，视学生若亲子"和"不接受家长宴请，不收受家长礼物，不利用家长谋私"。目标和底线简洁如线，自然就比较容易落地了。

"空气清新，食物健康，人际关系简单，有一个说得过去的收入，时不时都能体会到自己的价值，很多时候职业的体面感包围着自己。"这是我们学校校长们办学的愿景。

文化，在制度管不到的地方起作用

办学是一种文化行为，而学校的价值就在于深厚的文化底蕴，鲜明的品牌个性，特色的教育模式，这一切构成了一所学校的文化精神。办好一所学校，首先要让教师真正认同学校文化并逐渐被学校文化同化，进而把办学理念落实为具体的行为。没有文化便没有学校，没有优秀的文化，便没有卓越的学校。文化是学校的根基，是学校的灵魂，是学校发展的力量和源泉。

首先，积极构建民主型管理方式和期待型组织气氛。从学校开办的第一天起，我们就整合学校所有的办学资源，建设"家"文化。"家"文化的内涵就是温暖、责任、担当、成长、同心和健康，其核心是尊重和关心，它最显著的特征则是彼此相互关心，充满期待、友善和合作精神，每个人都乐于成为大家庭的一分子并为之尽力。在学生方面，学校一直努力打造的"家"文化主要是让学生在校园中能感受到家的温馨,以"家"文化的概念,通过 QQ 群"我们的曙光"及学校新浪官方微博和校园网站为基本互动平台,展示师生真实的风采,向家长传递孩子在校园中成长的气息、快乐的氛围。"曙光剪影""今天我掌勺""我在校园过生日""校园的一天""我和师父、师母过周末"等活动,都是弥补孩子亲情缺失的重要渠道。在教师方面,学校则以不同的方式和不同的载体让教师成为学校的家庭成员并愿意介入学校的具体事务。学校层面出台的所有制度都必须第一程序地进入教师评议;学校管理过程中出现的事故性问题也一定交由教师代表组成的裁决委员会裁决。

其次,努力打造诚信文化。诚信文化的内涵是本真、信任和本分。校长对学校诚信,对教师诚信;教师对家长诚信,对学生诚信。我们在领导和教师两条线上分别制定有违规处罚的标准,以确保诚信这一文化底色的成色。经营学校就是经营人心,由于学校多年一贯地固化,"曙光人"已经基本成为我们学校所有师生员工认同的角色身份。

最后,全力建设"幸福"文化。学校"幸福"文化的关键词是"成长"和"价值"。在学生方面主要用三条线:一是"用我们的真心打造"的"心"系列,即以校本教材《心香瓣瓣》《轻轻地告诉你》为基本"骨架",以"进步就是优秀""榜样示范"系列赏识文化及"每日三省""每周《成长之路》""每月德行评定""每学期我给自己颁大奖"系列反思文化为"灵肉",将这些元素化作言语和行动,潜移默化地教育和影响每一个曙光孩子,同时汇聚历届校友的"雅言雅行"故事,配以生活照,形成墙面文化,搭建了生生时时学习、师生时时交流、家长与学生时时对话的平台。二是"让孩子成为闪亮的明星"的"星"系列,它起源于学生优秀作文集《星迹》。《星迹》《成长之路》《SMILE 成长》六个学期分册及毕业纪念册等,是孩子们的成长轨迹,记录了他们成长的足印。学校希望每一个孩子的故事、每一个稚嫩的作品都能成为"星"系列的一部分。从七年级孩子的军训随感《送给最可爱的人》开始,每一年"星"系列便有足迹可循。还有"篝火晚会""校园狂欢周""走进餐厅包饺子""今天我展示""今天我掌勺"等独具特色的生活体验,努力让学生寻觅到属于自己的那份快乐。多方位活动的开展,为学生提供了立体的展示舞台,挖掘其自身潜在的能力,使之学有所获,学有所成。三是自成系列的"一次生日,终身难忘""桐心园祈福""亲子悦读"等,让孩子体验成长的快乐,让幸福内化为孩子成长的内驱力和向善力。在教师方面,"让师生过一种幸福完整的教育生活"的办学宗旨已经比较真实地落地。几年来,我们始终秉持"只有温暖的学校,才有幸福的教师;只有幸福的教师,才有真实的教育"的办学理念,千方百计让教师们觉得在学校里的每一天都很"值得",进而享受学校,享受职业。

学校的文化力或大或小,但我们知道学校里的每个人都是一个个文化符号,都代表着学校的文化。学校的一些主要文化基因已经成为学校绝大多数人的文化标志。

特色,在课程中长大

课程改变,则学校改变;课程成长,则学校成长。课程领导力是校长的核心领导力。只有改变了课程,最终才能改变学校。

我们学校是一所全寄宿学校,绝大部分孩子来自农村,本着为孩子成长服务这一课程开发理念,近几年学校加大了课程开发力度。学校整体构思分为两大主线:第一条主线主要是围绕国家课程进行的二次开发。其中一类属于学科性质的,旨在帮助学生提高学科方面的学习兴趣,提升学科的学习质量。比如,语文读写绘课程、语文晨诵课程、数学思维体操课程、英语口语考级等。一类属于学科延伸性质,旨在培养学生学科应用能力,提高学生综合实践水平。比如,科技课程、特修课程、三大王课程等。现代世界是科技的世界,未来的时代也将是得科技者得天下的时代,所以实现"九年影响一生"的办学追求,在孩子青少年时期为孩子打下扎实的科学基础是我们义不容辞的责任。在开齐开好国家规定的科学课程的基础上,我们单在小学阶段就精心打造了分级系列科学与技术类校本课程。课程分三个学段:第一个学段为1~2年级,课程内容主要是阅读大量中外科普图书,观看大量科学媒体视频,了解科普常识,开阔科学眼界,培养科学兴趣。策略是全员参与,活动推进。第二个学段为3~4年级,课程内容是依托学校周边的苏北灌溉总渠和京杭大运河以及亚洲最大的水上立交桥,组织学生成立水文兴趣小组,进行水文观测和数据收集,初步培养孩子科学素养,如怎样观测、采集数据,并对数据进行归类和分析。策略是小组合作,角色分配。第三个学段是5~6年级,课程内容是以学校附近的天然气发电厂为载体,让学生了解科学程序和科学原理,探讨科学可能,预设科学未知。通过这一科学课程,力争让学生们了解科学原理,掌握科学方法,初步培养学生的科学能力。策略是学分评定,英才塑造。第二条主线是依托学校资源和学校需要而开发出的校本课程。校本课程分成四类。第一类是技艺类课程,主要用意是通过阶段性训练,让学生掌握一两门技艺,初步感知和感受这门技艺所带来的收获,如各种特修类课程;第二类是艺术类课程,主要是通过对相关艺术门类的观摩,陶冶情操,扩大见识,增长知识,如电影课程、闲暇课程等;第三类是思维品质类课程,课程的功能主要是想通过系列活动,让学生具体体验生活,培养学生的优良品性和道德人心,如孝道课程、感恩课程、社会实践课程、反思课程等;第四类是生活类课程,通过此类课程,培养学生的生活能力,让他们感受生活的乐趣和意义,如生日课程、周末课程、洗浴课程等。

不论是对国家课程的二次开发,还是整合学生资源而进行的校本课程开发,都需要我们在宏观上进行规划,在实施中坚持,在进步中完善。下面这张示意图是我们这几年开展此项工作的路线图。

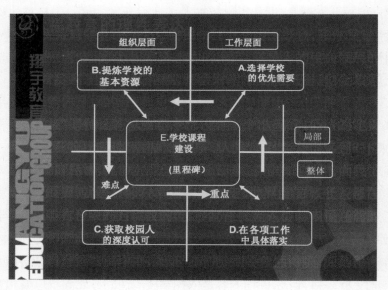

学校的课程建设永远在路上,持续的发力已经在真实地改变着学校。学生"眼睛亮、笑容多、学习兴趣浓、发展后劲足"的办学追求也已初成现实。

课堂,永远值得精耕细作

课堂,是学校一切工作的牛鼻子。学校的一切问题都由课堂产生并都可以经由课堂而得到解决。在学校千头万绪的工作中,课堂始终是校长们应该念好的第一部"经"。

我们学校进入课堂改革是2009年。多年来,在"理想课堂"建设这条路上,我们坎坎坷坷地跋涉,我们小心翼翼地前行,我们跌跌撞撞地坚持,但我们相信只要行动就会有收获，付出一定有回报。从学生这个方面，单就学科教学质量来说就已经大幅度提高，例如 2014 届 900 多名初三学生参加市中考，结果我们不仅夺得了大市中考状元，而且 50 多位学生取得 700 分以上的高分，91% 的学生达到四星高中的录取分数线；课改，为教师的成长提供了舞台和机会，一大批教师爆发式地成长，特别是青年教师，其成长状态前所未有。我们学校几乎包揽了区优课竞赛和教师教学基本功大赛的第一名，有三人次代表大市参加省青年教师基本功大赛，均获得一等奖；因为课改，我们学校几乎所有教师都有自己研究的微型课题，教师们忙得踏实，忙得有收获。也正是因为我们真实地做着课堂改革，学校质量包括学业性质量、发展性质量和生命性质量才能真正实现。

现选取我校小学高年级段数学学科"理想课堂"个案，来展示学校课堂建设的基本状况。

一、基本理念

"教学模式"遵循"学路优先""以学定教"。它既是一种教学方式，更是一种教学理念。它强调从学习者角度设计课程，并与学习者的经验相联系、相结合；强调学习者是课程学习的主体，以及作为主体的能动性、主动性、选择性；强调课堂设计的活动性、层次性、互动性、开放性、综合性和整体性。理想课堂的学习实现两个前置：学习前置和问题前置；突出从学情入手，根据学情做出决策，确定如何导；突出多向互动，注重生生互动、师生互动；教学内容当堂完成、当堂训练、及时反馈、及时矫正。

二、基本模块

（一）任务驱动

每节数学课都有一定的学习任务，让学生带着任务去学习，就能使学生产生一种学习的动力。在任务驱动下学习的指向性更明、学习的时效性更强。任务驱动可以渗透在整个课堂教学的始终，如：在自主学习环节，教师设计《导学案》让学生进行先学，这里的《导学案》其实就是一个任务。

（二）自主学习

学生是课堂的主人，学习是学生自主建构的过程，自主学习理应成为学生学习的基石。自主学习在数学教学上主要包括以下几层含义：一是课前学生的预习,学生围绕《导学案》进行预习就是一种自主学习;二是课堂上教师根据教学内容设计《导学案》让学生自主学习;三是学生完成课堂练习和课堂作业也是一种自主学习。同时,教师要及时捕捉学生自学的信息,及时调整教学策略,善于利用学生自学生成的资源进行教学,真正实现"以学定教,顺学而导"的思想。

(三)合作探究

小学数学知识的特点决定了合作探究的必要。"合作"指的是小组间的合作,"探究"指的是对教学内容的研究和挖掘。合作必须要有完善的小组合作机制,怎样分工?怎样合作?如何交流?如何研究?如何倾听?如何展示?如何提问?如何质疑?所有这些都要有一套明确的规定,并在平时的教学中不断规训,使之养成习惯。

(四)小组展示

这一环节一般安排在小组交流这一环节之后,展示的内容首先是小组中没有解决的问题、遇到的困惑以及与众不同的理解方式和解答方法等,各组交流时一般都交流本组个性化的问题,尽量不要重复前面已经交流过的内容;小组交流出问题后,教师要及时进行归纳整合,并用恰当的方式进行呈现,小组提出的问题一般先让学生解答,教师在其中起穿针引线的作用,遇到关键点、要害处教师要进行巧妙点拨和引导,要充分发挥教师的主导作用,该点的一定要点到位,该讲的一定要讲透,让学生感悟彻底,理解深刻。

(五)检测反思

在数学课中检测反思有两个环节:一是课堂练习环节,另一个是课堂作业环节。检测的关键在于练习题的设计,无论是课堂练习还是课堂作业设计都应体现基础性、层次性、整合性、综合性和开放性。课堂练习一般以教材上的内容为蓝本,并适合增加创编题;课堂作业一般分必做题和选做题两类,题目要整合教材、补充习题和提高题上的内容,而且尽量不要和课堂练习的内容重复,提倡多选用变式题和创编题。检测必须当堂完成、当堂评价,出现问题必须当堂分析、当堂反思、当堂纠正。

当然,以上五个基本模块,并不是机械的程式化模式,而是在教学中可以根据实际需要进行适当的整合和变动的,具体到某种课型、某一教学内容时可以进行适当的创新。

三、设计意图及操作要领

第一环节：学案引领　自主预习

设计意图：预习，好比外出旅游之前看导游图、了解当地情况，对要游览的地方，预先做到心中有数，这样对所旅游的地方感到更加神往，旅游起来也就更加带劲，同时因为对所旅游的地方有一定的了解，往往就能自主选择自己最想游览的地方，方向性、目的性更强，同时和导游的沟通也更具有针对性，这样的旅游才算是一种品味。我们数学课堂的预习不正是起到这样的目的吗？

第二个环节：反馈交流　遭遇问题

设计意图：由于预习的介入，学生对新知或多或少有了一定的认识，但差异性较大，为了平衡差异、扬长避短、博采众长，所以设置了小组交流的环节，通过交流可以充分展示每个学生的自学成果，及时反馈自己的自学情况，使其在组内倾听、追问、质疑更加投入，确保小组交流的高效落实；通过交流还可以在组内解决一些共识问题，减缩教学时间；通过交流更能找出大家共同存在的问题，以便下一教学环节更具针对性，真正实现"以学定教"。

第三个环节：合作探究　小组展示

设计意图：不仅学生自学的效果有差异，小组间合作的成果也有差异，为了及时平衡差距、捕捉亮点、弥补误区、提炼要点、建构模型，特设计本环节。通过小组展示可以清晰地知道学生是怎样学习的，哪些方面学生学习得比较好，教师可以少关注一些；哪些方面还存在问题，需要做进一步的指导、强化。唯有如此，才能真正落实"以学定教、顺学而导"的教学理念。在这一环节中充分体现"学生是学习的主体，教师是学习的组织者与引导者"的课标精神。学生要主动交流展示，教师要认真倾听，善于捕捉即时生成的资源，合理利用，巧妙应对，顺利建模，同时还要有意识地渗透相关数学思想和方法，特别是要注重发展学生的思维能力，不断提高数学课的思维含量。

第四个环节：巩固内化　总结提升

设计意图：知识的巩固、内化、拓展离不开必要的练习，练习设计要紧扣教学内容，注重练习设计的层次性、变式性、综合性、开放性和应用性，对练习进行科学的分层是本环节设计最为核心的要素，因为我们学生是有差距的，对不同知识的理解和掌握也不尽相同，让每个学生做适合自己的练习，充体现因材施教的原则。"让不同的学生在数学上得到不同的发展"这是我们设计分层作业的核心理念。

第五个环节：检测反思 挑战难题

设计意图：检测一节课的教学效果最明显、最直接的手段就是通过当堂完成作业的方式来实现。说直白一点，数学课的知识与技能、思想与方法层面的目标达成度主要看解题正确率的高低。其实每一个学生都想知道自己在本节课学得怎样？都想用学到的知识来解决一些数学问题，体会数学学习的价值。所以，课堂作业既可以使学生增强自信，树立信心，更好地投入后续的学习中去，也可以使教师及时了解教学目标的达成度，以便更好地改进自己的教学。因此，课堂作业是数学课堂教学的一个重要环节，而且这一环节必须在课堂上得到真正落实。

在连续5年做"理想课堂"的过程中，我们采取了"领导全员参与，逐步实施，刚性要求，柔性推进"的基本方法。

我们学校是一所年轻的学校，我们将谨记我们的使命，以"遵循规律，守住常识，教育难做，敬畏教育"的教育姿态，真正把学校办成一所质量稳定、品质优良、口碑卓著的地方名校。

徐爱中，男，生于1968年9月，江苏涟水人，1986年9月至1990年7月就读于南京师范大学数学系。淮安市高中数学学科带头人，现任涟水县政协常委、涟水县安东学校校长、淮阴中学滨河高级中学副校长。1998年8月至2013年8月在江苏省涟水中学先后任教务处主任助理、副主任、主任、校长办公室主任，任教高一至高三年级数学。2013年8月至2016年2月任涟水县安东学校校长。2016年2月起任涟水县安东学校校长、淮阴中学滨河高级中学副校长。2001年被中国数学学会授予"优秀辅导员"称号，2003年至2009年多次被涟水县委、县政府授予"先进个人""先进工作者"称号，2010年1月被淮安市教育局评聘为市高中数学学科带头人，2011年7月任《步步高·高三数学二轮专题复习》一书副主编，2011年9月主编《高考专题辅导与训练》一书，2012年9月被淮安市教育局授予"先进个人"称号，2013年5月被涟水县委、县政府评为"县劳动模范"。2013年任安东学校校长以来，学校先后被评为"市绿色学校""市语言文字规范校""书香校园""县常规管理先进单位""县教育工作先进单位"等。

细常规　谋特色　强举措　求发展

涟水县安东学校校长　徐爱中

2013年8月，涟水县委县政府为了整合教育资源，兴办了涟水县安东学校，作为这所九年一贯制学校的首任校长，深感肩头责任之重，上任伊始，我就不断学习、实践和思考，几年来，学校的各项工作稳中有进，先后获得市县多种奖项。作为一所新办学校，我们的硬件设施配备是现代化的，教师是从全县各校优选而来的，个人综合素质自是不弱，但要办人民满意的教育，绝不是仅靠硬件的现代化和教师的个人素质高就能实现的。我认为，优质的管理才能将学校现有资源最优化。

一所学校的发展程度如何,可以从两个方面来看,一是常规管理,二是特色发展。在实际的工作中,二者相辅相成,密不可分,常规管理为特色发展提供保障,特色发展促进常规管理更进一步,更上一层。

一、常规管理感悟

学校工作水平低,最根本的原因是管理的粗放化。"学校无小事,事事为教育",粗放式的管理导致思想松散、责任不清、主动意识不强,更严重的是,这种"粗放"的空气因为"破窗效应"会迅速蔓延至每一位教师、每一个学生身上,致使学校整体管理水平低下。要成为一所被社会认可的学校,实施精细化管理及规范化管理是必由之路。

(一) 常规工作要主体化、系列化

常规工作繁而多,哪个也不能舍弃。但是,面面俱到又容易导致哪个都不深入。而某段时期内围绕主题,系列组织,则会使常规工作充满色彩,同时可以调动教师和学生的参与积极性。最重要的是,在系列活动的组织中,很容易做到集思广益,将活动深入化,能够探索出常规管理中的一些好的方式和方法。

(二) 制定制度,明确责任,发挥团队力量促进学校发展

校长对于学校而言具有核心作用,我认为,一个优秀校长会将这种核心作用表现在对学校发展的规划和共同愿景的引导上,而不是沉溺于事务性的常规工作中不能自拔。常规管理要做到精细化,就必须发挥学校每个中层管理者的力量,让他们主动积极地工作。首先,要有明确的分工,这是调动工作积极性的先决条件;其次,要利用问责制度强化落实,让每一个细节落到实处;最后,也是最重要的一点就是明确责任,我觉得作为一名校长,要将工作放心地交给中层做,"方式我选择,责任我承担"要成为中层管理者的工作原则。

在常规管理工作中,制定科学有效的制度可以实现上述目标。下面谈一下关于制度建设方面的一些想法。

从事教育工作多年,从普通教师到校长,一路走来,我始终认为好的制度不仅仅是写在纸上,更要深入人心,好的制度应该是代表学校的主流力量,且建立在沟通的基础上,是被绝大多数人认可且拥护的。建设学校良好的制度

文化,是学校存在的基础,更是学校发展的关键,强调奉献而没有科学的管理制度是导致管理粗放的重要原因。

大家都听过七人分粥的故事,同样是七个人,不同的分配制度,就会有不同的风气。所以,一个单位如果有不好的工作习气,一定是机制问题,一定是没有完全公平公正公开,没有严格的奖勤罚懒。如何制定这样一个制度,是每个领导需要考虑的问题。科学的制度才能让每个人的思维触角无限延伸到工作范围的每一个角落,才是保障常规工作落到实处的根本。

(三) 常规管理重在策略

1. 提高会议实效

"长而无效"是导致教师开会不认真的直接原因,学校应该在开会的时间和内容上做精简,有话则长,无话则短。很多时候,措施上的微小改变,就会有效果上的巨大改变。我曾开过很长很长的会议,虽然是有长的必要,但仍会产生疲惫感,换位思考,教师一定也不喜欢开长会,尤其是"长而无效"的会。作为校长,对触及教师心灵的策略应该细细琢磨,不断创新,少开会、开短会、开精会是提高管理效能的好方法。

2. 从小事做起

不随手乱抛杂物,学生就餐、回宿舍、去实验中心上课都排队前往,教师不在校园内吸烟,学校车辆有序停放,这些都是非常细小的事,但是,万丈高楼平地起,欲成大事者需从身边的点滴小事做起,于细微处见精神。从一点一滴中可以看出一个人的素质和涵养,从一点一滴中可以看出一个学校的潜力与未来。

3. 注重教育的整本性

责任分明是发挥中层管理者积极性的第一要素,但真正面对出现的问题时,还必须以教育的整体性为出发点。过于追究责任,往往造成明哲保身、相互推诿,而教育的问题恰恰是模糊的,有时又是无法割裂的。当问题出现后,先分析事情的原因而非直接问责,因为是分析问题,大家自然容易讨论,也不知不觉地在解决问题,在解决问题中其实也就明确了责任。必要的"不分是非",更容易激发管理人员的积极性。

4. 创新中层选聘方法

学校对中层干部采用学年聘用制,部门正职由校长聘任,部门副职由分管校长、部门主任聘任,一年一聘,打破中层干部终身制,这样,就可以让更多优秀教师充实到管理队伍中来,为学校的蓬勃发展注入更多的新鲜血液。学校选聘的条件归结起来就是三个词:能者、谋士、干将。能者是教育教学的行家里手;谋士是善于观察、思考、提主意的人;干将是不怕吃苦、埋头苦干的老黄牛,按这样的要求选贤任能,学校的优秀管理人员就会脱颖而出。

5. 看重每一个人

很多时候,对一所学校印象如何,很可能是因为学校中的某一个人,在我看来,学校的每个人都是学校形象的代言人,看重每个人,让我明确学校的发展规划和重大决策是非常重要的,要让每一位同志意识到对于安东学校这个集体而言,自己很重要,只有这样才能更好地发挥每个人的力量,为安东学校的教育事业主动奉献。

二、学校特色发展思考

文化是一个学校综合实力的外在表现,是一个学校兴衰荣枯的决定性因素。特色作为学校文化的外在呈现形式,是提升办学水平的重要标志,是促进学校发展的"切入点"。安东学校是一所新办学校,因为新,宛若白纸,可以绘就新画图;可也正因为新,没有底蕴,所以学校特色发展规划显得尤为重要,毕竟特色在很大程度上是要靠积淀的。学校要从长远发展的角度科学谋划。

(一)我校特色发展的现状

"事物之独胜处曰创新"。要创新,需要一个学校管理者的"三感一识":要有随时超越的雄心,在超越中体验成就感;要有在竞争中随时落伍的忧患意识和危机感;要不断学习,有愿意接受新事物,在行动上对新事物有敏感性的新意识;要有将新理念、新经验在自己管辖的范围内积极尝试,敢于冒险的胆识。一个优秀的校长不仅是教育家,还是思想家,更是战略家。

办学以来,学校积极营造以"竹文化"为核心的校园文化,以"每天突破一点、进步不止一点"为办学理念,奉行"做一个正直有为的人"的校训,秉持"日日新、节节高"的学校精神,力争让每个学生学有所获,让每位教师在奉献中成长。现在的安东校园孕育着生动鲜活、文明向上的清林之风。

学校还成立了兴趣班,孩子们在学习中找到快乐,学生们在快乐中不断成长。学校的竹文化氛围越来越浓,竹文化特色日益凸显。

学校要善于抓住适合的特色,力求使办学特色达到"人无我有、人有我优、人优我新"的境地。

(二) 特色要做成全体师生的特色

学校发展的终极目标是学生发展,学生发展的根本途径是教师发展,教师发展的坚实基础是学校发展,校长、教师、学生共同承载着学校特色发展的责任。如果特色只是校长或某个教师的特色,注定该特色苍白无力。教师不能只是从理念上认同学校的特色发展,学校应该为每一位教师明确责任和任务,充分利用评价机制,加大推进力度,这样才能产生较大的积极影响。

(三) 创建校本课程,让特色凝固下来

教育的发展要有健全的教育立法,充足的教育经费保障,繁荣的教育科研促进,广泛的教育舆论支持。校本课程是学校特色的外显形式,能够将学校特色凝固下来,安东学校以"竹文化"及古安东文化为载体,精心编制地方特色校本课程,并使之成为提高学校教育质量的助推器。

三、对于学校的发展举措的思考

学校要想持续快速发展,必须广纳良言,特别是广大师生的意见及建议。

(一) 管理精力花在"和谐"上

1. 增强安全意识,落实安全措施,确保师生平安。安全质量是学校的第一质量,确保师生的身心安全是落实以人为本的最基本要求。为此,学校的一切工作都首先要考虑安全因素,学校的一切人员都要增强安全意识,提高自我保护能力。各职能部门都要制定本部门所辖工作的安全防范措施,并做到常检查、常反馈,使安全的警钟长鸣。

2. 加强沟通,增强信任,建立情感,提升团队凝聚力。学校要建立与教职工定期交流和沟通的工作机制,班主任要建立与家长、学生定期交流和沟通的工作机制,教师要建立与学生定期交流和沟通的工作机制。

(二) 师德建设重在"爱生"上

师德的核心是爱生,爱生的集中表现是敬业,敬业的主要标志是工作认真、责任感强。

1. 规范职业言行,呵护学生身心。中小学生的身体和心理都还很脆弱,粗暴的言行将对他们的身心造成伤害,同时也会有损于教师在他们心目中崇高、完美的形象。在学生面前,我们必须规范职业言行,让学生听了你的语言感到温馨,看了你的行为感到亲切。

2. 贴近学生心灵,争做学生的良师益友。只有了解了学生的心灵世界,才能真正掌握教育的主动权。要了解学生的心灵世界,首先要了解学生的心理特点,使自己走进学生的心灵,成为学生的朋友。只有成为学生的益友,才能真正成为学生的良师。

3. 改变教育教学方式,促进学生学业进步。学生的学业有否进步是家长衡量教师工作优劣的重要标准,也是最终检验教师职业道德境界的重要标志。改进教育教学方式,促进学生的学业进步,不仅是教师爱生的又一具体表现,更是教师的职业使命所在。

(三)品德教育落在"习惯"上

1. 加强学习行为规范的养成教育。学习行为规范的养成教育要重于学科知识的教学和智能的开发,没有良好的学习行为习惯,就不可能形成优良的学风。为了加强这方面的教育,我们一是要全员参与,二是要确立重点,三是要明确要求,四是要坚持不懈。

2. 加强活动行为规范的养成教育。活动行为是否规范直接影响学生的安全和学校的秩序,一定程度上也反映出学校的校风和学生的文明程度。加强学生的活动行为规范的养成教育,要重安全防范,兼文明礼仪,强训练指导,勤检查督促。

(四)专业发展盯在"实战"上

1. 以课堂为阵地,磨炼自己的基本功。在日常教学中,教师要认真备课,勤于反思。学校教学部门通过检查起到督促的作用,学校要由校长宏观监控,也要由相关人员深入课堂,加强督查与指导。

2. 以校本培训和校本教研活动为支撑,提升自己的教育教学水平。为了使校本培训与校本教研活动真正成为支撑教师专业发展的有效载体,一是要求教师充分地发挥主体作用,二是要求校本培训与校本教研相结合,三是要求以课堂教学为结合点。

3. 以严谨治学和创新教学为依托,形成自己独特的教育教学风格。我一直认为名师可以出高徒,严师也能出高徒。每个教师有每个教师的教学方法和教学风格,但无论怎样,严谨治学和创新教学是形成每个教师独特教育教学风格的最基本要素。严谨治学可以养成学生良好的学习习惯,建立良好的课堂教学秩序;创新教学可以培养学生的学习兴趣,激活学生的灵性,使课堂教学充满生命的活力。

（五）形象塑造定在"品位"上

教师有教师的形象，学生有学生的形象，学校有学校的形象，但无论是师生个人的形象还是学校集体的形象，都要向完美的方向去塑造。在形象的塑造上，品位起着极大的作用。一句话，形象的塑造离不开品位的提升。教师要做到：一是关注自己的语言品位；二是关注自己的行为品位；三是关注自己的处事品位。

以上是我的一些粗浅的想法，定有不成熟或值得商榷之处，欢迎交流、指正。

王怀益，男，生于1972年1月，江苏涟水人，中共党员，学历本科，中学高级教师，现任涟水县河网中学、岔庙中学校长。曾先后任涟水县朱陈茵圃学校教务处主任、副校长、学校党支部书记，涟水县红窑中学、涟水县朱码中学副校长，涟水县灰墩中学校长；2010年8月任涟水县河网中学校长，2013年8月兼任涟水县岔庙中学校长。工作以来，曾荣获"全国百名优秀校长""青少年道德培养导师""江苏省科技工作先进个人""淮安市德育工作先进工作者""淮安市关心下一代工作先进个人""淮安市心理健康千场宣讲工作先进个人""淮安市数学学科带头人""涟水县优秀教育工作者""涟水县优秀班主任""涟水县课优教师"等荣誉称号；有多篇文章在省、市、县发表或获奖。

做一个有良心的学校管理者

涟水县河网中学　王怀益

我参加了数次学校管理者培训班学习，感慨万分，心灵受到抚慰，头脑得到净化，行动得到鼓舞。现就我多年来的工作实际，谈谈如何做一个有良心的学校管理者，如何办人民满意的学校。

一、以德治校管理人

校长是一校之魂，必须有良好的素质和过硬的能力，才能带好队伍，办好学校。学校是一盘棋，所有领导班子成员都是学校的管理者，必须有一盘棋的思想，一切要顾全大局，想学校之所想，急学校之所急，做学校之所需。平时对教师要求"学高为师、德高为范"，我们是领导，更要有领导的样子，一切要做出表率、有所作为。要修身立德，作风正派，待人真诚，爱岗敬业，要求员工做到的，我们自己首先要做到。

形象靠自己去立,威信靠自己去树。做事公平、公正、公开,规范、明白、正确。平时,不背后议论人,要善于为他人补台而不拆台。要能吃苦、能耐挫,敢于超常规、高标准工作。在工作上一定要有创牌意识,既然负责某项工作,就要遵循"计划先行,纸质化;检查跟上,表格化;总结翔实,系统化;考核严格,制度化",争先创优,争取取得优异成绩。

工作马虎、草草了事、怕苦怕累、不求上进、业绩平平,不是一个称职的领导。所有的学校领导者都要认真做到"六个好"和"六个有"。"六个好"即值好班、带好头、教好书、育好人、交好友、有好习;"六个有"即有头脑、有思想、有肚量、有激情、有成绩、有创新。作为领导,要关心教师的成长和进步,尤其是生活上的关心;在学校要树立家庭意识,把师生员工当成是学校大家庭中的一员,动之以情,付之以爱,对教职工一定要做到有喜必贺、有病必访、有难必帮。

二、优化环境感染人

好习惯促进人的健康成长,好环境又何尝不是呢?很难想象一个在垃圾堆旁生活的人能有什么作为。一个好学校一定是校园清新整洁、亮丽温馨、充满希望的。为此,必须要优化校园环境,让学校像学校,领导像领导,教师像教师,学生像学生,教室像教室,宿舍像宿舍,餐厅像餐厅,花园像花园。首先要强化环境。环境布置要突出主题,不能杂乱无章。例如,我们可围绕规训篇、方向篇、知识篇、感悟篇、引领篇等进行布置。规训篇可以规范人的行为;方向篇可以指引人们前进的方向;知识篇可以增长人的知识;感悟篇能够促进人的健康成长;引领篇能够激发人的思维,激励人走向最先进的文化方向。这样不仅校园环境美丽了,而且扩大了育人的空间,真正达到了让"一草一木生情,一墙一壁说话"的效果。教师、学生在这样美丽宜人、令人神清气爽的环境里工作、学习、生活一定非常舒心。作为学校的管理者,不管在什么时候,我们都要让校园干干净净、漂漂亮亮、赏心悦目,人人讲究卫生、积极向上,做美化校园环境的护花使者,学校发展的先锋战士。另外,人际环境建设也非常重要。在平时在工作中,要营造"家"和"爱"的氛围,让所有师生员工把美丽的校园当成自己的家,领导爱师、教师爱生、人人爱校。

三、提升质量培养人

质量是学校的生命线和生存线,没有质量的学校是走不远的。因此,提高教育教学质量是我们所有教职人员的神圣使命。

（一）提高教育质量

教育质量的提高要做到三个化：教育系统化、活动多元化、管理精细化。教育系统化就是要求我们按照国家的要求和学生成长的需要，编排系统的教育教材，利用国旗下讲话、主题班会、广播、宣传标语、组织活动等各种形式做好学生习惯养成、爱国主义、集体主义、革命传统、理想前途、感恩诚信、安全、生活等方面的教育，使学生养成良好的行为习惯和道德品质。每周一个主题，系统化教育，质量化保障，确保教育对象一个不漏，教育内容一样不少，教育效果一点不差。活动多元化就是要结合学生特点、存在问题和兴趣爱好等按照教育计划内容灵活多样地组织教育活动，要通过活动陶冶学生情操，丰富学生的生活，真正做到"把根留住"。管理精细化就是校园里人人精神、物物整洁、处处美丽，具体地说，就是无一人不为、无一群不和、无一事不力、无一物凌乱、无一面不洁、无一壁不育、无一处隐患、无一方不美。

（二）提高教学质量

提高教学质量的关键就是强化教学流程管理和质量监控。要优化课堂教学结构，深化讲练结合，努力做到课前热身一小练，课上所学针对练，难点突破变化练，学后检测系统练；认真开展每周一题、一天一听课、一周一检测、一周一会办、一周一教研、课本题过关、英语单词短语过关活动；强化周教学工作单项检查、月教学工作综合检查，切实把教学工作规范落到实处；完善绩效工资考核方案，加大力度做好教学绩效考核工作；严格禁止并处理不合要求的教学行为。

（三）注重特色发展

要在开足开齐国家规定课程的基础上，通过丰富体艺活动，强化社团建设、组织兴趣小组和综合实践活动，丰富学校的内涵，彰显学校的办学特色，提升学生的综合素质和生活实践能力。近年来，我校开设了剪纸、舞蹈、跆拳道、太极拳、美术、绘画等多个艺术兴趣小组，并且自成社团，每周按时组织活动，校园不时地洋溢着青春的活力。在这些活动中学生得到了历练，展示了才华，找到了自信，明确了奋斗方向。尤其是剪纸技艺的传承，使我校成了涟水县唯一的淮安市非物质遗产剪纸传承基地。

四、丰富活动提升人

活动可以增强学校内部的凝聚力，提升师生员工的生命价值。每学期，都要制订好丰富、翔实的活动计划,按师生、按月落实好活动负责人、活动内容、活动要求。每次活动都要精心准备,细密组织,保证效果。可以这样说,活动是学校发展充满活力之要件,有了活动,师生生活就会丰富多彩,积极氛围就会异常浓厚,办学特色就会油然而生。近年来,我校开展的一些活动,达到了我们预想的效果,师生在活动中徜徉人生、享受幸福。清明祭扫组织有序,会上所有学生缅怀先烈,感人至深;珍惜青春,远离赌博机主题教育活动,时间虽短,内涵丰富,教育深远;板报、手抄报、书法、绘画、剪纸评比,增长了学生知识,培养了学生的审美情趣;武术操比赛、师生篮球联谊赛、乒乓球比赛、跳绳比赛、拔河比赛精彩激烈,场面热闹,围观师生欢呼雀跃;"亲亲一家人"包饺子活动其乐融融,所有师生幸福无比,颇有"学校是我家,深情你我他"的美妙佳境;集体生日宴会,大家唱着生日歌,吃着生日蛋糕,家的感觉油然而生;艺术节精彩纷呈,展示了师生风采,彰显了学校的办学特色。

因为活动,学生间友爱有加;因为活动,师生间亲密无间;因为活动,学校人人积极向上。大家都在为自己、为学校的发展竭尽全力,学校也因此而灿烂辉煌。

五、感悟教育改变人

作为学校的管理者,在平时的工作中,除了要身体力行,发挥过人的榜样作用外,还要在语言上对教师进行不时的感悟教育,以引领教师沿着正确的方向前进。言语引领不要长篇大论,否则,会引起教师反感,起不到预想的教育效果。言语教育贵在精当、实时、高效。我们认为最短的语言,即"一句话感言"是最有效的教育。所以,在平时的工作、学习和生活中,作为管理者,我们一定要针对教师的不当工作行为和教育发展中存在的问题,深入思考、提炼,总结教师爱听的、顺溜的、经典的"一句话感言",并予以适时教育。下面是我们学校平时对教师的片言只语的感悟教育,效果非常好。

每个人都有缺点,但不能让缺点成为我们的污点;每个人都有个性,但不能让个性成为我们的毛病。天下一巧,谁都想讨,多讨必然不好;天下一利,谁都想争,多争必然无处可蹲。好领导一生受益,好兄弟情深意长。尊重人,以理服人,关心人,帮助人,以情感人,以心暖人。忍一忍十拿九稳,让一让黄金搭档。服从领导听指挥,为人处世不张狂;立足本职做好事,不能不分大小王。计划行事,有章可循;盲目行事,阻碍前行。先计划,后做事,有板有眼;

盲做事，遭人反，人心涣散。在工作中，要多给人留下震撼，少给人留下遗憾。工作久了感到体累，做不情愿的事感到心累，可是不管是体累还是心累，如果能把它当成一种责任，那就不觉得累了。要做到"四多四少"：即多一些朴实无华，少一些骄奢淫逸；多一些积极进取，少一些消极落后；多一些阳光灿烂，少一些暗淡无光；多一些理直气和，少一些理直气壮。赞美别人，就等于包容别人；被人赞美，就等于获得成功。默默无闻，埋头苦干，是一等工作人；拈轻怕重，怕苦怕累，是二等工作人；做点事就讲条件，无钱不成事，是三等工作人，这种人领导见了就头疼。开头有序，成功才能有望；过程精彩，结果才会丰硕。一个好领导，一定是务实品端，关爱众生，能够超前谋划工作、创新工作、干好工作的人人敬仰的人。人之所以前行，在于感恩；人之所以快乐，在于豁达；人之所以成熟，在于承受；人之所以放弃，在于选择。世界上真正幸福的人，都有一颗感恩的心，一个健康的身体，一份称心的工作，一位深爱你的家人，一帮可以信赖的朋友。有一位哲人说过："人生一定要做两件事：第一件事，就是感恩；第二件事，就是结缘。"

通过感悟教育，学校向上的人越来越多，教育管理越来越规范，教育质量也随之越来越高，全校上下心平气和、和睦共处、和乐共进，大家都在为学校的发展竭尽全力。

总之，学校管理层次要上升，作为学校的管理者，我们一定要牢记使命，守住心灵的宁静，勤于思考，深化管理，务实工作，提升学校的办学品质，提高学校的教育教学质量，打造学校的特色品牌，努力办人民满意的教育，为教育事业的发展倾注心血、贡献力量。

李德宏，男，生于1966年9月，江苏泰州人。1989年7月加入中国共产党，中小学高级教师。1982年8月至1983年9月在江苏省国营宝应湖农场小学任教；1983年9月至1986年6月在淮阴师范专科学校农学专业学习；1986年8月至1990年8月在金湖县涂沟中学任教，任工会主席；1990年8月至2012年11月在金湖县第二中学任教，历任级部主任、教务主任、副校长（2005年6月淮阴师范学院数学专业本科毕业）；2012年11月至2016年1月在金湖县实验初级中学任党支部书记、校长；2016年1月任江苏省金湖中等专业学校党总支书记、校长、金湖开发大学校长、金湖教师进修学校校长。曾先后获淮安市德育先进工作者、淮阴市"533"人才、县先进教育工作者、县首批享受政府津贴优秀教师、县优秀党员、县优秀少先队辅导员、县师德模范、县优秀班主任、县学科带头人、县初中教学先进个人、县优课评比"十佳"等多项荣誉。多次在省、市、县基本功竞赛中获奖，获全国优秀数学竞赛辅导员两次，指导学生获全国铜牌三枚，省、市获奖一百多人次；县教学视导人员，县基础教育专家组指导成员；主持、参与多个国家、省、市级课题研究；多篇文章（十五万字）发表于国家、省级刊物；多篇论文在全国、省、市获奖。

从制度管理到文化管理的转变中追寻教育的本真

金湖县实验初级中学　李德宏

学校的管理从以制度管理为根本发展到以文化管理为核心，这是一个循序渐进的过程，是一个从"管"到"非管"的过程，这个过程带来了学校的跨越式发展。

回顾金湖县实验初中32年的办学历程，可以说既是一首婉转迂回的抒情诗,更是一首高亢激昂的交响乐。32 年来,学校从无到有,从小到大,由弱到强,先后经历了艰苦奋斗的初创发展期、实验壮大期、改革进步期和整顿发展期。可以说一路风雨,一路阳光,一路奋斗,一路凯歌。在各级政府和领导的关心下,在社会各界的大力支持下,以校长为首的"一班人",践行科学管理的理念,带领全体"实中人"积极努力,谱写了一篇又一篇不断超越的华丽篇章。学校先后获得了"全国百所德育科研名校""江苏省模范学校""江苏省示范初中""江苏省最具影响力初中""省德育工作先进学校""省千校万师支援农村教育工程先进学校""省巾帼文明岗""省依法治校先进校""省绿色学校""省五四红旗团委""省青少年科学教育特色学校""省平安校园""省青少年科学教育特色学校""省优秀家长学校""省诗教先进单位"等殊荣。荣誉犹如鲜艳的花朵,凝聚着管理者的智慧,浸透了管理者的汗水,更昭示着管理者以文化管理追寻教育本真的理念。

一、转变观念,扮演好文化校长的角色

起初,我们是以管理来立校的。在实践中,我们觉得学校应该从经验管理、制度管理中走出来,步入文化管理的康庄大道。制度管理只是学校领导班子依据国家的法令法规和上级主管部门的相关指令制定的规章制度,并依据这些规章制度对教师、学生进行管理和考核,它的核心是"管"。制度对相关人员做些什么工作、如何开展工作有一定的提示和指导作用,同时也明确提出了相关人员不得做些什么,以及违背了会受到什么样的惩罚。因此,制度有指导性和约束性的特点。制度有时就张贴或悬挂在工作现场,随时鞭策和激励着师生遵守纪律、努力学习、勤奋工作。制度对实现工作程序的规范化,岗位责任的法规化,管理方法的科学化,起着重大作用。

虽然制度管理对我们的工作起到了规范化、程序化和激励化的作用,但其弊端也是很明显的,那就是它缺少人文性,缺少亲和力,也不能调动教师、学生的自觉性和主动性。这就需要我们进行新的探索和实践。呼唤文化管理时代的到来,把文化管理作为教育改革新的生长点,成为学校发展的新境界、新趋势及新阶段。

(一)文化管理的中心是人

人既是管理的出发点,又是管理的落脚点。尊重人、关心人、激励人、开发人的潜力,是文化管理的关键。

(二)文化管理重点为文治

在制度管理中,直接管理人的行为,师生的一言一行都有制度约束,是典型的法治;而文化管理在于管理人的思想(信念和价值观),间接地影响人的行为,是一种新的管理方式——文治,即以文化来治理。

(三)领导者类型为育才型

在制度管理中,领导者如同乐队指挥,属指挥型领导;而在文化管理中,领导者既是导师又是朋友,属育才型领导。

(四)管理特色具有人情味

制度管理的特色是纯理性管理,排斥感情因素;而文化管理的特色是将理性与非理性相结合,是有人情味的管理。

那么,校长在文化管理的过程中应扮演怎样的角色呢?

(一)领导者

这一角色侧重观念层面,要求校长主动更新观念、广泛涉猎、深层思考、系统构建,提高理论水平,这关系到学校文化建设的方向。校长还要引导师生更新观念,切实认识到文化建设对于教育事业的重要性,而不仅仅是把它当成一项工作、走一个形式,甚至是一种负担。具体可以通过宣讲、研讨、组织学习等,引导师生认识文化之于国家、学校、生命的意义,唤醒其文化自觉,摒弃"文化无用""文化可有可无"等狭隘观念。

(二)设计者

这一角色侧重整体方案的架构,要求校长站在全局的高度整体设计文化建设方案,通过对校内外各种情况的调查研究,确定推进策略,创设师生想参与、能参与、会参与的平台,让以师生为主体的多种力量成为学校文化建设的主力军。

(三)践行者

这一角色侧重操作层面的落实,要求校长放下架子、俯下身子、多出点子。在实际操作中,从宏观、中观、微观等不同层级上深入践行,在文化建设的第一线带领师生投身于具体实践中,脚踏实地做事。通过实践,使自己的设计理念与师生的实践智慧有机融合,形成共同的文化愿景,推动全员行动。

二、美化校园,创设"桃李不言"的物质文化

加快校园的硬件建设,装点校园的角角落落,使校园处处皆美,让学生有一个愉快的学习环境。增强育人功能,是我校办学目标之一,也是校园文化精神的具体要求。近年来,在县政府、县教育局的关怀下,我校校园硬件建设发展很快,尤其是新建了校园综合大楼和校园广场,校园物质环境发生了脱胎换骨的变化。

首先是建筑美。来到我们学校,站在门前宽阔的水泥路上,扑入眼帘的是一幢长约150米的五层综合楼。其外观局部为仿欧式结构,给人雍容典雅之感。进入校门,眼前便是苏北一流的校园广场。广场成半圆形,铺有黑色和灰色大理石,两种颜色纵横交错,煞是美观。广场北面是新建和改建的两幢教学楼,全校40多个班级的学生在此学习。广场的东边是一幢图书楼和一幢办公楼。教学楼北面是一个标准体育场,春天绿草如茵,是学生体育活动的极好场所。校园一幢幢新楼拔地而起,学生活动场所焕然一新,学生对学校的热爱、对师长的尊敬、对学习的向往之情油然而生。进入校园的各界人士也不禁赞叹:这里确实是学生学习的好地方。

其次是艺术美。进入校园,水泥路两旁矗立着一盏盏造型别致的"风帆"灯,它们晚间照明,白天则是校园里的一道美景。广场的东西边缘,建有流水池。水从水池的高处向低处逐级往下流,低处的水用电机排向高处,形成回环。水池流水潺潺,池水清澈见底,卵石可见,使人感受到自然之趣。广场前面的水泥路两边是人造花圃,这里四季常青,春华秋实,假山叠起,修竹竿竿,桂花飘香,橡树挺立,汉白玉雕塑、树木根雕意象新颖,其间小路曲折回环,土丘、平地皆植绿草。师生时常徜徉在这美丽而幽静的地方,或晨曦时诵读,或夕阳时憩息。

校园的美化陶冶了学生的美丽心灵,提升了学生的审美素质,起到了"桃李不言"的教育效果。

三、有教无类,创设关爱学生的人际文化

校园是师生平等交流的教育场所,是一方净土。犹如生物的生存需要洁净的环境一样,不同层次的学生的发展也需要"安全无害"的教育环境。只有校园的教育环境,远离"伤害",远离"污染",创设起师生和谐相处的人际环

境,才能更好地开发学生的发展潜能,张扬学生的个性特长,唤醒学生的人文情感。

有教无类,首先要对学生倾注人文关怀。传统教育,教师往往高高在上,过分要求学生尊师守纪,过分强调学生要接受学习,其结果是学生不是真正的受教者,而是受"管制"者。在新课改的实践中,我们十分重视校园教育软环境的建设,倡导教师:爱生如子,有教无类,爱校如家,爱事业如生命,并把爱生作为老师最基本的职业道德要求。教师教育学生做到"三要""三不":要多给学生一些微笑,不能给学生一些"冷眼";要多给学生一些"温暖",不能给学生一些"冷酷";要多给学生带去"自信",不能给学生带来"自卑"。特别是学习缺乏动力的后进生,家庭缺乏关爱的特殊生,平时缺乏自控能力的调皮生,学校心理健康咨询室对其建立档案,跟踪调查。若发现闪光点,及时表扬,使其再接再厉;如果发现他们有过错,动之以情,晓之以理,使其改过从善。

有教无类还必须尊重学生的个体差异。我校学生主要来自城乡接合部,刚进校的学生文化基础、品德行为差异很大。近几年,我校以入学新生为对象,结合课改,申报了研究课题《新课程中课堂教学有效策略研究》,该课题经市、县教科研部门推荐,经省有关专家批准,为省级重点课题。我们以课题引路,因学生而制宜,关注学生的个体差异和不同的学习需求,爱护学生的好奇心,着力培养学生的自主学习能力和创新精神。我们摒弃"用一把尺子""统一标准"来衡量学生的做法,建立学生成长记录袋,鼓励学生自己跟自己比,只求进步,不唯求成功,促进个个都能进步,人人都能发展。

我们以学生为主体,向每位学生倾注人文关怀,让每位学生都尽可能地发展其特长。让教师的关爱滋润学生的心田,成为学生人生快车上的助动力,成为校园教育环境的洁净剂。

四、活动引领,创设奋发向上的精神文化

校园不应该寂静无声,而应该充满活力。如果把学生整天困在教室,被动地接受学习,势必使学生的人文素质失落,他们的德智体美得不到全面、和谐、均衡的发展,学生好似知识书橱,又怎么会有个性、灵性?因此,校园必须走向开放,让学生自主开展富有创新精神的科技实践活动、文体活动来活跃校园,焕发学生奋发向上的精神风貌。

一是营造研究学习的氛围。研究性学习是一种开放式的学习活动,它有

利于激发学生的学习热情。我校初一年级每个班、每个学科组都有一个研究性学习的课题。每天下午两节课后,学生围绕课题研究方案,开始综合实践活动。如历史学科从其他学科特点出发,拟写了《金湖县抗日斗争史研究》的课题方案等,学生通过寻找资料、社会调查、有关人员专访等亲身实践活动,获得了对社会的直接感受,写了数十篇有一定质量的调查报告。该课题组的研究成果在省中学生历史研究性学习设计大赛上获一等奖。研究性学习改变了学生的学习方式,学生动起来了,校园也活跃起来了。

二是营造文化氛围。学习建设以爱国主义教育为主旋律的校园文化,让学生在浓郁的爱国氛围中受到熏陶、感染。校园做到月月有主题,周周有活动。如五月份,主题是科技艺术节。举行了"科技与艺术"演讲会,学生能明白科技与艺术好似一枚硬币的正反两面的道理;举办了"金钥匙"科技竞赛,给学生普及了科技知识;进行了一次科技制作比赛,学生展示了创新精神和实践能力。校园内还营造"三名"文化氛围。即,学生画名画,如通过临摹徐悲鸿的名画《奔马图》,学生感悟到了马的艺术魅力;唱名歌,如唱《没有共产党就没有新中国》,学生洋溢了爱党爱国之情;读名著,如读《钢铁是怎样炼成的》,学生懂得了人生的意义。这样的活动,既改变了生硬空洞的说教模式,又寓教于乐,激发了学生发愤进取的精神,提高了学生的审美情趣。另外学校还构建墙廊载体,营造诗教氛围;构建网络载体,抢占文化阵地;构建音讯载体,陶冶学生情操等。

实践使我们深刻地认识到,在学校文化中,精神文化是核心,犹如空气,看不着、摸不到,实则弥漫在学校的方方面面,任由师生自由呼吸,对人一生的成长起着举足轻重的作用。从这个意义上看,一所学校的综合实力和核心价值,不仅仅在于学校规模和物质条件,也不仅仅体现于学生在校期间取得的分数、成绩和荣誉等暂时性、阶段性成果,更重要的是这所学校鲜明的文化特色和个性魅力,是学校师生的生存状态和质量,是学校在办学过程中所形成和积淀的文化元素对师生长期的影响。

金湖县实验初中文化构建的设想是:坚持每个学生都有潜力可以发掘的观点。在实施素质教育的过程中,更多地关注学生的可持续发展,努力寻找突破口,不断地进行探索,促进学生个性的发展。在科技、传统文化、体育、艺术等方面的素养的培养中形成办学特色。对学生进行科技教育、传统文化教育,打破传统的精英主义思想和升学取向等过于狭窄的课程定位,构建满足不同学生多样化发展需要,学业与成长同步发展的一体化的教育教学管理机制。让每一个学生都体会到成长的快乐,让每一个学生都在快乐中成长。

　　社会在进步,时代在变革,学校的文化管理正呈现出勃勃生机,我们将建立一种超越领导权威,超越制度管理的新管理模式,让学校文化管理出现新面貌,再上新台阶,努力追寻教育的本真。

张顺勇，男，生于1975年11月，江苏盱眙人。大学本科学历，中小学高级教师，现任盱眙县第三中学校长。1994年参加工作；1994年8月至2004年7月在盱眙县观音寺初级中学任教，期间担任年级主任、政教主任等职务；2004年8月至2005年8月在盱眙县管镇中学工作，任副校长；2005年至2013年在盱眙县观音寺初级中学工作，任副校长、校长；2013年8月至今担任盱眙县第三中学校长。曾先后获盱眙县"优秀教师""十佳校长""优秀共产党员""先进教育工作者"等荣誉称号。参与淮安市"十二五"教育规划课题"利用情景小品提高初中生英语口语水平的研究"，主持研究淮安市"十二五"教育规划课题"促进初中生获得成功心理体验的教学变革研究"，均已结题。

县域义务教育下初级中学的发展思考

盱眙县第三中学　张顺勇

校长在学校发展中起着至关重要的作用。一个学校校长的教育思想、办学理念、管理能力在很大程度上决定着这所学校发展的品质和速度。下面就我校管理现状及未来发展，谈谈自己的几点想法。

一、构建高效的管理团队，实现民主决策、科学管理

管理层是学校走向的火车头。管理团队的高瞻远瞩、务实高效，需要管理层的民主决策机制、决策能力，这是实现学校科学管理的前提条件。

（一）组建核心决策层、执行领导层，用好顶层设计，做到决策过程的民主化、科学化

学校核心决策层，由校长和分管德育、教学、年级、后勤的副校长组成，定期召开会议，规划学校的发展方向，做好顶层设计，讨论学校方方面面的工

作,形成决策。决策过程实行民主集中制原则,努力实现决策的科学性、集体性。校长应善于集体决策,以避免给下属留下一个人说了算、独断专行的印象。

学校的核心执行领导层主要由分管年级副校长、分管后勤副校长组成。选出执行力强的同志作为执行领导层,是学校发展的可靠保障。

(二) 用好中层管理团队

中层管理团队是落实学校各项工作的关键。学校应选拔教学业务能力强,又具有一定管理能力的同志担任中层管理工作。他们业务强,工作在一线,有号召力、说服力。建立合理的选拔机制,给精英教师实现理想的机会,可以调动一大批同志的工作热情。

(三) 建设好年级组管理团队

由于我校实行年级组负责制,教师管理、学生管理在一定程度上形成了模块,分管校长、年级分管教学主任、分管学生德育工作主任自然组成一个年级组管理团队。年级组管理团队的管理水平直接决定着一定年级的发展情况,因此组建好年级组管理团队至关重要。

(四) 理顺年级管理与学校层面管理的关系

年级组负责制,不等于各自为政,不接受学校层面的领导。一方面,学校决策是从学校整体工作出发,具有全局性,年级组工作是全局性工作的一部分,应当执行学校的各项决策;另一方面,政教处、教务处、教科室、总务处的工作,也是在落实校长办公会议的决策,它要通过年级组加以落实执行。因此,需要年级组配合。年级组与其他职能部门虽是平级关系,但有配合工作的义务,各职能部门也应配合好年级组的工作。

二、规范制度建设

学校管理需要把一些科学的做法确定下来,形成制度,用这些制度规范全体师生的行为,实现学校的规范发展。

学校管理要重点做好以下几个方面的制度建设:行政管理制度建设,党、团、学生会管理制度建设,教学管理制度建设,教科研管理与激励制度建设,教师管理制度建设,班主任管理制度建设,学生管理制度建设,后勤与财务管理制度建设,安全管理制度建设,等等。

三、重视文化建设

学校文化是一所学校在长期的教育实践过程中积淀和创造出来的,并为其成员所认识和遵循的价值观念体系、行为规范准则和物化环境风貌的一种整合和结晶,它是一所学校审美精神的重要体现。

(一)以精神文化为重点培育学校价值观

合理构建共同愿景能够唤起大家共同的期望,能够激励士气,鼓舞人心,激发斗志,产生强大的凝聚力和驱动力。

构建学校价值观,可以激发全体师生的使命感;可以激励全体师生把实现学校的发展当作责任,把实现自身发展、生命价值作为需求。老师们会普遍认为我们不是为了校长干活,校长是谁不重要,重要的是学校的发展,学生的健康成长;重要的是实现自己的人生价值。这样,学校工作就可以减少对人的关注,增加对事业的关心,对自身成长的关怀。

(二)以物质文化为基础营造学校良好的育人环境

优秀的学校文化总是通过独特的建筑、布局、标识等显性特征来体现的。在建筑方面主要通过楼、墙、厅、廊、区、栏、角等来体现文化布局的艺术化、人文化、生活化,给广大师生以熏陶。在校园绿化上要注意其生态功能、景观功能、教育功能、游憩功能,做到绿树成荫、草坪常青、四季花香。在学校标识建设上,要充分体现学校的特点,如校旗、校歌、校服、校徽。

(三)丰富学校文化活动的内容与形式

文化活动是校园文化建设中最活跃、最丰富、最多样化的部分。它既是展示办学活力和效果的重要方面,也是增强师生的实践和运用能力的重要方面;既体现着学校精神,也体现着教育品位。学校文化活动建设要突出"四条主线":一是以重大节日和社会形势为主线,开展主题教育活动,强化爱国主义、集体主义、文明礼貌及日常行为、法制教育;二是以学校科技节、艺术节、运动会为主线,开展各项文化活动,丰富学生的校园文化生活;三是以学科兴趣小组活动为主线,开展各项文化活动,陶冶学生的人文素养;四是以社会实践活动和社会公益活动为主线,提升学生的公德观念和社会责任感。

四、建立、健全学生全面发展的培养机制

学校树立了"学生的健康成长与未来发展高于一切"的教育理念,高度重

视学生的思想、学业、体质等方面的综合发展。

1. 以养成教育为切入点,以德育实践为重要载体,切实提高学生的思想素质。狠抓常规教育;着力建设有特色的班级文化;积极发挥队会、班刊、宣传窗作用;强化法制、安全和心理健康教育。

2. 以课堂教学为着眼点,以提高学生学习品质为突破口,大面积提升学生学业水平,落实我县教学质量提升三年行动方案。

3. 开展丰富多彩的社会实践活动,促进学生素质的全面提高。

五、建立、健全教师专业发展的成长机制,打造独具特色的教师专业发展之路

(一) 制定教师中长期发展规划,建立教师专业成长机制

教师的可持续发展是一个学校发展的关键,也是我国教育发展的关键。我校锐意进取,大胆改革,制定了《盱眙县第三中学教师中长期发展规划》。

总的思路是:通过制度建设,让每一位教师都有自己的发展目标,知道自己要做什么,怎样努力,促使教师在教育教学过程中实现自身的可持续发展。力争用3~5年的时间,把盱眙县第三中学打造成为盱眙县、淮安市知名学校、品牌学校、老百姓认可并向往的学校。

具体设计是:把教师发展规划为5个阶段,即合格教师、教学能手、骨干教师、学科带头人、名教师。实现1年内成为合格教师,2~4年成为教学能手,4~6年成为骨干教师,6~8年成为学科带头人,8~10年成为名教师。通过对不同发展阶段的教师分别提出各自的发展目标,实现教学、科研、特色创建水平的较大幅度的提升,步入可持续的科学发展轨道。

(二) 加强教师业务培训

国家、省、市、县对教师的培训工作是一项长期的工作,是提高教师业务水平的重要举措,我校能按照教育局人事科的要求做好教师选派与培训工作。此外,我校还十分重视校本培训工作,根据学校发展及教师发展需要,有计划有步骤地加以培训。

六、加强教学管理

(一) 进一步规范教学常规

1. 严格执行教育政策法规,认真实施新课程标准,开齐开足教学计划规

定的全部课程,严格按课表上课,不擅自更改或挤占活动型课程。

2. 保证综合实践活动和校本课程的时间和质量。

3. 做好教学质量的监督与管理工作,实行每一月一次集中检查,做实过程管理。

4. 做好评价工作。① 制定了《盱眙县第三中学教师教育教学工作考核办法》。注重学生发展过程特点的描述,重视学生发展过程的全面性评价。② 发挥检测的评价与反馈发展功能。根据新课程标准,做好形成性检测、抽查和年段过关质量调研等工作,认真进行教学质量分析,及时反馈,查漏补缺。③ 建立竞赛(比赛)制度。定期组织口算、朗读、书写、作文、英语、美术、书法、计算机等知识、技能和素质竞赛活动,促进学生全面发展。

(二)深入推进课程改革

切实转变教育理念,积极探索课堂教学的新模式、新方法,加强课堂教学有效性的研究,扎实推进课改实验工作。我校把深化课堂教学改革作为突破口,探索出了"三段六步"教学模式。这一模式能较好地体现教师主导、学生主体教学理念,倡导自主学习、合作学习、探究学习,能有效引导学生改进学习动机,激发其学习兴趣,培养学生可持续发展的能力。

七、加强教科研管理工作

(一)优化教研组

坚持"以老带新,以强带弱"的原则,合理组建教研组,选聘爱岗敬业、积极上进、业务能力强、关心教师团体成长的同志担任教研组长。

(二)强化校本教研

1. 以教研组为单位,每周一次集体备课,做到定时、定点、定人、定内容。

2. 每位教师每学期在教研组内上一节以上公开课,认真做好听课记录,并积极参加评课活动。评课时,要求听课教师人人发言,在肯定成绩的同时,重点指出存在的问题。积极参加其他教研组的听评课活动。

3. 每学期每位教师至少有一次外出学习、培训的机会,市级以上听课回来,必须在一周内上好汇报课。

4. 开展教学基本功比赛活动。

5. 完善教研组考核细则,扎实开展创"先进教研组"和"品牌学科"活动,力求使各教研组形成自身的教科研特色。

(三)加强校本培训

学校健全校本培训体系,营造学习、研究氛围,做到统一要求和按需培训相结合,集中培训、定期讲座和个体自学相结合,定期组织学习先进的教育思想、教育理论、时事政治和有关的重要文章,认真组织开展现代教学技术和各类业务培训,力求教、研、训的有机统一,不断提高教师的政治思想素质和教育理论水平。

(四)重视课题引领,吸引更多的同志参与到教科研中来

我校充分利用市、县级课题平台,一方面督促课题组成员出成果,另一方面开放课题研究活动,号召其他教师积极参与,每次公开活动,都有部分同志主动参与到课题研究之中。

(五)以校本开发为抓手,凝聚一批同志走进教科研

利用每年校本评比机会,学校组织一批有上进心的同志参与校本教材的编写,并给予奖励,提高其参与热情。近两年,我校编写了《美丽盱眙》《安全畅想曲》《盱眙十三香龙虾》等校本教材。

(六)开展特色活动,扩大教科研影响,提升教科研地位

本年度,我们开展"成功杯"作文大赛,给指导老师发奖,给学生出作文集。组织盱眙县第三中学第二届教师命题大赛,鼓励教师加强试题命制研究。

(七)完善教科研奖励机制

学校把教师的教科研能力、取得的科研成果列入专业考核内容,加大奖励力度,以激发教师科研热情,提高教师科研能力,提升学校科研层次。

戴铜，男，生于1960年5月，江苏淮阴人。本科学历，高级教师职称，江苏省特级教师，淮安市人大代表。2013年6月当选江苏省教育学会副会长。1981年1月起从事教育工作，先后任淮阴师范附小教师、教务主任；1997年9月任淮阴市第二实验小学（现淮安市外国语实验小学）副校长，主持工作；2001年8月任淮安市实验小学副校长，2002年9月兼任副书记主持学校工作；2003年7月起任校长，后又兼任党委书记；2015年12月任淮安市委教育工委委员、淮安市人民政府教育督导室副主任。从教36年来，在教育教学研究和学校管理等方面进行积极的学习实践，先后主持多项国家级、省级课题研究并取得预期成果，荣获江苏省首届教学成果二等奖，主持的江苏"十二五"教育科学规划重点资助课题"关于幸福学校建设的实践研究"入选"江苏六大人才高峰"B类资助项目，并被评为江苏省教育科学规划"精品课题"。在省级以上专业刊物上发表研究论文近50篇，出版专著1部，主编或参与编写出版了近20种校本教材、教辅用书。教育实践收录于江苏省教育厅主编的《著名特级教师教学思想录》。先后为十多个省的学校管理人员、骨干教师开设专题讲座30多场。积极倡导"幸福教育"，充分发挥"实验示范"的引领作用，实现"五区布点、幼小衔接、资源共享、特色发展"的超万人集团办学格局，为促进地域基础教育的优质均衡发展做出了积极的贡献。学校近十年荣获了"全国教育系统先进集体"等60多项省级、国家级表彰。个人先后被评为"江苏省有突出贡献的中青年专家""全国五一劳动奖章获得者""全国先进工作者"（全国劳模）等。现受聘担任江苏省人民政府教育督导委员会专家组成员、江苏师范大学硕士研究生导师、淮阴师范学院兼职教授，入选首批"江苏人民教育家培养工程"培养对象。

学校，一个让人幸福的地方

淮安市实验小学 戴 铜

一、幸福教育的实践背景

我所在的淮安市实验小学，是一所百年老校，有着丰厚的文化积淀，有着优良的办学传统，也有着鲜明的办学特色。主持学校工作14年来，我们秉承学校的文化基因，与时俱进，在继承中发展，在发展中实践，在实践中创新。

回顾学校历史，我们感谢前贤。在办学之初，被誉为"爱国教育家"的李更生先生就积极倡导"儿童本位"的教育思想，提出学校教育要培育师生"竖起脊梁担事"的责任情怀，积极投身教育教学改革，取得了显著的办学业绩。正因为历代先贤教育思想的引领，学校一直走在教育教学改革的前沿。

进入新的世纪，国家第八次课程改革拉开了序幕。为适应教育改革与发展的需要，我们思考学校教育的价值定位，从人的需求、人的发展的视角审视学校教育，从人与个体、群体、社会关系的视角，从未来社会对人才需求的高度，思考学校教育的意义所在，经过学习研讨，在2003年年初，我们明确提出了"以人为本，和谐发展"的办学理念，探索"条块结合"的管理模式，探寻教师培训的实践路径，创新集团化办学的有效策略，彰显办学特色的品牌效应，学校发展迈上了快车道。

2009年年底，我有幸成为首批"江苏人民教育家培养工程"的培养对象，系统的理论学习、高端的专家指导、丰富的实践探究，促使自己对教育的本真意义、学校的价值旨归有了更深刻的思考，结合学校文化传统及现实条件，我萌生了"幸福教育"的办学主张，在2010年6月初的常州小组活动期间，我将此想法向导师们做了汇报，得到了导师们的鼓励、肯定和指导。

接下来，我们开始学习幸福教育的相关理论，学习国内外关于幸福教育的实践经验，通过对城市与农村小学的教师、学生及家长开展关于幸福教育的问卷调查，了解了他们对幸福教育的理解与期待，开始思考幸福教育的发展规划、实践路径和实施策略等。2011年3月，我们承办了由江苏省教育科学研究院主办的，以"倡导幸福教育，建设幸福学校"为主题的"人民教育家培养对象送教总理故乡"活动,杨九俊院长的主旨报告《幸福教育的样子》,给我们实践幸福教育指明了方向,金生鈜教授的主题讲座,孙双金等多位名师、名校长的课堂示范以及管理沙龙等都给我们提供了很好的启示,更加坚定了我们对"倡导幸福教育,建设幸福学校"的理想追求,也逐渐明确了实践"幸福教育"的路径与策略。

为了使"幸福教育"的办学主张得到深入的研究与落实,我们主持申报了《关于幸福学校建设的实践研究》课题,并获批为江苏省"十二五"教育科学规划重点资助课题和我个人的专项课题。专家全程参与指导,亲自为《幸福教育》杂志撰写导航文章,多次来校现场指导,保证了"幸福教育"实践研究的有序推进。

二、幸福教育的理性表达

"幸福"是一个美丽的、极富诱惑力的词汇,它是人的生命发展的理想状态,无论是达官贵人,还是平民百姓,都会对幸福充满向往,也会为了幸福进行不懈的追求。

但是,"幸福"是什么?从古至今都没有一个准确的、公认的定义。尽管这样,却丝毫不影响我们对"幸福"的理解、认识与憧憬。

(一)幸福的内涵

人类的发展史,就是一部对幸福的追求史,世界上的每个人都在渴望幸福和追求幸福。古今中外的宗教、哲学等都在探究人类的幸福、解读幸福,寻找幸福的路径和方式。

与宗教不同,哲学对幸福的认知与研究,则要理性得多、深刻得多。在西方,梭伦是最早对幸福进行研究的,他认为幸福是人所追求的最高目的,幸福在于善始善终;苏格拉底认为幸福是由智慧和知识决定的;柏拉图认为德性和智慧是人生的真幸福;亚里士多德认为幸福是关于人的功能之最充分的发挥,"幸福是至善""幸福是心灵合乎完全德行的活动"。

在东方,我国古代的哲学家对"幸福"也有着丰富而深刻的研究。老子认为,人类应该回到"自然态"中才有幸福,只有成为"自然人",才能活得其所,活得自由,活得幸福;孔子则主张人的幸福要建立在对社会的奉献上,主张个体的价值融会于集体的价值中,要重视个人的品德,倡导仁义之道、君子之道,他正视现实生活,重视建立社会高度的精神文明和物质文明,主张建立人类共同的理想社会、幸福社会。

到了20世纪末,西方兴起的"积极心理学"得到了快速的发展,以塞利格曼为代表的心理学家对人类幸福的研究,取得了重要的成果,产生了积极的影响,他把研究的重点放在人自身的积极因素方面,主张以人固有的、实际的、潜在的具有建设性的力量、美德和善端为出发点,提倡积极思维,以乐观的态度看待人生;提倡研究人的美德、力量和积极品质,注重内心和谐,让生活更有意义。可以说,积极心理学的研究,为探究人类幸福、提高幸福认知提供了现实的理论基础。

在当代,各国的专家、学者对人类幸福的研究已进入了新的阶段。

我的导师杨九俊先生,曾经和我校教师们这样诗意地梳理和解读"幸福":第一,幸,在甲骨文中就是解除枷锁,获得自由,幸福就是精神自由加上物质享受。第二,幸,可以当动词解,是企盼、期望,幸福就是期盼、追求幸福的过程。第三,幸福就是"心情舒畅的境遇与生活"。第四,常人感受的幸福,就是称心如意。第五,总体来看,幸福是人生的重大快乐,往往体现主观性与客观性的统一,物质性与精神性的统一,个体性与社会性的统一,过程性与终极目的性的统一。

由此看来,尽管对"幸福"的理解与表达不尽相同,但共同的特点是,第一,所谓"幸福",就是一种简单的概念,是人的自我的主观感受、快乐的心理体验,是人认识到自己的需要得到满足、自己的理想得以实现而产生的一种理想的情绪状态,它是人类生活追求的终极目标。第二,所谓"幸福",它具有复杂的内涵,是一种客观的状态。对同一种需求的满足程度,或者对同一种客观的状态,对不同的人,或相同的人处在不同的时空,其感受和体验是不一样的,因而其"幸福"的程度也是各不相同的。

(二)幸福与教育

教育是培养新生一代准备从事社会活动的整个过程,也是人类社会生产经验得以继承发扬的关键环节。

实践证明,教育与人的幸福有着密切的关系。教育让人区别于动物,也让人区别于人。因为人的差异主要是来源于教育,差异的程度既与教育的多少有关,更为重要的是与接受教育的质量有关。

由此可见,教育是发展人、实现人、提高人的生活能力,让人享受现代文明幸福的活动。

（三）幸福教育的初步认识

苏霍姆林斯基说："理想的教育是培养真正的人，让每一个从自己手里培养出来的人都能幸福地度过一生，这就是教育应该追求的恒久性、终极性价值。"由此可见，真正的教育是孕育幸福的教育。教育的对象是人，教育的目的就是培养人的幸福情感和幸福能力；也就是说，教育的目的或者结果是为了人的幸福，教育的过程就是人体验幸福的过程，实施这种价值取向的教育行为就是幸福教育。

我们认为，所谓"幸福教育"，就是把人的终生幸福作为发展目标，学生在丰富多元的校园生活中，兴趣得到激发，习惯得到培养，能力得到提升，个性得以张扬，每个人能享受到学习的快乐和成功的体验，获得鲜活的、真实的生命成长；教师在富有创造性的工作实践中，能体面而有尊严地学习、生活和工作，实现自身职业的价值与意义，享受教师职业的尊严与幸福，同时，学校教育的"幸福源"能辐射到家庭，弥漫到社区，促进社会的和谐与幸福。

（四）幸福教育的基本特征

幸福教育的重要特征之一，主要表现为教育的主体幸福和客体幸福之间的内在统一。就学校教育而言，幸福教育是教师幸福与学生幸福的内在统一，这两者之间是紧密联系的，是相互促进的。教师是学生幸福的创造者，教师的幸福影响并决定学生的幸福。同时，学生的幸福也反作用于教师，学生幸福是教师幸福的重要源泉。

（五）幸福教育的本质内涵

我们认为，对幸福教育的理解与认识，不能仅仅停留在感性的、表象的层面，幸福教育有着丰富而深刻的内涵。

第一，幸福教育作为一种教育理念，把"促进人的幸福"作为核心的价值所在，在科学规范的教育实践中，突出人的主体地位，尊重人的生命价值，激发人的发展潜能，发展人的个性品质，成就人的终身幸福。

第二，幸福教育作为一种教育目标，把"做幸福的人"作为教育的终极追求，在丰富多彩的教育实践中，培育和提升师生拥有幸福人生而需要的幸福观念、幸福品质、幸福能力。

第三，幸福教育作为一种教育实践，把"做幸福的教育"作为学校最重要的行为方式，通过管理实践、师资建设、教学研究、班队活动开展等，达成预期的教育愿景。

第四，幸福教育作为一种教育生活，把"幸福地做教育"作为学校生活的应然状态，坚持"人本科学、开放创新"的学校管理，促进"全员全面、自主个性"的师生发展，提升"普惠公平、优质独特"的教育品质，实现"健康快乐、成功幸福"的教育理想。

把握了以上核心内涵，就可以更好地学习和实践幸福教育了。

（六）幸福教育的发展愿景

我们实践幸福教育，就是要努力追求和实现教育对人生幸福的积极意义。实践幸福教育的理想是什么？我们认为，从学校层面来说，就是要"办幸福教育，建幸福学校，当幸福教师，育幸福学生"。

第一，学校成为精神的家园。把"做幸福的人"作为学校文化的底色与基调，在学习实践中，形成"高度认同的价值取向"；在管理实践中，创造"身心愉悦的成长环境"；在工作实践中，提供"动态发展的制度保障"；在教育实践中，打造"自觉规范的行为文化"；在生活实践中，萌发"追求卓越的积极心态"。在幸福校园里，"每件事都是教育独特的风景，每个人都是发展得最好的自己"。学校真正成为师生心灵向往的学园、流连忘返的乐园、终生难忘的家园。

第二，教师成为幸福的使者。教师是学校教育最重要的资源，也是影响和决定教育品质最核心的要素，实践幸福教育，让教师成为幸福的使者，有两层含义。首先，教师是个幸福的人，能够体面而有尊严地学习、工作和生活，体现自我的价值与人生的意义；其次，教师还是"促进人幸福"的人，教师是人生幸福的理解者、发现者、创造者和传播者，通过教育，教师把自己科学的幸福观念、优良的幸福品质和较强的幸福能力，传递和移植到学生身上，成为其内在的品质，为学生的人生幸福奠定基础。

第三，学生成为最好的自己。实践幸福教育，我们立足于、服务于学生的成长与发展，不仅要给学生一个幸福的童年，更要为学生未来的人生幸福打好基础。让每个学生都能参与"健康快乐的学习"，拥有"自由自在的成长"，实现"富有个性的发展"，享受"充满幸福的生活"，都能成为"最好的自己"。

第四，教育成为人类的福源。幸福需要教育，教育成就幸福。人类对幸福的追求，在很大程度上依赖于教育，人的幸福所需要的幸福观念、幸福品质和幸福能力的形成与发展，必须要以优质的教育作为依托，通过教育来实现幸福的理想，通过教育来提升幸福的指数。可以说，幸福是教育价值的本义，教育是人类幸福的源泉。

（七）幸福教育的实施路径

第一，形成正确的观念。幸福观念是人们追求幸福的途径、看法和标准，是个体人生观和世界观在对待幸福方面的表现。正确的幸福观使人学会正确处理幸福与痛苦的关系、个人幸福与集体幸福的关系、当前幸福和未来幸福的关系、创造幸福和享受幸福的关系。人只有了解了什么是真正的幸福，才会有幸福感。

第二，培养高尚的道德。真正的幸福是与真、善、美等价值追求相联系的，是与高尚道德相联系的。具有良好道德素养的人，他对幸福的感受能力是比较高的，幸福感是比较强的，能从内心体验到人生的价值和意义，体验到愉快、满足和幸福。

第三，营造愉悦的环境。人都是生活在特定的环境里的，并在其中产生各自的社会体验。我们要选择适合教师和学生的教育，要关注每一位师生，服务每一位师生，为他们的个体成长创设良好的氛围，满足他们合理的心理需求，帮助他们快乐工作、快乐学习，提高师生的主观幸福感受。

第四，发展健康的心理。幸福是一种心理体验，与个体心理品质和心理状态紧密相关。健康的人格、乐观积极的生活态度是获得幸福的核心要素。引导师生适当制定并适时调整自我期望水平，建立良好的人际关系，引导个体对自我生命的认同、肯定、珍爱，从而拥有快乐、获得幸福。

第五，提升幸福的能力。幸福教育的最终目的，是为了更好地生存和发展，在回归人性的过程中实现幸福。人的能力素养是知、情、行的统一。一个人能否获得理想的幸福，取决于他幸福能力的高低。幸福能力包括发现幸福、体验幸福和创造幸福的能力。

三、幸福教育的实践建构

（一）理念引领，让幸福教育成为事业的追求

教育理念是学校文化的灵魂，也是学校发展的航标，既决定着学校办学的方向，也指导学校管理的实践，影响师生的成长发展。我们把"坚持人本管理，促进和谐发展，追求幸福教育"作为办学的指导思想，作为学校管理的实践哲学，通过学习引导、理解内化，使之成为全校师生广泛认同的价值追求，成为学校教育实践的工作方式。

第一,"人本"成为学校管理的思想策略。坚持"以人为本"的思想,就要准确把握"人本管理"的核心内涵。我认为,可以从三个方面理解"人本":一要突出人的主体地位,把人作为学校教育的核心,调动人的主动性、积极性和创造性;二要开发人的内在潜能,通过人的创造性工作来提高管理效能;三要尊重人的生命价值,发展人的个性,谋求人自由、全面、和谐的发展。在这个过程中,"人本"既是学校教育的指导思想,也是教育实施的策略和方法。

第二,"和谐"成为学校生活的理想目标。"和谐"思想是中国传统文化的核心理念,也是人类生活的价值追求。对于学校教育来说,"和谐发展"是在一个符合人性规律和教育规律的生态系统中,学校群体中成员个体的、群体的、成员之间的、学校组织与社会的一种相互协调的发展状态。我认为,"和谐发展"的内涵,一是理想的目标,学校工作的出发点和归宿就是为了"人"的自主个性和可持续发展;二是适切的环境,在诚信友爱、和睦相处、合作共赢、充满活力的人际环境中,所有的人都能发挥出最大的潜能,得到应有的尊重、发展;三是理想的状态,实现学校的人、物、事、景、情的高度和谐,在师生得到自主、全面、协调、个性发展的同时,引领社会的进步、文明、和谐。

第三,"幸福"成为学校教育的永恒追求。学校教育要以人的终生幸福为发展目标,在实践活动中创造、生成丰富的幸福资源,培养出更多能发现幸福、体验幸福、分享幸福、创造幸福的人。我认为,追求幸福教育,一是要通过学校的文化引领和教育实践,以尊重人、理解人、服务人、发展人、成就人为出发点和归宿;二是通过教师"幸福地教",促进学生"幸福地学",培育学生拥有幸福人生而需要的幸福观、幸福品质和获得幸福的能力,并在教书育人的实践中,实现自我价值,享受事业幸福;三是将教育的"幸福源"辐射到家庭,弥漫到社区,促进社会的和谐与幸福。

(二)学生立场,让每个学生都拥有成长的快乐

乌申斯基说过:"教育的主要目的在于使学生获得幸福。"我们要树立正确的教育观和学生观,把学生发展的过程理解为一种生命成长的过程,把学校教育理解为学生幸福成人、成才的"可能性"开发和实现的过程,把学生的现实生活理解为享受成长快乐的过程。

学校、教师要坚守学生立场,一切以学生的需求和发展为本,尊重教育教学规律、尊重学生身心发展规律,努力为学生提供适宜的成长环境和优质的教育服务,让每个学生都能主动和谐地发展,快乐幸福地成长。教师,要做学

生生命成长的"贵人"。

第一,面向全体,让学生享受"师爱"。"没有爱就没有教育。"热爱学生是教育、发展学生的基础和前提。教师的爱对学生的成长和发展具有重要的意义,在师爱的滋润下,学生不仅乐学,而且个性会得到良好的发展,形成积极向上的精神品质,在学习和成长过程中获得快乐和幸福。

面向全体学生,公平对待每一个学生,这是师爱的起点。我们实施"全纳教育",每一个学生都很重要。相信每个学生的内心世界都有着强烈的自我发展意识,每个学生都具有发展的潜能,都应该获得发展,都能够得到发展。特别是那些特殊的学生,更应该得到老师和同伴的理解、尊重和关爱。

就像"世界上没有两片相同的叶子"一样,"每个学生都是独一无二的"。我们实施"差异教育",天真的孩童只有发展的先后之分,绝无好坏之别,要承认差异、理解差异、尊重差异、服务差异。教育是"马拉松"而不是"百米冲刺",教育是"慢"的艺术,我们要善于"静待花开",要营造良好的人文环境、心理环境,实施个性化教育,为不同的学生创造不同的发展机会,让每一个学生都能体验到学习的乐趣,享受到成功的快乐。

教育是人类的福源,教师是良心的职业,我们坚守"保底教育"——多关注班级后15%学生的发展状态,引导教师强化班级"潜能生"的学习指导,根据学生的不同情况实施富有针对性和实效性的辅导,促进每一个学生在原有的基础上有发展、有提高。

第二,关注身心,让学生拥有"健康"。世界卫生组织对"健康"给出的定义——"健康不仅仅是没有疾病,而是在身体上、心理上和社会上的完好状态。健康是人发育、学习、生活、工作的基础,也是每个人执着追求的理想。"

小学阶段是人的身体发育、心智成长的关键阶段,学校要把学生的健康放在第一位。一是加强卫生教育,努力优化学生的成长环境,培养学生良好的、健康的生活与学习习惯,加强常见病、传染病的宣传与防治;二是加强体育教育,提高学生的身体素质,通过体育文化节等系列活动,丰富学生的体育文化,磨炼学生的意志品质,培养学生的体育精神;三是加强心理教育,根据学生的年龄特点有针对性地开展心理辅导工作,培养学生拥有博爱、宽容、感恩、自信、向上、快乐、奉献等积极的情感,激发他们对真善美的追求,帮助他们形成健全的人格;四是加强安全教育,在日常的学习与实践活动中,培养学生珍爱生命的观念,通过班队活动、社会实践活动、消防安全和地震灾害演练等,帮助学生掌握安全知识、了解安全规则,提高自我防护、自我救助的意识和能力。

第三,搭建平台,让学生体验"成功"。学生成长是知、情、意、行的统一,是一个不断变化的动态过程,我们主张教育的"大质量观"——学生的"成长"高于"成绩",学生的"素养"重于"分数",关注学生生命成长需求,重视学生行为习惯、合作意识、创新精神、实践能力的培养。

课程是教育最重要的载体,学生成长所必需的知识与技能、过程与方法、情感态度和价值观等,都是在实施课程教育的过程中习得和养成的。要凸显课程育人功能,科学有序地落实课程规划,实现国家课程校本化,地方课程特色化,校本课程个性化,让学生在幸福课程的浸润下,快乐学习,幸福成长。

课堂是学生学习成长最主要的时空所在,课堂的质量决定教育的品质。幸福的课堂是师生体验幸福成长的一个重要路径,要努力打造"四生教育":"生本教育、生态教育、生活教育、生长教育"。打造幸福课堂,让课堂真正拥有"儿童味、学科味、生活味、文化味、成长味",让学生在"五味调和"的课堂享受学习和获得成长。

我们从学生心理特点和知识经验出发,寓教育于活动之中,在落实学科课程的基础上,以每年一度的校园艺术节、科技节、读书节、体育文化节、数学文化节、英语节等专题节庆教育活动为平台,以丰富多彩的社团活动为载体,让学生在参与的过程中体验、感悟先进的价值观念、道德准则、行为规范,理解和掌握知识技能、方法经验,培养和锻炼意志品质、实践能力,享受成长的快乐和幸福。

实践中,我们充分发挥评价激励功能,通过积极有效的多元评价,让每个学生都能积极参与充满生命活力的学习过程,及时了解和正确面对自己的学习、发展状况,激发自己持久而强烈的求知欲望和创造热情,并逐步内化为生命个体的一种稳定的学习品质,为其后继学习提供内在的动力支持。

教师做"有心人",关注学生的学习状态,发现和培育他们的"闪光之处",为学生"量身定做"激励性评价项目,辅之有效的"个性化"辅导,让每个学生都能从自己的"强项"中找到自信、感受成功、体验幸福。

我们体会到为学习有进步、发展有特长的孩子发奖状,很有意义和价值。这是学校教师的一种信念和追求,这是"生本"的落脚点,多了一个进步奖,就多了一批快乐的孩子;多了一类特长奖,就多了一批幸福的孩子。

第四,发展个性,让学生成为"自己"。学生是学习成长的主人,也是自我教育的主体。在教育活动中,我们注重发挥学生自我管理、自我教育的作用。尊重学生,信任学生,积极引导和激励学生,为他们留下充裕的自主时间,留下广阔的活动空间,提供自主观察、实验、探究、讨论、辨析的机会,让学生在充分自主的教育活动过程中,亲历探究过程,增长才干,获得真切的成功喜悦和幸福体验,为其后继学习提供强烈的自信、浓厚的兴趣和生长的基础,让学生真正成为自我成长的主人。

我们要善于发现学生的"与众不同",尊重学生的兴趣爱好,营造和谐的学习氛围,提供特色的学习内容,给予有效的活动指导,服务学生的个性需求,实现学生个性成长。让学生学习的内容丰富多彩,活动的方式灵活多样,特长的发展各得其所。力求学校教育的"产品"既符合规定的"共性要求",又体现"这一个"独特的个性色彩,激励学生努力成为"最优秀的自己"。

(三)师本管理,让每位教师都享受职业的幸福

教育是为实现"人的幸福"的社会活动,教书育人既是我们的责任和义务,也是我们职业生命的价值所在,还是我们职业生活的幸福所依。教师职业幸福指数的高低,决定了教书育人的效果和品质,也影响自己生命的质量和品位。教师的最高境界是把教育当作幸福的活动,教师的幸福应该是物质与精神、个体与团队、家庭与社会幸福的高度统一。

在管理实践中,我们树立正确的教师观,坚持以师为本,充分地信任教师、尊重教师、激励教师、成就教师,让教师焕发蓬勃的生命活力与工作热情,获得职业赋予的尊严与幸福。

第一,专业成长,奠定教师职业幸福的基础。教师是学校教育最重要的资源,高尚的职业道德、深厚的文化素养、科学的知识结构、丰富的教育智慧、精湛的教学艺术,既是现代高素质教师的必备条件,也是成就教师职业幸福的基础条件。

我们从"追求自我发展"的最高需求入手,引导教师将个人的职业价值取向与学校的发展目标有机地结合起来,鼓励教师成为自己职业发展的设计者、实践者,关注全体教师的专业发展,开展有针对性、实效性的校本培训。

我们做实"师表工程",做好"青蓝工程",做优"名师工程",让教师在读书学习中不断丰富自身的内涵与底蕴,在培训实践中寻找个性发展的空间和路径,在发展评价中有效体验工作的成功与幸福。让"校本培训"成为学校工

作的"家常饭",促进教师专业成长的"自助餐",成为教师"最好的福利"。

第二,真诚关心,丰富教师职业幸福的体验。从角色定位看,教师既是教育服务学生的主体,又是学校管理服务的客体,学校应该成为教师职业生命的可靠依托,成为教师职业幸福的精神家园。学校要营造优美舒适的工作环境,建设高度认可的制度环境,创设愉悦和谐的心理环境,努力让教师的精神生活不断得到丰富、心理需求不断得到满足、个体价值不断得到体现。

我们要重视培养教师的主体精神,注重激发他们的自主意识,把每个教师都视为"要发展、可发展、能发展"的"最重要"的人。关心他们的工作、生活,努力为教师办实事、做好事。让教师真切感受到集体的力量和"家"的温馨,促进教师的归属感、成就感、幸福感的提升。

第三,理解、尊重、激发教师职业幸福的情感。教师是从事创造性工作的特殊职业,他们渴望得到领导和同事的认可与尊重。管理中要多从教师的视角考虑问题,理解教师,依靠教师,信任他们的能力、水平,尊重他们的人格、劳动,激励他们的进取、成功。强化民主管理,坚持科学决策,充分发挥教代会的作用,做到规章制度大家制定,工作规范大家研讨,重大事项大家审议,管理工作大家测评,研究项目大家参与,办学成果大家分享。

实践证明,教师需要理解、信任与尊重,教师需要交流、指导与帮助。学校管理是一门艺术,管理需要以人为本,管理需要人文关怀,管理需要通过以被管理者乐于接受的方式来达到促进提高的目的。

第四,通过评价激励,增强教师职业幸福的感受。考核评价是学校管理的常规手段,也是学校工作的"指挥棒",同时还是一把"双刃剑",学校要重视和研究评价工作,建立健全评价机制。鼓励和引导教职员工积极参与评价过程管理,要充分发挥评价内在的导向性、激励性、发展性功能。

实践中,我们坚持执行制度与人文关怀相结合,一般要求与特殊情况相结合,个人评价与团队考核相结合,常规项目与创新举措相结合,定性评价与定量考核相结合,关注结果与重视过程相结合。

我们实施评价主体、方式、内容、标准的多元性,考评标准要求公开,考评方法过程公开,考评结果奖惩公开,提高考核评价的信度、效度。通过考核评价,努力弘扬教师爱岗敬业、爱生乐教、积极进取、追求卓越的职业精神。

实践证明,"多一把评价的尺子,就多一批优秀的教师"。

第五,彰显个性,成就教师职业幸福的追求。教师不仅是一份谋生的职业,更是一份实现自我人生价值的事业。教师不仅具有良好的学科专业素养,能胜任教学工作,还要有一定的兴趣爱好、特长绝活。我们鼓励教师将自己的个性发展和专业成长相结合,关注教师的发展需求,尊重教师的兴趣爱好,发展教师的专业特长,为教师的个性发展提供学习机会,搭建展示的平台,利用他们的特长优势,为学校的特色发展和学生的兴趣培养服务,也让他们在自己的"强项"中展示风采,在自我的个性发展中体验职业的幸福。

(四)责任担当,让优质辐射促进教育的均衡

实现教育公平、促进教育均衡是国家教育改革与发展的重大课题。基础教育的地域差异、城乡差异、校际差异客观存在,优质资源不能满足社会的迫切需求。作为当地相对优质的学校,我们拥有比较优秀的教师团队和相对成熟的管理经验,主动关注并积极参与推进区域基础教育均衡发展。

第一,自加压力,努力放大优质资源。教育是事业,也是服务。我们努力挖掘、培植优质资源,以强化内涵建设为抓手,加强自身发展,按照市教育局的要求,实施集团化办学,为尽可能多的孩子提供相对优质的基础教育服务。现在,学校已经形成"五区布点,幼小联动,资源共享,特色发展"超大规模的格局,小学5个校区228个班级近11 000余名学生,幼儿园6个园区131个班级3 250余个小朋友,教师员工1 000余个小朋友,努力实践"办好一所学校,造福一方百姓,成就一方孩子,促进一方文明"的教育理想。

第二,主动担当,努力发挥引领作用。教育是责任,也是担当。我们充分利用自身优势,积极承办省、市级教育教学研讨活动,主办教育教学现场观摩活动,为本地区小学和幼儿园的同行提供学习交流的舞台,安排骨干教师到农村开展教学研讨和主题沙龙,选派优秀教师到农村支教锻炼。同时,还组建"学校发展共同体",接纳县区的9所农村小学加盟,通过安排骨干教师乡村支教,有计划地开展学校管理、教学研究等活动,实现"联盟共谋,优势互补,打造特色,共同提升"的目标,推动成员学校和谐发展、特色发展。

第三,注重交流,努力实现合作共赢。教育是情怀,也是分享。我们利用丰富的外部资源,扩大对外交流与合作。先后接待近20个省份的名校长和骨干教师来校考察、交流或挂职锻炼,安排多批教师到苏南名校挂职锻炼,组织管理人员到省内外兄弟学校交流研讨,牵头组建"幸福教育学校联盟",和不同地区、不同办学特色的同行们分享教学经验,研讨教育问题,交流办学特色,促进相互提高。

第四,开放办学,努力促进国际交流。为开拓教育的国际视野,我们主动参与国际教育的合作和交流,先后和多个发达国家的同类学校建立了友好关系,接待了多个国家的校长、教师的来访,并安排70多名管理人员和骨干教师到国外学习培训,组织学生暑期境外修学,让他们了解世界教育的发展趋势,学习国际教育的前沿理念,批判吸收发达国家基础教育的研究成果和办学经验。他山之石为我所用,实现了合作共赢。

(五) 引领辐射,让学校教育成为人类幸福的源泉

学校教育既是"大教育体系"的一个重要分支,也是整个教育形态中最重要、最主要的实践方式。我们倡导幸福教育,立足于大教育观,强化学校教育对家庭教育、社会教育的主导作用,将学校教育的"幸福元素"辐射到家庭,弥漫到社区,浸润到职后,影响到未来。

第一,幸福教育走进家庭。家庭是学生最早接受启蒙教育的场所,家庭教育的状态直接关乎学生成长的质量,直接影响学生发展的品质。我们充分发挥"专业引领"作用,通过家长学校、家长委员会、主题论坛、家校互访、班级网站、校园开放日等活动,积极主动参与指导家庭教育活动,将学校的教育过程延伸到家庭,教育理念渗透到家庭,教育方法指导到家庭,教育成效影响到家庭,实现家校教育协调统一,形成合力,为学生的健康成长和幸福生活提供充分可能。

第二,幸福教育走进社区。社区蕴藏着丰富的教育资源,对学校教育、家庭教育产生重要的影响。我们要善于发现、培植、开发和利用社区独特的教育资源,有效补充学校和家庭教育,为师生的发展和成长服务。同时,学校教育也要发挥自身的专业功能,积极参与社区教育,做到教育活动依托社区,教育实践服务社区,教育价值影响社区,教育文化辐射社区,促进社会的文明和幸福。

第三,幸福教育走向职后。作为特殊岗位的专业人员,教师退休后,仍对教育、对学校、对学生具有特殊的眷恋,他们生活幸福指数的高低,不仅关乎自己,还影响到家庭和社区,还会对学校在岗教师产生相应的"心理暗示"。我们要关注老教师的非职业生活,鼓励老有所学;重视老教师的余热发挥,实践老有所用;丰富老教师的社会生活,体现老有所乐;关怀老教师的终身幸福,实现老有所依,让老教师尽情享受"后职业幸福"。

第四,幸福教育走向未来。教育是一个国家最重要、最基础的社会事业,教育既成就当下,更指向未来。实践幸福教育,我们不仅要关注现实,满足学生教育的现实需求,努力让学生拥有一个幸福的童年,还要对学生的未来负责,从培养合格"接班人"和"建设者"的高度,以成就优秀的"未来世界公民"的担当,重视学生身心素质的培养提升,重视学生创新意识、实践能力的培养与提升,重视学生幸福观念、幸福品质和幸福能力的培养与提升,为实现"国家富强、民族振兴、人民幸福"的中国梦奠定基础。

四、幸福教育的成果影响

五年的学习实践,进一步丰富了我对教育本义的理解,深化了我对幸福教育的认识,促进了我对管理实践的思考。

(一) 促进了个人教育素养的提升

在导师们的悉心指导和热情鼓励下,我的教育理论基础和人文素养得到了进一步提升,教育学术视野和实践路径得到了进一步拓展,教育理解能力和实践创新水平得到了进一步发展,初步形成了自己的教育主张及管理思想,并创建了个性鲜明的学校文化及教育品牌,成了具有独特教育思想和实践经验的、在一定区域内比较有影响的学校管理者。五年来,我在《人民教育》《中国教育报》《基础教育参考》《江苏教育》等省级、国家级教育媒体上发表论文 30 篇;为安徽、河南、山东、广东、天津、新疆、云南、贵州、甘肃及省内的学校管理者做专题讲座 34 场;出版编著 7 本、专著 1 本;先后受邀参加省教育厅、教育部的专家座谈会,经省教育厅推荐受聘为云南省荣誉校长;受聘为省教育督导团专家组成员、淮阴师院兼职教授、江苏师大硕士研究生指导教师;主编的《爱我淮安》获得了省校本教材评比一等奖,经市教育局推荐在全市推广使用,并受市领导委托将其改编成"市民读本"。课题研究获得省首届教学成果二等奖,被省政府评为"有突出贡献的中青年专家",被评为"全国先进工作者",受到党中央、国务院联合表彰。申报的研究课题作为全省唯一小学入选江苏省"六大人才高峰"资助项目,2013 年 6 月当选江苏省教育学会副会长。

(二) 促进了团队专业能力的提升

在幸福教育的实践研究中,我们充分利用丰富的专家资源,借助外力,为教师团队提供了专业的指导与帮助,有效地促进了教师的专业发展与精神成长。五年来,学校教师主持申报了 50 余项省级、市级研究课题,在省级以上教育媒体发表论文 300 多篇,因连续多年在省"教海探航""师陶杯"征文竞赛中名列全省学校最前列而被誉为"淮安实小现象",有 180 多人次在省、市级教学评比中获奖,有 40 多人被评为市级学科带头人,2010 年至 2014 年有 6 人被评为江苏省特级教师,教师团队的社会形象进一步提升,综合实力进一步增强。

(三)促进了学校发展内涵的提升

幸福教育办学主张的实践研究,为学校的内涵发展提供了良好的机遇和平台。我们多次邀请专家、导师来校把脉指导,学校的发展规划得到科学论证,教师团队得到整体提升,校园环境得到改进优化,学校文化得到系统完善,办学思想得到规范实践,教育特色得到有效彰显。在这个过程中,学校发展以办学思想为引领,教师成长以专业标准为引领,教育管理以文化制度为引领,教学质量以特色品牌为引领,促进了学校内涵发展不断迈上新的台阶,也为学校的科学发展、可持续发展奠定了坚实的基础。

(四)促进了幸福教育影响力的提升

在导师、专家的专业指导下,幸福教育的实践研究得到了有序地进行,并取得了初步的成果。在市教育局的关心支持下,学校专门成立"幸福教育研究中心",专门负责幸福教育实践研究的规划和实践,我们编印了具有省级准印证的《幸福教育》杂志,作为幸福教育理论学习和实践研究的载体,《关于幸福教育学校建设的实践研究》课题,以"确立幸福理念,建设幸福团队,打造幸福课堂,创建幸福班队"为抓手,以务实高效的学习活动为实践平台,扎实推进课题研究。我们还倡导成立"淮安市幸福教育研究会",倡导组织全市小学特级教师开展"幸福教育乡村行"名师志愿者行动,承办第一、第二届"江苏省幸福教育论坛",牵头成立了有 13 个省份 34 所小学参加的"幸福教育学校联盟",共同开展幸福教育的理论学习与实践研究,联合中国教育报刊社·人民教育家研究院等单位,成立了有 20 个省份近 80 所学校参与的"全国幸福学校共同体",把幸福教育的实践研究推上了更高的平台,同时,还应中国教育报刊社·人民教育家研究院之邀,参与"幸福教育西部行"教育公益行动,组织特级教师赴甘肃、云南等地,为西部的教育管理者和教师带去科学的教育理念、先进的教学经验,得到主办方和受益方的高度评价和热诚欢迎,幸福教育的影响力得到了进一步的提升。

幸福教育,我们已经在路上,我们将继续努力前行。

唐玉辉，男，生于1966年11月，江苏灌南人，现任淮阴师范学院第一附属小学校长、党委书记，中学高级教师。1986年8月参加工作，历任淮阴师范附属小学教师，校办主任等；2001年8月任淮安市实验小学副校长；2006年8月任淮阴师范学院第一附属小学副校长；2011年2月在淮安市教育局基教处工作；2013年7月任淮阴师范学院第一附属小学校长，党委副书记；2016年1月兼任淮阴师范学院第一附属小学书记。30年来，勤于思考，勇于实践，两次获得全国优课一等奖，有近40篇文章在省级以上刊物发表，《基于学生的语文教学实践与思考》入选江苏省教育厅主编的《著名特级教师教学思想录》。负责研究的教育部课题"基于学生视界的教学行为改进研究"成果获江苏省首届基础教育成果二等奖。多次为省市级小学语文骨干教师培训班、校长培训班开设讲座；担任省市级论文评审、优课大赛评委。先后被评为淮安市骨干教师、学科带头人，淮安市"十百千"工程第二层次人才培养对象，江苏省特级教师并获得淮安市"五一劳动奖章"。担任淮安市小学语文专业委员会理事长，被淮阴师范学院聘为兼职教授、江苏师范大学教育硕士研究生导师。

行走在求真路上

淮阴师范学院第一附属小学　唐玉辉

真理若是多穿了衣服，它反而变得俗不可耐了。

——泰戈尔《春之循环》

"千教万教教人求真，千学万学学做真人"，著名教育家陶行知先生的这句话是对我校办学理念的最好诠释。不同的历史时期，不断变化的社会环境和社会需求，促使我们不断地思考：我们为什么要办学？教育到底是为了什么？我们要办一所怎样的学校？孩子们需要怎样的教育和学校？我们的学校是理想中的学校吗？我们的学校和孩子心目中的学校还有多少差距？近六十年来，一附小人在这条求真的办学道路上且思且行，探索实践，走出了一条属于自己的办学道路。

一、求真的内涵追寻：让教育回到原点

"真"的内涵。《新华字典》中解释：本性、本原。"真"是真实存在着的客观物质及其运动，是不依人的意识和意志为转移的外部现实世界。"真"也不单指外部现实世界的本质规律，应指由本质与现象、规律和结构、形式统一组成的客观物质世界。求真就是探求事物的本原，追寻事物的客观规律。与"求实""求是"意思相近。

真、善、美是人生的追求。弄清真的内涵，还必须对真、善、美之间的关系有个清晰的界定。西方代表性的理解是根据康德哲学做出的判断：即科学所追求的是"真"，宗教和哲学所追求的是"善"，而艺术和文学所追求的是"美"。而中国传统关于真、善、美的论述，主要受儒家思想影响，大多是从道德角度阐述的。真，即"道中之道"，指客观存在的事物与真理；善，"原人之初"，即"人之初，性本善"；美，即见真行善，也主要指德行高尚。在真、善、美的关系中，真是基础，是本原。没有真，便没有善，更不会有美，强调内容与形式的统一。求真并不排斥求善、求美。

在我们看来，真既指世界的本原，更指相应的科学知识，也包含事物的客观规律，是一切认识活动的基础。因此，对于学校教育来说，求真就是尊重教育规律，特别是人的成长规律，发挥受教育者的主体地位和个性特点，关注社会发展、时代变革等诸多外在客体因素，实施全面而有个性的教育，为人的发展打下坚实的基础。这才是教育的本质。但是，现实中，学校教育受到许多外在因素的影响，偏离教育本质的现象时有发生。"让教育回到原点"成了许多有识之士的共识。回到教育原点就是落实教育的本质，追寻教育的本真，真正担负起立德树人的使命。为此，我们构建了学校的"求真"文化，确立了"以人为本、明理健行"的校风，努力通过学校的整体性、实践性变革，不断探索教育教学的规律和人的成长规律，通过有效管理、课程设置、教育教学、课程评价等手段，促进学校的健康发展，促进教师、学生的主动成长，实现"求真知、做真师、育真人"的办学理想。

一是求真知。学校教育的另一使命就是教人求知。不同的历史时期，对

求知有不同的理解。当今社会知识爆炸,如何让学生在有限的时间内获得有效的知识,是每一位教育工作者必须思考的问题。从培养学生素质的角度来说,要注重知识的传授,更要注重能力的培养;从知识的角度来说,要重视陈述性知识,更要重视程序性知识的习得;从课程目标来看,还要重视学生情感、态度、价值观的养成教育。一句话,求真知应当教给学生终身有用的东西。把学生发展权真正还给学生,让学生成为学习的主人、课堂的主人、生活的主人,让孩子们在学校过一种有意义的学习生活。现阶段,我们在课堂教学中,除了基本的学习方法和常规训练外,更要注重对学生解决问题的能力与策略的培养,注重自主学习与合作学习方式的训练,注重资源的开发、利用与整合,培养学生热爱求知的内心情感。在我校,经过多年的努力,语文教学特别注重阅读与写作,数学教学特别重视思维训练,英语教学关注语言表达,音、体、美等综合学科则更倾向于校本特色的打造。

二是做真师。梁漱溟说:"教育应当着眼一个人的全部生活,而领着他走人生的大路,于身体的活泼,心理的朴实为至要。"全面认识学生是促进学生发展的前提:学生是发展的人,是独特的人,是独立的人,是生活中的人。在课程设置上,我们做到点面结合,做到统一性与多样性的统一,在现实情况下给予学生适度的选择课程的机会,以满足学生个性化的学习需要。具体到学科教学,在传统的深入钻研教材的基础上,更加强调分析学生,分析学生对于这一内容的学习需求、潜在基础、提升点、能力点以及后续学习的铺垫等,让差异成为资源,使每一课有一个清晰而又可落实的教学目标。因此,我校教学设计一改过去的注重教学过程设计为注重学情分析,对学生发展状况的分析则更为细致,对哪一类学生有多少人,这一课中将有哪些提升等主要情况都有细致的分析,而教学过程设计则相对简约,为课堂实施与课堂生成留下了足够的空间。

三是育真人。过去很长一段时间,我们一方面以应试教育为主要特征,过分注重学科教学,把考试分数作为唯一追求,忽视了学生道德品德的养成教育;一方面片面理解学校德育,把德育工作理解成思想政治教育,采取空洞说教,脱离了生活实际和学生需要,德育工作失去了针对性、实效性。我们在新课程理论的指导下,确立了课程的核心地位,国家课程开足开齐,校本课程讲究特色;国家课程求质量,校本课程展个性。我们结合小学生年龄特点和成长规律,变革了学校德育工作的目标、内容和形式,变德育工作为学生工作和活动课程,把学生成长需要、社会生活实际、社会责任与担当、综合实践活动作为学生工作的主要元素,使学生工作更加符合社会转型时期教育工作的使命和要求。近年来,我们把"翔宇鸾娃"作为学生工作品牌,努力培养学生做真人。

二、求真的实践探索:让师生全面而有个性地发展

(一)以创建鸾娃少年为抓手,努力构建主动发展成长文化

学生工作只有把学生成长作为立足点和出发点,才能避免"脚踩西瓜皮"和"跟着时事跑"的现象。我校根据特有的地域文化,结合近 30 年学习周恩来活动的经验,以及学生志存高远、明理健行的特质,逐步形成了以"翔宇鸾娃"为标识的学生成长文化。

淮安是周恩来总理的故乡。周恩来,字翔宇,乳名大鸾,12 岁之前在淮安度过了他难忘的童年。我们以"弘扬恩来精神,争做翔宇鸾娃"为宗旨,塑造鸾娃形象,整体构建学校德育框架,培养学生"明理健行、志存高远、脚踏实地、自信阳光、真诚友好、智慧勇敢"的独特精神风貌,体现了时代要求、地方特色和一附小特有的办学追求。

成长的需要是鸾娃文化的核心。学生成长的需要是学生工作具有针对性、实效性的根本保证。一是学生工作研究日常化。我们觉得,提高学生思想道德教育的有效性,关键在于教育内容要聚焦学生成长需要,教育途径要坚持学生工作研究日常化,教师必须有学生成长的意识和敏锐的问题意识。尽可能地避免拍脑袋做事、跟风做事的现象。班队活动日常化,定时定点定人,每周一次。日常化的强力推进,使得在较短的时间内整体提高了班队研究的水平。以年级为单位分成 6 个班队工作研究组。每学期超过 24 节校级以上的班队活动课,每周一次的校级研讨,使得班队工作研究强度得到了保障。班队研究课密切关注孩子的日常生活,对学生日常生活的关注,使研究活动接了地气,获得了强大的生命力,深受孩子们的欢迎。二是学生工作整体设计,形成系列。围绕校园生活,整体规划设计教育活动,努力实现育人价值的独特性、内容设计的序列性和丰富性、活动参与的全员性,促进每一个学生积极健康地发展。同一主题下实现学生活动的丰富多彩,全校学生活动冠名"翔宇鸾娃"。一年级:神气小鸾娃;二年级:能干小鸾娃;三年级:聪明小鸾娃;四年级:智慧小鸾娃;五年级:健康小鸾娃;六年级:阳光小鸾娃。校园

生活形成五大板块，岗位实践、校园节日、仪式庆典、综合实践活动、主题班队活动。校园读书节、科技节、英语节、体育节、艺术节时间安排错落有致，教育活动的张弛有度，保证了教育的效果。抓住学生成长的时间节点，适时开展入队仪式、毕业典礼、十岁仪式、升旗仪式等，强化了仪式的育人价值。

自主管理是鸢娃文化的重点。没有自主便没有独立人格的养成和能力的提升。校园里的一切活动和岗位，都可以让学生去承担、锻炼和体验。从《翔宇鸢娃报》到鸢娃电视台，全部由学生主办，从主编、记者到美编，从主持人到摄影摄像，全部由学生担任，定期出版（播出）。"自己的事情自己做"。学校为学生搭建了多样锻炼平台，设立了校级、班级不同层级的岗位，岗位分为自我管理岗、自我服务岗、自我体验岗等不同类型，形成了人人有岗、定期换岗、岗位轮换、岗位升级的岗位建设机制，这些岗位成了锻炼学生能力、展示学生才干的大舞台。仅大队部就创设了"娃娃校长"岗、文明礼仪岗、路队监督岗、环保志愿者、卫生纪律监督岗、升旗仪式主持人岗等数个岗位，让全校近三分之二的学生获得了锻炼。

文明礼仪是鸢娃文化的特征。慧于中而形于外。鸢娃少年也有其必然的外在要求，我们把文明礼仪作为学生的显性要求，落实在平时的教育之中。一是强化常规教育，按照学生一日常规，对路队、课间、集会、出行等，明确提出要求，周周评比，纳入文明班级考核，与五星鸢娃评比挂钩。二是编制《礼仪手册》，通过知识竞赛、情景辨析，提升价值认识，督促导行。三是拓宽评价渠道，为防止校内校外两个形象，学生评价中引入家长评价、同伴评价，加强过程监督。努力展现一附小学生良好的精神风貌。四是环境熏陶，鸢娃文化墙、鸢娃作品秀、鸢娃风采录、鸢娃俱乐部等内容都在潜移默化地帮助孩子们身心成长。

（二）以打造自主课堂为支点，努力构建主动发展课堂文化

求真的本质要求学生学习终身有用的东西。联合国教科文组织提出学生"四个学会"的学习目标：学会学习、学会生活、学会合作、学会创造。新课程改革更是把"合作探究性学习"作为培养创新精神与实践能力的重要手段。

自主探究引领学习过程。近年来，一附小把精品课研究作为提升全校课堂教学质量的重要抓手，追求以"五还""教结构用结构"为主要内涵的自主学习课堂，以三维目标有效达成为主要特征的高效课堂，以课程资源的科学合理转化与运用为主要特征的灵动课堂，形成了生动的课堂教学局面。自主学

习课堂主要有"前置性自主学习、合作交流、质疑探究、延展性学习"四个环节,真正实现了学习的主动权还给学生,让学生成为课堂中的主人。高效课堂追求教学的高效益,但绝不仅仅关注知识的教学,更加关注学生学习方法、策略的选择,以及在学习过程中积极的情感体验。灵动性课堂更加关注课堂资源的生成、捕捉、转化和运用,不拘泥于已有的教学设计,更加关注学生在课堂中的体验与成长。

新常规规范学习行为。学习常规是在长期的学习过程中形成的自动化了的学习规范,良好的课堂学习规范有利于形成学生学习的自觉性、主动性,有利于形成学习策略,提高学习效率,有利于培养学生的创新精神和实践能力。传统的教学常规主要指向按时上下课、执行课表、开足课程等方面,很少触及课堂的实际教学和学习行为,因而对课堂学习没有显著的帮助。近年来,我们明确提出"让课堂新常规带来课堂新面貌""新常规引领学习新品质",按照"前置性学习、自主性探究、合作质疑、拓展性学习"四个维度,把读书、思考、练习等"听说读写"行为具体要求融入其中,不同年级呈现梯度要求,在每一位师生心中建立起了自主学习课堂的新图景,提升了课堂教学的品质。

自主选择展现学生个性。没有课程的自主选择,便没有学生个性的发展。为此学校开设了文化学习、体育艺术、综合实践等五大类20多门课程,供学生选择,安排时间、列入课表,保证实施效果。目前,"思维体操""空间艺术""器乐进课堂""鸾娃机器人"等课程已形成系列,并产生广泛影响。以器乐进课堂为例,学校初步形成了以葫芦丝、竹笛、口风琴和竖笛为主的教学,分别安排在一至六年级,每位学生毕业时都可以至少熟练演奏3种乐器。

(三)以资源有效整合为重点,努力构建主动发展的开放文化

管理思想的变革。现代学校管理认为,学校内部要形成具有扁平特征的新型管理结构,建立层次与系统之间积极、双向、有效互动的创生式运行机制,拓展每一位学校领导、教师实现发展和展现智慧、才能的空间,努力形成以"成人与成事"为核心的管理价值理念,以"责任人与合作者"为中心的运行机制,以"形成秩序与推进变革"为目的的主要管理功能。

成人与成事成为学校各项工作的出发点。成人与成事涉及学校的一切工作,尤其是教育活动设计、管理制度变革的价值判断。在成人与成事的关系中,成人是根本目标,成事是阶段目标,我们追求"在成事中成人""用成事

促成人",学校的一切工作都要做一个"成事成人"的价值追问。这样,我们所做的一切工作就有了清晰的价值导向,就不再会忙于应付,忙于完成任务,不再会有为别人做事的抱怨。

内部资源整合。以往,学校工作大多在"课堂教学、德育活动、后勤保障"三个相对固定的区域内开展,教学工作表现得井然有序,德育工作表现得丰富活泼,后勤保障则退到幕后,默默辛苦,三个领域相对封闭,各有各的规律。近年来,我们变革了部门的职能,改变了自上而下的行政式管理,强化部门之间的分工与合作,突出课程、研究与发展在学校转型变革中的地位,变教务处为课程教学部、教科室为教师发展部、德育处为学生发展部、总务处为后勤服务部等,各部门的职能也相应发生了变化,明确了各学科、领域的责任人,初步形成了围绕课程研究、立足师生发展的合作共赢的运行机制。

下移管理重心。把制度的制定与执行权真正交给教师,才能真正实现科学民主管理。当学校制度的价值取向确定以后,如何制定制度就成了关键。在修订完善学校规章制度过程中,我们把促进师生主动健康发展作为基本原则,广泛吸纳教师参与,听取教师意见,制订草案后,再放到年级征求教师意见,最后成为大家共同遵守的行为准则。比如《教职工考勤制度》的修订,教师们提出,鉴于教师工作的特殊性,下班延时是常有的事情,可以考虑每月内有1~2次的迟到不予处理;对于经常请假,甚至动不动就请长假的,不仅要扣除工资,年终绩效奖励也要相应的扣除;出勤考核由级部主任负责,如有弄虚作假,应当加倍处罚;设立全勤奖,对一学期没有请假的,要给予一定的奖励;等等。由于是教师们自己提出的意见,即便个别人有意见,也只能服从大家的意见。这样的制度就起到了"规范人、激励人"的作用了。规章制度只由少数人制定难免有失偏颇,也难以取得大家的认同。只有大家都成了主人,群众自我管理、自我约束的自觉性才能被激发。这就是"学校制度大家定,定了制度大家守"。

敞开校门办学。教育发展到今天已经不是一个封闭的系统,它受到来自社会、上级教育部门及其他部门的影响,在一个开放的社会里,学校无法也不能置身世外,它既要引领社会进步,同时又要适应社会需求;既要坚守教育理想信念,又要回应家长关切的问题;既要考虑学生的整体发展,还要考虑学生个体的个性需求。因此以开放的心态,去面对复杂多样的社会需求,将成为每一位教育工作者特别是校长的基本要求。

学校除了传统的通过校长接待日、家长委员会、校长信箱、网络平台，畅通家校沟通渠道外，还充分挖掘家长资源，邀请家长参与学校的教育教学和管理工作。拓宽教育渠道，让家长成为学生成长的"贵人"。学校敢于让学生走出校园，走向社会，参与丰富的校外生活，锻炼学生的社会实践能力，培养学生爱家乡、爱祖国、爱大自然的情感，家长成为了志愿者、导游和辅导员。充分利用家长资源，许多工厂、社区、敬老院和周恩来纪念馆等德育基地、柳树湾红领巾劳动实践基地等传统校外实践基地都成了学生活动的场所。我们把目光投向家长，聘请部分有一技之长的家长，如警官、保健医生、法律工作者、艺术家、科技工作者等专业技术人员走进校园，做法制教育、交通安全、大气压力实验、飞碟等方面的讲座，由于他们具有专业的知识，常年在一线工作，掌握第一手的资料，图文并茂，讲得很生动，有效地拓宽了学生的视野和学习渠道。

关注教师成长。拥有一支优秀的教师队伍是学校发展的根本。正如梅贻琦先生所说的，"学校之大，不是大楼之大，而是大师之谓也"。我们在落实成事成人的办学追求中，同样把教师发展作为学校一项重要工作，从制度上激励引导、培训上保障、行动上帮助提升，促进了教师队伍的快速成长。几年来，学校青年教师队伍迅速成长，成为淮安小学特级教师的"孵化器"。仅2014年淮安市中小学青年教师教学基本功大赛中就有17人获一等奖。一是规划引领，平台展示，研究促进，制度激励。针对不同年龄段、不同层次的教师，分层次提要求，寻找适合其成长的道路，增强他们主动发展的自觉性。二是加强教师梯队管理。学校每年都会根据教师的发展状况进行认定，形成不同梯队，明确不同的目标任务，并实行动态管理，有力地激发了教师发展的主动性。三是强化项目管理。本着以成事促成人的思想，学校以许多专题研究和研究课题作为项目，实行人员自我组织，时空自主安排，合作自主研修，完成给予奖励的方式，促进成事与成人的有机统一，促进了科研成果的转化，提升了活动的品质。四是搭建平台促成长。学校"相约星期二"为教学演练场、"三杯"教学评比活动、"名师大讲坛""我最满意的一节课"教学设计评比、"求真杯"年度教育论文大赛，以及众多的对外交流活动为广大教师提供了丰富的平台和锻炼的机会，促进了不同层次教师的成长。

（四）以尊重多元发展为导向，努力打造个性鲜明的特色品牌

一所学校的特色发展是一种高水平的办学运行态势，是师生全体员工在最科学、最有效、最先进的教育思想指引下,从学校实际出发,经过一定时期的办学实践,所形成的独特的、稳定的、优质的、区别于其他办学风格的优秀办学成果。学校在创建特色学校的过程中,以求真文化为引导,走"类学校"发展道路,以特色项目为抓手,逐步推进,初步形成了以金娃娃艺术团、鸢娃机器人为代表的特色项目,形成了以阅读能力、思维能力、表达能力、动手实践能力为主要特征的课堂教学,形成了以学生岗位建设为特点的学生综合能力培养体系,初步形成了学生"善学习、会思考、懂生活、知做人、勤实践、能创造"的独特品质。

类学校的管理方式是针对学校办学规模大、分校区管理而进行的管理尝试。我们在学校原有基础上将教师的教学常规、先进班集体评比、师徒结对工作及其常规质量监控,全部下放到年级部,让年级部工作在学校蓝图规划引领下,勇于创新实践,更加个性化发展。年级部管委会组织教师实行自我管理,同时学校也给予年级部一定的经费自主权,合理实行奖惩,这就极大地调动了教师工作的积极性,激发了组织内部活力。经过几年的"类学校"运行,一大批管理骨干和青年教师得以迅速成长。

特色品牌创建立基于校本实际。没有一定的基本保障,创造特色只能是空想。学生需求、师资条件、设施设备、时空保障是创造学校特色的基本要求。仅以金娃娃艺术团为例,学校建有专门的舞蹈房,聘请国家级名师执教,给予相应的保障条件,近 10 年来共培养舞蹈专门人才 2 000 多名,在全国、省级大赛中获奖近百项。特色学校创建面向全体同学,而不是少数人。为培育学生的艺术修养,我们开设器乐进课堂,全校学生毕业时均可以学会 3 种以上乐器,有 5 种乐器可供选择,在人人都会的基础上,还组建多个器乐队,促进学生向更高处发展。目前学校外聘专业教师 12 名,各种特色项目近 20 个,有近 500 名同学参与各种提高项目的学习。

特色品牌创建核心在持之以恒。任何一个项目要想成为品牌,至少要符合几个条件:有突出的成绩,经过了实践的检验,被业内人士或大家广泛认可。因此,认定了的事情一定要坚持,唯有坚持才能出成绩,才能形成经验,才能获得认可。学校的"思维体操"课程是在多年数学思维训练的基础上总结提炼而成的,形成专门的校本课程后也运行了 5 年,每年都在不断地修订和完善,为学生独特的思维品质形成做出了贡献。围绕英语表达而改进的英语教学,把渗透音标教学、重视口语表达落实在课堂和训练中,经过 5 年的努力,逐渐形成了学校的特色。

（五）求真的发展愿景：让师生充分而自由的发展

作为一所有着近60年办学历史的优质学校，如何办出特色、办出个性是校长必须认真思考的问题。经过对学校历史、现状以及教育发展趋势的研讨分析，在求真思想的引领下，围绕人的"充分而自由"的发展，学校初步确立了"全面而有个性""优质而有特色"的发展方向。"全面而有个性"就是在学生全面发展的基础上，尊重学生的个性需求，形成本校独特的办学特色。所谓"优质而有特色"就是在保证质量底线的基础上，努力形成具有自身特色的独特学校文化和师生独特精神面貌。所谓特色学校是学校办学行为的特殊性与独特性的体现，既有一般学校的共性，又有自己学校的个性，是校长办学思想、学校培养目标、课程设置、师资队伍、学校文化与环境等不同于一般学校的个性体现。

从学校管理走向学校治理。党的十八届三中全会提出"推进国家治理体系和治理能力现代化"。从教育管理走向教育治理体现了教育改革的重要方向。它要求从传统的垂直、相对封闭的管理走向"多元主体参与"的公共治理，通过参与、对话、谈判、协商等集体选择行动，共同参与教育公共事业管理，共同生产或提供教育服务，并共同承担相应责任。治理的目的在于形成以学生发展为本、面向学校教育教学实际、积极回应内外环境变化、促使教育资助发展的新型公共服务体系。目前，学校的开放程度非常有限，尤其是家长主动参与学校事务管理及其与社区资源的有效互动还很有限，需要我们不断探索。

从相互竞争走向教育合作。目前的学校管理，大多借鉴了企业管理方式，竞争意味较浓，个人之间、班级之间、学校之间，无不通过竞争实现的。未来社会更加强调合作，只有学会了合作，才会赢得竞争。因此，学会合作不仅要成为学校的行为选择，也要成为学生成长的重要元素。在学校内部，我们就要变"成功"为"成长"，变"竞赛"为"展示"，变"一元"为"多元"，变"选拔"为"推荐"，努力促使学生在更大范围、更多平台呈现独特的生长状态。在学校外部，学校成为社区的一部分，社区把学校当成自己的学校，资源共享，人员互通，形成合力。学校与学校之间则是发展共同体，是集团化办学，管理互通、教学交流日益频繁，学生不仅能够走班，甚至可以走校，真正实现人的充分而自由的发展。

从特色项目走向特色学校。创建特色项目是创建特色学校的必由之路。我们理解的特色学校不是人无我有,也不是人有我优,而是通过学生充分而又自由的自主课程选择,实现学生充分而自由的发展。目前,我校已经形成了一些特色项目,取得了一些成绩,但距离"全面而有个性化"的发展理想还有一段距离。在走向特色学校发展的道路上,我们将不断丰富和完善求真内涵,用求真文化统领学校发展。学生除了学好国家规定的课程外,还能自主选择1~2门课程(起码可以在高年级),形成自己的特长,实现自己的理想抱负,为未来的人生打下坚实基础。那时候,学校就不是有几个或几十个特色项目,而是有成百上千个项目,让每一个学生都能根据自己的兴趣爱好自主选择课程,实现课程的"私人定制",每一个项目都有专业教师引领,每一位教师都可能是"导师+研究生"的授课形式,无所谓班级,只有学习小组或研究小组,教师真的成为平等中的首席。

从智能化走向数字化。信息化社会已经悄然来临,未来的学校必然要适应信息化社会的发展要求,培养适应社会发展需要的人才的基本素质。未来的学校必然以数字技术为主要平台的现代设备会被广泛运用,网络设备进课堂、到桌面,教师随时可以利用网络资源进行课堂教学,学生也可以直接利用网络开展学习活动。微格教室、电子书包、智能监控、无线网络遍布校园,学校的每一个场域都处在数字化环境之中。基于教师教研与培训的资源库强大而有效,远程教育广泛运用,远程教研成为常态,以纵向评价为主的教师学生发展评价更具针对性和个性化,真正实现了优质资源共享,提高了资源的使用效益和教育教学质量。

求真作为学校办学理念,其内涵不是一成不变的,是一个需要不断丰富,并不断创造新形式、提升新品质的动态的发展过程。求真也是我们对教育的永恒追求。

庄德勇,男,生于1963年8月。高级教师,淮阴师范学院兼职教授。1985年8月师范毕业分配到淮阴师范附小工作,先后任教师、教研组长、主任、校长助理、副校长;1998年7月借调到市教育局计财处工作;2001年7月回到淮师附小主持西校区工作;2002年9月起任淮安市外国语实验小学校长、总支书记。曾先后获评淮安市劳动模范、江苏省科技教育先进个人、江苏省基础教育课程改革先进个人、江苏省家庭教育先进个人、江苏省科技教育优秀辅导员、淮安市第二届科研成果一等奖、淮安市优秀心理健康教育工作者、淮安市预防青少年犯罪先进个人、江苏省"星星火炬"二级奖章获得者。先后主持"小学'荣誉团队'教育研究""小学生有效学习的策略研究"等多项省、市级课题研究,课题研究成果丰硕。执教的《分数的意义》获江苏省国家级课题"导航杯"优课评比一等奖。先后有《方圆有致,让师生享受教学》《澳大利亚教育印象与思考》《让数学课堂成为魅力四射的地方》《把"学生犯错误"当成教育资源》《依托校本课程,构建"有形"课程文化》《适应学生个性化学习的校本课程建设》等数十篇论文在《江苏教育》《江西教育》《教师教育》《校长》《基础教育参考》(教育部主办)等各类报杂纸志上发表或获奖。著有学术专著《享受学习》,该著作获淮安市第二届教育科学优秀成果一等奖。学术专著《在路上:一路芬芳——庄德勇谈教育》《学校的那些事儿——庄德勇说学校》于2013年由大众文艺出版社出版发行。主持编著的校本课程教材《雪绒花开》《栀子花开》《绿色生活》于2009年由内蒙古人民出版社出版发行。爱好文学,著有长篇小说《门与道》《情与义》《缘与分》和诗集《心·梦·路》等。

方圆有致，让师生享受教学

淮安市外国语实验小学　庄德勇

我对学校的管理一直有着美好的愿景,希望通过一系列的管理让教师享受教,学生享受学,努力使师生身心和智慧在教学中获得自由和谐的发展。我的管理哲学就是"方圆有致","方"可以理解为管理的制度与规范、师生活动的准则,是管理行为的轨迹;"圆"不是圆滑,而是落实管理行为时的变通与灵活、理解与尊重,是给师生的人文关怀,是管理行为的润滑剂。通过"方圆有致"的管理,让师生享受着教学。

我是 2001 年 7 月担任校长的,在管理上,我认为既要有严格的规章制度,又要给师生人文关怀;既要坚持原则,严格要求,又要彼此理解,相互尊重,宽以待人,学校才能出现人际和谐、质量上乘、社会满意、师生诗意栖居的良好局面。"方圆"也是中国传统文化中常见的一对概念,方圆理论是古代文化的精髓,"天圆地方,天人合一"的思想由来已久,古老的方圆智慧,如今仍然焕发着活力,在浩如烟海的历史长河中,无数圣哲将方圆智慧成功运用。同样,方圆理论对现代学校管理内涵具有策略性的启示,尤其在构建和谐校园,提升管理智慧,培养创新人才方面,具有一定的理论意义和实践价值。我校是于 1997 年新建的学校,社会各界对学校的办学寄予厚望,市教育局也提出了高起点、高标准、高质量、有特色的办学要求。尽管起点高,可家长、社会并不认可,招生还是面临不少压力。我和领导班子商量,决定以建设优秀教师队伍为突破口,面向全市选聘优秀的师资。经过向市教育局争取,于 2001 年暑假面向全市选聘了市级以上的学科带头人、骨干教师 24 人充实我校的教师队伍,三年中又在高校毕业生中选拔了近 30 人。教师是有了,形成教育合力实属不易。规章的完善,制度的落实,管理的实施,目标的达成,师生的发展,行为准则、责任意识、价值取向等不能一蹴而就,都要有与时俱进的策略选择、完备的制度建设和深厚的文化内涵,以人的主体精神解放为本位,关注学生的情绪生活和情感体验、人格养成,关注教师自身的生活和工作质量。从教学发展的历史角度出发,享受教学应是一种激活教学生活意蕴的潜在生命力的过程,从当代价值诉求出发,体现了教学本质及其内涵的教学主体的应然选择。同时师生的学校生活要以教学为享受,学会享受教学。在管理过程中也应通过"方圆"的手段,实现这样的目标。

对于学校制度建设的"圆",我从各项制度规范入手,从业务学习到基本功训练,从每周的青年教师演讲到才艺展示,从师德锤炼到家校的教育的融合,要求骨干教师扬长补短,新进校师范毕业生虚心求教。学校还搭台子、压担子、铺路子,通过理论培训、教学论坛、科研沙龙、课题研究等活动,不断提高教师的专业水平。这些举措,要求全体教师必须参加,并要坚持原则,件件落实,不折不扣地完成,同时对其成效加以考核,纳入个人档案,与绩效工资挂钩。对于学生管理的"方",就是促进学生行为规范、公民素养、公德意识、社会责任感和使命感的形成,乐观的生活态度、求实的科学精神、宽容合作的人生态度得以端正,对真、善、美的价值追求以及人与自然和谐的可持续发展理念的持久性,这些都是我们一直严格要求的,以规范促进目标的达成。

在工作中,我着力强调对师生的人文关怀,对师生尊重、理解和关爱,努力创设一个和谐平等、相互尊重并具有凝聚力的氛围,通过主题谈话、师德评比、教师座谈、师德演讲、师徒结对、互助共建等一系列管理行为来达成"圆"。对于教师给予人性化的关怀,生病探视、生日慰问、婚礼祝贺、文体活动、节日联欢、福利待遇等一系列活动促进了学校人际的和谐。对学生以和谐发展为目标,希望学生的本性、尊严和潜能在教育过程中得到最大的实现与发展,最后达到人人都拥有幸福人生的终极教育目标。同时张扬学生的个性,完善学生的人格,实现学生自主和谐的发展。系列活动、主题实践、公益劳动,每一次活动都是精心策划、组织,让学生参与活动的全过程,通过活动,增强学生的道德义务感和责任意识;通过活动,较好地满足学生的情感需要、获得尊重的需要、自我价值实现的需要。

几年来,我校形成了以"享受教学"为文化核心,"方圆有致"为管理理念的文化诉求。在学校管理上,有方无圆则拘泥,有圆无方则不立;太方则失去灵活,太圆则失去原则,要做到以方促圆,以圆建方,方与圆的和谐统一,达到"方圆有致"。同时对待师生要把规范与尊重、培养与督促、严格与关怀相结合,使师生积极自我认同和建构教和学的真正意义,让师生在生命交往互动中,展现生命彼此的诗意关照,不断发展自我,享有教和学的意义和价值。

下面，就是一些反映我的管理思想的手记。

一份"单薄"的申报材料

近日，参加了教师职称评审工作，我深有感触的是，一位平日十分优秀的孙老师竟没有通过评审，残酷地被挡在"门槛"之外。在我的记忆中，孙老师工作一向踏实认真，还担任过多年的毕业班教学工作，从她的班级升入热点中学的学生是一茬又一茬，她是领导、同事和家长公认的好教师，这样的结果的确令人意外！惋惜之余，我惊诧地发现，在孙老师的申报材料中竟没有一次校级公开教学，没有一篇论文发表，没有一次市级以上表彰，就连校级公开教学、校级表彰也难觅踪影，这样的结果虽然无情，却也在情理之中。反观现实，的确有一些教师，甚至是工作多年的教师，他们默默无闻，兢兢业业，但总是成绩平平，收获甚微。这些教师专业为何如此"单薄"？如此"贫穷"？我思索，关键是他们缺失了教育的理想，忽略了对自己专业发展的追求，他们始终在陈旧的理念和固定的模式中机械地重复着本应是充满挑战、生成智慧的教育教学工作。

冷静地思考，这些教师专业的"单薄"，不仅仅是因为其自身对职业的倦怠，学校管理者也责无旁贷，应想方设法为教师的专业发展搭建平台。围绕我在管理中"方"的理念，近年来，学校先后制定了一系列目标制度。例如：要求新教师一年适应，两年合格，三年胜任；实施"青蓝工程"，每学期对被培养教师实行"读一本教育专著、上一堂汇报课、完成一份个案研究报告、撰写一篇科研论文、制作一个多媒体课件、组织一次专题教育活动"的"六个一"项目考核；实施"名师工程"，对学校现有特级教师、市级学科带头人、骨干教师、首席教师进行专业提升，制定考核细则，设立"特殊岗位津贴"，在实现"名师再造"的同时，充分发挥名师的示范和带动作用；鼓励教师参加学历进修等自主学习，使自己从旧有的、顽劣的思想禁锢中走脱出来，对学有所成的教师，学校给予一定的奖励；选派教师参加省内外各项业务交流活动，制定外出学习汇报制度，促进深化学习成果，带动全体教师共同提高，发挥学习资源的高效益；参加教育行政部门组织的各项优课评比、征文活动，展示自身的专业素质和学习成果，对论文获奖、发表的教师，学校在精神和物质上予以双重奖励，尤其是对"教海探航"征文获奖者加大奖励力度，一、二、三等奖分别给予3 000元、2 000元、1 000元的重奖；在各项评优评先及职称、职务晋升中，建立竞争激励制度,激发广大教师的进取心……

各项制度的出台,极大地调动了教师的积极性。但现实中,我们往往只会把目光更多的投向那些被光环笼罩的教师,而忽略了那些更需要帮助的"弱势群体"。记得三年前的一天,在学校青年教师座谈会上,年轻的张老师说:"尊敬的庄校长,很高兴有这样的机会与您交流,作为青年教师,我们渴望在专业上有所建树,但我们的发展总是自己在摸索,如同盲人摸象,恳请庄校长能给我们青年教师更多的关心……"这番话使我更加深刻地意识到,提升教师专业发展水平不只是一部分人的专利,更不应只停留在制度的层面上。

强烈的责任感驱使我后来又找到了张老师,和他进行了进一步深入的交谈,倒不是偏爱,只是想从这位年轻教师的身上了解他们内心的真实想法,以期更多更好地帮助像他一样渴求进步的青年教师实现专业发展的理想,从而提升教师队伍整体专业发展水平。在我的引导下,张老师制定了个人三年专业发展规划,为了加快其成长进程,我又推荐了学校市级学科带头人李老师与张老师结成了师徒对子,并经常鼓励他虚心学习,大胆实践,勇于创新,勤于思考,坚持写好教学日记。弹指间,三年的时光已悄然飞逝,张老师已不再是过去那个"盲人摸象"的年轻人。他已有十多篇文章在市级以上论文评比中获得了一、二等奖;有五篇教学论文在省级刊物上发表;2008年5月,他代表学校参加了省数学优课评比获得了一等奖。当他拿着鲜红的证书站在我面前时,我看到了他脸上的微笑,从一句"庄校长,谢谢您!"的话语中,我感受到了他内心的幸福,我也从内心感到无比欣慰,分享着一位教师的职业幸福。2008年9月10日,在第24个教师节来临的时刻,经全体教师一致推荐,他获得了"淮安市优秀教师"的光荣称号,当张老师手捧鲜花,身披绶带,走上领奖台的时刻,他又一次体会到了成功的喜悦和教师的人生价值。

张老师成长的经历为全体教师提供了一个成功的范例。榜样的作用是无形而有力的,他带动了一批年轻人,也促动了一些甘于平庸无为的教师,更坚定了我进一步推进教师专业发展进程的信心。作为校长,我深深地知道,我所面对的还有很多个张老师,要加快发展,提高学校的内涵品位,就必须提升每一位教师的专业发展水平,打造一支高素质的教师队伍。在我的倡议下,学校成立了青年教师培训研修中心,制定了促进教师发展三年规划,全体教师也制定了个人发展三年规划。教师队伍中"赶、学、比、超"蔚然成风,呈现出勃勃的生机,追求专业的成长已深深扎根于每位教师的心中,成为了一种不变的信念。而今,每当我欣赏到一节节精彩的课堂教学,听到一个个获奖的喜讯,看到一张张成功的笑脸时,我的内心倍感踏实和欣慰,对学校的明天更加充满了信心。

教育是一个永恒的话题,教师的专业发展也永无止境,帮助每一个教师在教育实践的道路上实现自己的专业发展和职业理想,不断地超越自我,获得更深刻的幸福体验是一名教育管理者永恒的追求。

"心晴小屋"

"每次放学去幼儿园接孩子,看到孩子趴在小桌上可怜兮兮地向门口张望,我的鼻子就会一酸……""唉,你还不知道,我们家那位因为孩子问题还跟我发脾气呢,说身为教师只会用爱温暖学生,对自己的孩子竟无爱可施。让我每天下午把孩子接到办公室,给孩子讲一讲故事什么的。唉,办公室那么多老师,这样不是影响人家办公了吗……"

这是我下班路上不经意听到的一段对话,让我思忖起年轻教师的生活状态,他们一方面是学校的骨干,另一方面是上有老下有小的家庭脊梁,不仅面临着工作压力,还有来自社会、家庭等诸多方面有形无形的压力。身背众多的压力,教师又如何能营造宽松、和谐的教学氛围?又怎能给学生以快乐、幸福?"幸福着学生的幸福,快乐着学生的快乐"将成为教师一个无法企及的梦。

作为管理者,应该为教师子女们提供一个温馨、和谐的人文环境,解决教师的后顾之忧。和谐的人文环境会催生人们更多的奋进因子和创新因子,会让个体主动不断地完善自己,提升生命的质量。经过领导班子商量,决定在幼儿园为教师子女建一个温馨舒适的"娃娃家"。"娃娃家"不仅有琳琅满目的玩具,丰富多彩的图书,而且有现代化视听设备,有时也按照季节的不同配有适量的水果点心,并每天选派教师轮流指导看护。

"妈妈,妈妈,今天张老师教我们画大西瓜,因为我画得好,老师奖励了我一瓣大西瓜,大西瓜可甜了!妈妈,明天我不想让爷爷来接我,我还想在休息室画画、吃大西瓜。""爷爷从老远的地方来看果果,果果应该多跟爷爷玩一玩。""休息室里有很多小朋友,可以画画,可以做游戏,你让爷爷回老家吧!""让爷爷回老家这是不礼貌的行为,嗯,明天让爷爷也到你们的休息室玩,好不好?"

"太好了,太好了……"孩子欢快的拍掌欢呼。

听到这样的话语、这样的掌声,我们的教师心里坦然了很多,他们终于可以彻底抛除因自己不能早早去带孩子而产生的愧疚感了。

"娃娃家"的建立给老师解决了后顾之忧,教师对自己专业发展的高要求产生的压力又如何排解呢?我反复思忖,决定为教师建一个放飞心灵的地方,取名"心晴小屋",于是在"娃娃家"的基础上,学校又诞生了"心晴小屋"。"心晴小屋"里不仅备有舒适的沙发椅,还有精致的桌椅和书架,当然也有可供发泄的拳击沙袋和飞镖,高高的书架上既有教育专著,也有文学小品和流行电视剧本。屋角摆有咖啡和矿泉水……教师们可以在此谈心聊天、争论表白,也能开展小组教研活动,还可课间来此小憩。

"幸福着教师的幸福,快乐着教师的快乐"成为我永远追求的目标。只有让教师感到幸福了,教师的主观能动性和创造力才能充分发挥,才能培养出幸福的学生,才会形成一种积极向上的现代的学校文化。

去年,两位教师的孩子参加中考,学校为方便他们照顾孩子,允许他们在孩子参加考试的三天中自己调课。两位教师非常感动,中考后工作更加投入,生怕因为自己的孩子而耽误了班里孩子们的学习。

在一次闲谈中,一位教师跟我讲:孩子考试前,我非常紧张,不但担心孩子考不好,而且担心学校不批假。当您亲自询问我们孩子的情况并特殊照顾我们时,心情突然变得愉快起来,工作效率特别高,甚至因孩子参加考试而产生的焦虑情绪都被这种和谐快乐的氛围冲洗掉了。

和谐是一种完美,是自然界、人类社会、人类思维存在的最理想状态。追求和谐是人类的心灵渴望。在教育管理中,我应更加注重构建和谐的人际关系,创设和谐的教育力量,努力提升他们的幸福指数,让他们在教育工作中获得满足,自由实现自己的职业理想。

学生的告状信

"为什么要'不喊''不叫''不跑''不跳'?"这是一封学生告状信中的第一句话。记得是一个新学期的开学第二周周一的早上,两位六年级女生气冲冲地拿着一封信放在我桌上,"哼"的一声,扭过头便走了,一句话也没说。按理说,学生进入校长室还是应该有点胆怯的,可这是为什么呢?我急忙打开信件看了起来,原来这与我们新学期的一系列规定有关。

学校德育处的同志经过几年的观察发现，由于学校规模较大，学生人数多，活动场所相对有限，导致课间活动的秩序一直不好，学生活动受到限制，因此一到课间就会出现学生"抬腿就跑""张嘴就喊"这种让人非常烦躁的"空前盛况"，校园里一到课间就不得安宁。于是学校详细地拟定了一个关于课间活动要求的规定，其中明确规定学生课间"不能喊""不能叫""不能跑"和"不能跳"。若发现不仅要公布于众，还将扣班主任的月积分。可想而知，班主任将会拿出更加具体的措施来加强对本班学生的管理与监督。一周下来，学校领导层均认为课间活动的秩序与学生的文明程度确实大有改观，可这两位女生怎么就观点不一呢？

这让我想起了曾经的一段培训经历。火辣的八月，我只身在外地参加一次培训，重温那久违的校园生活。我住在离学校有两站路的一家旅馆，每天早上我会准时地迎着灿烂的阳光走在并不宽敞的人行道上，正如我的心情一样美好。人行道的左边，有一排并不高大却足以为你遮挡风雨和带来凉爽的树（确切地说，是一种开花的小树，可惜我并不知道它叫什么名字），每棵树都开着喜人的花，有白色的，还有红色的，红色的色调不一，有水红的、大红的，还有说不出的红。总之，把这条街装扮得很美、很美。这个城市的清洁工人一样的勤劳与让人尊敬，每天我也会准时地看到一位年近五十的大妈推着一辆垃圾车，垃圾车的旁边拴着一条小黄狗。大妈每天都会把街道扫得异常的干净，以至于下午放学时，我们还都觉得这条街是最干净的。有一个早晨，我发现大妈两手抓着一根树枝在不停地摇晃着，时而还跳起一尺多高再往下坠自己的身子。大妈在干什么呢？树上有什么东西？还是大妈在利用早上这难得的时间锻炼身体呢？我停了一下，马上便全明白了，噢，大妈是在把这种树所开的美丽的花尽量地抖落下来，然后尽可能地把一天当中甚至几天中容易飘下的花全部地"请"下来，然后将之清扫完毕。我终于明白了为什么这条街道总是显得很干净了。我着实为那些尚未怒放的花儿心痛！

其实，人的生活中又何尝不是如此呢？为了似乎名正言顺的当下利益，我们宁可放弃很多关乎生命的存在。在学校生活中也一样，为了"摆得上桌面"的学生的利益、教师的利益抑或是学校的利益，管理者"大无畏"地"抖落了"多少尚未怒放的"花儿"呢？为了提高学生的成绩，提高学校的升学率，老师尽可能地加大教学的强度，无情地把本该属于孩子玩耍的童年"抖落"了，童趣离得越来越远了，甚至于感觉不到童趣了，没有经历哪来的快乐？"花儿"不再有怒放的空间,因为时间实在太宝贵了,哪容得了你去尽情地开放呢？因为开放后的花儿始终是要枯萎的,并不能长成茁壮的枝干；正如学生的玩耍怎么能换回沉甸甸的分数呢？于是,超前的训练、超负荷的运转便接踵而来,不管你有没有长大,只要能够让你提前"成熟"的都要百分百地接受,甚至连课间活动时的一言一行都要做出强硬的规定。其实,无论是学生的成长还是教师的发展,都各有自己的历程,都各有自身的规律,任何外在的想一蹴而就的举动都是徒劳的和带有伤害性的！

无视学生的生命,我们就会凭借想象来制定诸多的"规定""要求"之类的东西,正如"不喊""不叫""不跑""不跳",而这些东西正是学生最不乐意接受的,因而其真正的教育意义是微乎其微的。要赢得学生的青睐,就要正视学生的存在、学生的特性与学生的需求,先行调研学生课间最想做什么,按需增加教室的图书存储量,增加室内的棋类品种,提供手工制作材料,增设操场周边的体育活动器材,加强教师对课间活动的有效组织等,只有这样,才会是有意义的管理与教育。我要感谢这两位"鲁莽"的六年级女生,没有她们的"兴师问罪",也许我们(包括所有班主任和教师)会觉得课间活动的"规定"和"要求"是多么的及时与必要,也许我们不会做真正的调研,更不会做出现在这样的课间活动安排。根据各年级段学生的特点,我们组织一二年级的小朋友做游戏、看图书,带领三四年级同学抖空竹、下棋、打乒乓球等,和五六年级同学一起长跑、打篮球、踢足球等。形式活泼了、多样了,内容丰富了,适合学生的情趣爱好了,可是组织呢？组织是不是也要任由其发挥呢？不是,绝对不是,教师的组织是"神",是不能散的,没有组织的奠基,就不要谈什么形式与内容的精彩。我们周密安排,将所有班主任和体育老师按年级、班级和时段三个维度进行划分,各自均有自己的"势力范围"与"责任范围",做到"定人""定岗""定区域""定时间",没有丝毫的"真空地带"。形式多种多样、内容丰富多彩、组织有条不紊、师生共融其中,欢乐的、安全的、师生双方均具积极意愿的课间活动场面形成了,我怎能不感谢那两位"鲁莽"的女生？

学生"告状信"给我带来了思考,以生为本不能停留在口头上,应该落实在为学生发展的每一件事情上,别总想让学生为了适应自己的管理而改变,也要尝试着为了适应学生而改变自己的管理策略。这不正是"山不过来,我就过去"吗？

教育就是一种坚持

我常常在想,教育作为生命和未来的奠基工程,既有求真的品质,也有求善的凝思和求美的憧憬。无论是教育者还是受教育者都以在教育中受到教育为目标,在学习中享受学习为志趣,在和谐融通的文化场中实现为明天也为今天、为自我也为人人。这是教育的理想愿景。学校的管理者要胸怀这种教育理想,同时也要有将教育理想变成现实的决心和方法,有务实的姿态和行动。所谓"十年树木,百年树人",我认为教育就是积跬步而至千里,成功的关键就在于坚持。

两年前,学校开展"六个一"活动。要求学生每天读一段或一篇优秀读物,每天写一段或写一篇日记,每天参加一项适合自己的体育活动,每天唱一首健康向上的歌曲或欣赏一段名曲(一幅字画),每天帮助家长或集体做一件力所能及的事,每年亲手制作一套贺卡。开始执行的效果非常好,因为这"六个一"适切学生的发展需要,也符合学生的兴趣爱好。但是半个学期以后,随着学生热情的渐减,老师们对活动的开展也开始产生异议,老师中有一种思想,认为"六个一"要求层次太低,比起"主"科教学,其成效不明显。在管理干部中也有一种认识,认为"六个一"的执行烦琐、复杂,部门工作有被"小"事缠绕的倾向。

我知道,管理干部和教师有这种情绪是可以理解的。并不是说这"六个一"有什么不妥,主要还是因为每一个"一"太"小",和正儿八经的大课教学比起来是从属的"副"位,甚至是连个"位"也可有可无的。为此,在一次升旗仪式中,我做了题为《学会坚持》的讲话:"雷锋虽然只有二十几年的生命,但他一生坚持勤奋学习,提高了政治觉悟,练好了为人民服务的本领;他一生热情待人,友爱同志,受到了人民的尊敬;他一生处处做好事,乐于助人,留下了'出差一千里,好事一火车'的佳话,雷锋通过自己一生的坚持和追求,给我们创造了雷锋精神,影响了一代又一代人。"在周恩来总理诞辰110周年纪念日到来之时,我又对全校师生讲:"周总理从小就立志'为中华之崛起而读书',坚持追求真理,克服艰难险阻,带领全国人民翻身求解放,建立新中国;解放后,周总理仍然坚持真理,建设新中国,使我们过上幸福生活,正因为有他这样老一辈无产阶级革命家的毕生坚持奋斗,才有我们今天和平安定的生活。"

我做这样的讲话,目的在于让老师和学生,更是要让管理干部明白:既然"六个一"没有不妥,是对学生发展、对学校发展有利的事,那就应该好好做。

当时我还说,"六个一"虽然小,但坚持下去就可以成就了不起的成就。就因为我的固执,才使这项有意义的工作没有因为大家的意见而终止。两年时间坚持做下来,学生的素养得到了全面的提高,素质教育也得到真正的落实。

有人说教育无小事,但学校的哪一件"大事"不是从一件件小事做起的呢?我常常在和年轻教师谈心时强调不要愁没有大事做,能坚持做好班级常规管理就是了不起,能坚持做到不缺学生一节课、不少批学生一次作业就是了不起,能坚持写教学日记,常常反思自己的教学得失就一定能成为明天的名师甚至是大师。我也常常要求干部在管理部门工作时不要追求所谓的创新,一项工作有布置就一定要有落实;不要追求花样创新,要讲求实效,要有一条能贯穿服务于师生共同发展的长线。

管理一所学校需要有美好愿景的勾画,如同建筑一座大厦需要好的图纸。管理者应该为学校的发展勾画出美的蓝图,但能够在工作中坚持做好每一件小事,在每一处细节上做得更加精致往往才是成功的关键。所以说,教育就是一种坚持。

"校长爸爸"

窗外,午后的风轻拂树梢,蓝天上不时飞过几只快乐鸣叫的鸟儿。楼下操场上是尽情游戏玩耍的学生,凭窗远眺,学生雀跃的身影伴随着叽叽喳喳的鸟鸣,展现出一幅生动活泼的校园画卷。此刻,我转身又看到办公桌上学生寄来的一尺多高的贺卡,那一句句真情的话语,仿佛就是一颗颗纯真的童心,让我全身都有了融融的暖意。作为一名校长,一名教育工作者,我深切地体验到这份工作给我带来的快乐。要把懵懂无知的幼童教育成品学兼优、全面发展的优秀学生,需要付出多少的爱和心血呀!

每年暑期开学后,我都要走进一年级班级,和孩子们相识,并努力记住一张张富有个性的脸蛋和他们的姓名,了解他们的个性特点。当我带着关爱走近学生的时候,我得到的是他们热情的回报,我常把和学生谈心、交往看成最佳的教育契机。因此,一到六年级的学生都把我当作他们的知心朋友。我们学校有住校生,其中很多父母是在外地做生意的,平时对孩子的关照比较少。我不仅要求所有的教师要用师爱去温暖他们,消除他们的孤独感,塑造他们健康向上的心态和健全的人格,我自己也率先示范。每逢我值班的日子,我总要亲自去学生宿舍巡视,对于他们生活起居的各个细节一一询问,常常帮助学生整理衣物,给蹬被子的同学盖好被子,这些细小的举动,拉近了我和学生之间的距离,加深了师生之间的情意。让学生感受到学校这个家的温暖,感受到我这名校长给予他们的长辈的亲情和关爱。对于一些父母离异,家长又不在身边的孩子,我要求教师利用节假日带他们回家,指导他们学习,陪伴他们玩耍,让他们感受家庭的温暖。有了这样的情感基础,当我指出有些孩子身上的问题和缺点,当我要求他们改掉自身的不良习惯的时候,他们总是那样的乐于接受,那样的心悦诚服。

记得有一个住校生,父母都在日本打工,爷爷奶奶又在乡下,平时家长对他的管教比较少。他有一个坏习惯,会擅自拿同学的东西,很多同学不愿意和他做朋友,这个素不相识的家长经常越洋打电话和我倾诉苦恼。我通过跟踪观察及平时和他的交流发现,他很烦躁,也很压抑。这样的孩子更需要用爱去感化他,我常对他说:"孩子,我和你都是淮阴区老乡,和你父母是朋友,学校就是你的家,你就把我当爸爸,有什么需要、有什么想法就跟我说……"沉默了片刻,我听到了一句略带哽咽的话语:"谢谢校长爸爸!"我说:"校长爸爸不仅关心着你身体的健康,更关心你思想的健康……"他看着我关切的目光轻轻地说:"请校长爸爸放心,我不会再让你失望了,我今后不再拿别人东西了,请相信我!"听着他发自肺腑的声音,我欣慰之余也感到一份职业带来的幸福。从那以后这位学生再也没有擅自拿过同学的东西,而我怕教师误会,也怕伤孩子自尊,至今其他人都不知我是这位学生的"校长爸爸"。当然,每当我看到日本打过来的五位数的电话号码时,当这位从未见过面的家长叫我"哥"时,我好幸福!

在平时的教育管理工作中,我还常常利用网络、手机等工具和家长保持紧密的联系,了解学生在家的状况,及时给予家长教育孩子方法的指导,使学校家庭教育的合力达到 $1+1>2$ 的效果。不仅如此,我还经常联系部分家长来学校当面交流,指导他们在教育孩子过程中要循序渐进,要学会宽容和等待,对学生的安全、学习、生活、心理健康等各个方面我都会提出相应的教育要求和具体措施。

在我的带领和要求下,全校的教师们都能把真心关爱学生作为出发点,用爱为学生指明前进的方向,用爱为学生点燃智慧的火花,用爱为学生铺就五彩的童年之路。如今看到全校学生团结活泼、积极向上、尊师守纪、勤学善思的精神风貌,更坚定了我一个信念,关爱中盛开的花朵一定无比娇艳!

尊重,满足教师合理需求

管理离不开制度,制度是人行为的准则。然而有一句俗话说得好:管人要管心。"管心",即顾及人的心灵。人的内心既渴望得到关注、肯定、欣赏和鼓励(这是人本性中最软的部分),又希望实现自身价值、快速发展(这是人的本性中最强的部分)。

如何"管心"?"创设和谐的人文环境,尊重、关爱、激励每一位教师,努力提升他们的幸福指数,在教育工作中获得满足,自由实现自己的职业理想"是我不懈的追求。

人是各项工作中最活跃的因素,也是最重要的因素。企盼被他人理解、认同、信赖,是人的天性。教师是有知识、有思想、有自尊的群体,他们更渴望被尊重、被理解,只有当他们感到被重视、被理解,他们才会真正发自内心地投入工作。

尊重是从理解开始的,没有真正的理解就没有真正的尊重。尊重教师、理解教师,就是要在具体的事情中给予他们一定的宽容,体会到教师的艰辛和难处。

暑假组织全体六年级教师到新疆学习旅游。事前再三强调途中要遵纪守时,如有特殊情况,要及时和团队成员取得联系。

不想,在从那拉提大草原到森林公园的入口时,发现一位教师不见了踪影,打手机,无人接听,发短信,有去无回,10分钟,20分钟,仍然毫无音讯,回,怕他找过来,进森林公园,又怕他找不到大部队,有些教师因疲劳饥饿而纷纷埋怨起来。我一边指导负责的同志和相关部门联系,一边疏导教师的不良情绪。终于传来好消息,那位"失踪"的教师在旅行车上……事情有了转机,有部分教师气鼓鼓地要我对那位教师进行严厉批评。

但当看到那位教师了解情况后,我却宽厚地笑着说:"刚才我们都为你担心,今后一定要紧跟大部队。现在放宽心吃饭吧!"

对于这次事件,我是这样想的,设若当时大发雷霆,不但会在那位教师的心里投下一个很难抹掉的阴影,也会让全体在场教师的心里形成一个人人自危的磁场,甚至于通过情感体验的传递,将这种做法不自觉地运用到他们的教育教学工作中去。更重要的是,也许仅仅由于这一件小事,自己苦苦追求的"尊重为本"境界将在大部分教师心目中幻化为虚无。因为在很多情况下,校长的行为就是一种示范,校长的好恶就是一种导向!

尊重教师、理解教师,就是要给予他们私人的空间,就是要允许他们有自己的想法。当然,尊重教师、理解教师,也意味着要允许他们犯错误。事实上,在我看来,做校长的最高境界就是顺应人性的"无为而治"。也就是说,你无须时刻都对教师灌输所谓的敬业奉献,你也不用害怕教师自己管理不好自己。你应该对教师的自我管理水平抱有信心,当然,你可以对他们进行指导和帮助,帮助他们树立信心,帮助他们正确认识和评估自己。尊重教师、理解教师,就是让教师学会对自己的工作负责,让他们自己主动承担工作,提高自我管理水平。只有在尊重和理解的基础上,才能最终满足教师自我实现的欲求,从而达到团结合作、共谋发展。

激励,促进教师成长

"庄校长,非常感谢您对我的关爱与激励,我定会继续努力,在小学数学这块沃土上再创辉煌。"看着孙春育老师发来的短信,我不禁回想起她参加省级数学赛课的前几天的情景:微蹙着眉,拿着教案不停地徘徊。吃饭时,举箸欲起又停……

刚刚走上工作岗位不满六年的她要代表淮安市参加省级比赛,并且接触的是一群陌生的孩子,这怎能不让她紧张?如何缓解她的压力,排除她的紧张?在学校周前会上我没有给她定参赛目标,而是表扬她在市选拔赛上的优异表现,然后又说"只要尽力,首先过程是最美丽的!我们相信你!"这句话给孙春育老师带来巨大的力量。在后来孙春育老师的试教课后,别人都是帮她评课,我却很随意地说了一句"课上得很好,衣服穿得像服务员",丝毫不在意她能否得奖。孙春育老师听后一笑,如释重负!

在后来的省优质课赛场上,孙春育老师挥洒自如,孩子们在她的引领下思如泉涌……不仅赢得听课教师的满堂掌声,也获得江苏省数学优课评比一等奖。

教师的成长不仅需要业务培训和文化引领,更需要细致入微的人文关怀。在日常管理中,学校要根据"职位不同、地位平等,能力不同、机会平等"的原则,努力实现机会公平、评价公正、结果公开的透明化管理,为每一位教师提供平等的发展和竞争机会。作为校长同时要做一个教师专业发展的有心人,和教师建立情感平台,多一些情感投入,多一些尊重理解,关心教师,充分发掘教师的最大潜能,让每位教师的优势都得到充分的发挥。

周武，男，生于1965年6月，江苏淮阴人，淮安小学校长、党总支书记。1985年至2006年就职于淮阴师范附属小学，任班主任、大队辅导员、副主任、主任、校长助理、副校长。2006年8月至今就职于淮安小学。在自身成长及管理实践中，周武同志逐渐认识到主动发展、勇于担当是师生成长的加速器，引领师生不断地提高"担当"的意识成为他的管理追求。"勇于担当，自觉发展"始终是他与师生交流的中心话题，在他的引领下，师生整体素质不断提升，主动责任意识不断增强，"主动担当"成为全体淮安小学人的准则。他先后被授予全国优秀辅导员、江苏省"十佳"辅导员、江苏省科技教育先进个人、江苏省教育科研先进个人、江苏省课程改革先进个人、淮安市先进教育工作者（享受劳模待遇）、淮安市学科带头人、淮安市教育系统"十佳'五德'"干部等称号及全国一级星星火炬奖章。受聘淮安市人民政府督学，淮安市基础教育专家组成员。当选第七届江苏省教育学会理事，曾当选十届团省委委员。

让师生成为具有主动责任意识的人

淮安小学　周　武

每个孩子都重要，每位老师都值得骄傲，让每一位师生都健康快乐的发展是我的追求！

——题记

爱因斯坦曾经说过，学校的目标就是让学生成为和谐发展的人。我理解的和谐发展应该是自主地、主动地、有内在担当的自觉发展，而不是指外力推动的被迫发展。作为管理者——校长，我的第一要务就是引领师生主动责任意识的积极提升，激发教师充分发挥自己的主体性，把教育教学发展作为自身内在的事业追求，主动承担学生素质发展的职责，主动提升自己的道德修养,主动提高自己的专业水平,主动解决教育教学问题,主动参与学校的管理,主动与同事合作,共谋学校发展,表现出高品位的精神状态和工作状态,带动学生也成为具有主动责任意识的人。

管理者与被管理者的心灵对话是实现管理目标的最有效手段。我认为学校管理的价值核心是实现师生充分而自由、主动而生动、全面而独特的发展,使师生获得成为人的本质力量,个性得到张扬,潜能得到发挥,实现生命价值。作为全校师生的组织者、服务者、引领者,我思考最多的是:教师在学校愿景的形成与实现过程中,怎样才能成为主动的创造者与实施者,将自己的教育理想、人生价值主动纳入学校愿景中去;学生在与教师及校园情境的互动中,能真实地感受自我生命的成长,努力地去主动发展。

怎么才能让师生主动发展呢?"培养具有主动责任意识的群体"这个核心命题就摆在了我的面前,与班子成员探讨、与各个层面的教师座谈、向专家教授讨教,抓住学校发展的重新定位,我们确立了"学校发展转型期教师主动责任意识培养的行动研究"这一省级立项课题作为教师成长的主要抓手,引领教师发挥自主性,运用自主策略,让教师充分发挥主观能动性,激发教师的责任感,积极挖掘自身潜能,拟定职业发展目标,选择发展途径和策略,通过自我调控、评价和反思,不断提升主动责任意识,从而使全体师生获得发展。

一、愿景导航,唤醒主动责任意识

学习型组织管理理论认为,组织的活力来源之一是实施愿景管理,即在组织中建立一个具有强大感召力、凝聚力、向心力的共同愿景,使组织在共同的目标取向和价值取向的激励下,始终孕育着一种蓬勃向上、创新发展的激情和活力。我们利用学校搬迁的契机,在全校范围内组织了大讨论:"面对学校的发展机遇,我们该如何应对?"让全校教师对学校新的形势有一个全面的认识,增强主动责任意识和历史使命感。如学校校徽的征集、校训的确立、文化的定位都来自全体师生的智慧,植根于学校的历史、现在与未来。用教师的话说:传承历史、融合现代、引领未来。我们的办学追求:"培育有灵性的学生,成就有智慧的老师,建设有品位的校园。"也源自教师们的用心思索、深入研讨。有了目标、有了自身的定位,教师们自然会投入其中并为之努力奋斗!在学校建设困难而又紧张的阶段,全体男教师主动走进建设工地,为新校区建设用心出力,女教师也不甘落后,积极行动,在新校区做内务整理,全体教师的努力,保证了新校区的高品质建设和如期搬迁。新校区的办学业绩更激励教师们奋发努力,一大批教师迅速成长,有4位教师获得省青年教师基本功大赛一等奖。在此基础上,我们不断反观自身,自加压力,引领每一位教师适时制定个人中长期发展规划,将个人的发展愿景纳入学校的整体发展中去,争取主动发展的责任意识渐渐在教师心中涌动,全体教师都在为打造全国知名、江苏一流、淮安最具特色的学校而努力!

二、人本管理,激发内在驱动机制

学校十分注意避免行政命令,千方百计缓解教师的种种压力,善待教师的失误、充分尊重教师合理的意愿,正面评价教师,让每个教师都意识到领导对自己的关注与认可,使教师心甘情愿地做好每一项工作。如有孩子上幼儿园的教师在不影响课务的情况下可迟到15分钟;身体不适的教师课余可自行选择去医院就诊或是休息,无须请假,可坐着上课;婚丧嫁娶或是家人生病,学校均会专门看望;教师生日会送上浓浓的祝福。成立各种教师社团,每周二下午定期开展活动,积极开展各类师生文体活动,释放压力、愉悦心情。努力让教师们感受着集体的温馨,营造积极进取的文化氛围,满足教师不同层次的合理需要,让教师在尽可能和谐的氛围中尝试改革,自主发展,提升生命的品质,促进生命的成长。

我们把感激寓于细节,让欣赏源于真诚,有效的凝集了人心。每周的教师会,我们会以发布典型事例的方式,把教师中的感人事迹及时转递给教师;在赞美节中,让教师赞美教师、学生赞美教师、家长赞美教师,教师也真诚地赞美家长的配合、学生的勤奋努力。每年举行师德演讲比赛、评比师德标兵,利用三八节让男教师发自内心地感谢女教师的伟大付出。教师说:在淮安小学你做什么学校都知道,不会让你委屈的!不委屈教师,这是教师对学校最好的注解!在信任的基础上激发教师的内驱力,引导教师学会自我激励,形成内在激励机制。我们深信,徜徉在尊重、欣赏、引领构成的具有内在激励精神的人文关怀中的教师,一定会给予学生同样的人文关爱,从而促进学生健康成长。

三、校本研训,提升主动发展的能力

校本研训的核心是教师的发展。我校结合实际采取灵活多样的培训形式,如开展课题研究,鼓励教师积极申报省市级课题,帮助申报成功的教师组织研究团队,定时定点开展研究。举行各种专题讲座,除了外请专家,我们更注重挖掘身边的优秀人才,让校内的专家为大家做讲座、上课并进行交流研讨,让外出培训的教师开设讲座、上体验课,从而激发了教师们的内在自豪感。青蓝工程、学习共同体的建立,促进了相互学习、共同提升的氛围的形成,我们的毛笔字、粉笔字、钢笔字的每月展示,每周的即兴演讲、读书交流让教师的基本功得以夯实;教师每周固定的说、上、评活动,让教师的教学技艺不断提升;校内"翔宇杯"系列赛课展评活动,激发了不同年龄教师展示的欲望;组团参加全国、省、市的各类比赛,让所有参与的人员得以共同提升。同时在实施校本培训中也可以根据发展的需要随时调整培训的形式与内容,以真正达到推动教师主动发展,推动学校发展进而促进学生终身发展的目的。

四、文化浸润,建构主动发展生态

奥地利心理学家阿德勒指出,每一个生命个体与生俱来地具有对优越感的追求。那么,在学校管理中校长的任务就是把这种追求引向富有成就和有益的方向。为了确保对优越感的追求能给他们带来精神健康和幸福,我们把"爱与责任"确定为校园文化建设的主题,引领教师们从关爱与责任的角度思索人生、考虑问题、美化言行、净化心灵。教师们在追求完善、完美的过程中,激起了自身的创造力,并在这种克服困难和改善自我的过程中做好本职工作,激发责任意识的提升。

在学校文化建构中,我们请教师们研讨:淮安小学已经形成了什么文化?哪些是优秀的,应该永远传承的?在教师们的思索与研讨中,进一步明晰了我们的办学宗旨:为孩子的幸福人生奠基。以"爱"为基色的校园文化,"活、实、新、精"的课堂文化,不计得失、埋头苦干、勇于坚守、相互合作、心态纯净的教师文化……都是植根我们心田的、由内而外地生长起来的文化。在此基础上,我们抓住学校搬迁及发展的重新定位,引领教师整体研讨学校未来的文化取向,从校名的字体、校训的内容、校徽的设计到课程的开发、"4+6"课堂理念的形成、个别化教育方案的探索,都凝聚着教师们对教育的理解与追求。

用淮安地域文化引领学校文化建设,学校的每个角落都渗透着淮安地方元素,校训"基础立于此日"来自周总理日记,时刻提醒教师、警醒学生立足当下,对每一天负责,只有在今天打好坚实的基础,才能在日后服务于国家、服务于社会,以自己所学造福于人民。地面广场布满了淮安交通、市政分布、景点分布、名人故居分布等地面浮雕,童话园、科技园的小广场上布满了淮安标志性建筑浮雕,每个中队都有一个经过师生共同讨论确立的体现淮安地域特色的中队名,这个中队名将伴随孩子们小学六年生活,通向食堂的长廊全是淮安美食文化介绍、健康知识介绍……我们努力把爱党、爱国、爱社会主义潜移默化地融入爱家乡、爱学校的具体的实实在在的活动之中……形成了溢满浓浓地域情怀的校园文化。

四个100%的课堂教学要求,100%发言、100%互动、100%激励、100%收获,让关注到每个孩子成为现实,让师爱落到了实处,这是一种理念的引领,一种真正对孩子成长关注的教育思想的渗透,成功构建了一个和谐生态课堂。个别化教育方案的应用,为特殊孩子的发展带来了新的路径。"菜单式"校本课程的开发,给孩子搭建了一个选择性学习平台,满足了孩子个性化发展的需求,也让教师的特长得以更好的展示。新的课程文化的建立,让孩子得到了更好的发展,教师更具魅力,小班教育更具内涵,也使学校更具品位。

一种文化涵养一种精神,一种理念铸造一种品牌。教师是一种需要付出爱的职业。管理不是改造人,而是唤醒人;制度不是约束人,而是激励人精神中潜藏的能量。释放教师主动发展的生命活力,搭建教师主动发展的生命舞台,激发教师的主动责任意识,让教师在行使教育这一神圣使命中,获得尊重的需要,获得自我主动发展的需要,就成了作为服务者、组织者的校长该前行的方向了!

戚桂荣，男，生于1968年4月，江苏淮安人。现任淮安市清河区教育局副局长。1993年8月，大学毕业分配至淮阴师范学院附属小学，历任教务主任、校长助理、副校长；2008年兼任清河区图书馆馆长、古淮河文化生态产业园党工委主任助理、景区管理处处长、清河城市馆馆长、区图书馆馆长、西游记游戏博览馆馆长、长荣大剧院院长；2012年任淮阴师院附小校长；2013年调任淮安市清河区教育局副局长。先后获评全国阅读教学先进个人、江苏省中小学校优秀共产党员、江苏省优秀科技辅导员、江苏省青少年科技教育先进个人、淮安市优秀体育管理干部、淮安市师德标兵、淮安市教学能手、淮安市小学语文学科带头人、清河区教师基本功大赛全能标兵、清河区首席教师等；曾获清河区五一劳动奖章，享受区政府津贴；并被聘为淮阴师范学院兼职副教授、华东师范大学"新基础教育"研究中心列席研究员。先后主持并参与多个国家、省级课题研究；编写语文辅导资料近十万字。

学校是个阳光明媚的地方

淮阴师范学院附属小学 戚桂荣

2012年以来，淮阴师院附小以"向阳"文化建设为引领，实施整体变革，积极弘扬"阳光精神"。向阳文化，既是一种教育主张，又是一种教育理想。她以阳光管理推动教育公平，成就开朗、乐观、团结、奉献的阳光团队，打造"爱生、严谨、探索、奉献"的教风；以阳光教师引领学生成长，营造"乐学、好问、善思、践行"的学风；以阳光环境建设美好校园，成就"团结、改革、求实、创新"的校风；以阳光活动促进身心发展，栽培明礼、正心、向善、担当的阳光少年；以阳光课堂尊重个体差异，奠基健康、快乐、主动、成长的美好人生。她面向全体师生，面向师生发展的各个方面，用生命培育生命，用爱心滋养爱心，用温暖传递温暖,用尊重撒播尊重,用智慧启迪智慧,引领师生健康和谐发展,幸福快乐成长。

建设美丽优雅、积极向上的阳光校园
——关键词：文明、和谐

一、校园建设整体规划，体现科学性、凸显人文性

学校做好学校环境文化建设的整体规划,充分考虑校园的景观性、标志性、人文性,体现学校独特个性和文化精神,建设科学、人文、美观、和谐的校园。

（一）发动师生，征求方案

校园环境文化建设是一个系统工程,需要全校师生共同努力,以人为本,应充分调动广大师生的参与热情,使校园环境建设成为师生共同的目标和自觉的行动。学校以"向阳文化节"为契机,组织全校师生征集校徽、校歌、楼名,进行几轮筛选,并将结果公示,进行民主投票评比,努力把参与权、建议权、规划权、建设权还给教师和学生,发挥了全校师生在校园文化建设中的主体作用。

（二）求助专家，提升品质

在广泛征求师生建议的基础上,充分考虑学校的历史、办学特色及地域文化,我们先后邀请华东师范大学、淮阴师院相关专家教授进行校园文化整体策划,充分挖掘学校历史、文化资源,帮助学校进一步提炼了办学理念,策划了富有个性的学校文化,提升了学校文化的内涵品质。

二、重视校园环境建设，努力开发校园环境育人功能

为营造良好的校园文化氛围,学校从基础设施建设入手,在整体上融思想性、知识性、艺术性、教育性为一体,加大力度,努力开发校园环境育人功能。

（一）建设"向阳文化园"和"会说话的墙壁"

拆除老旧的车棚、围墙,建起了100多平方米的"向阳文化园",文化园里曲径流泉、假山凉亭,环境优雅。即将完工的"笑脸墙"上,绽放着孩子们开心的笑容,将快乐与活力传递给每一位师生和来访的客人。学校"健康快乐、主

动成长"的办学理念、三风一训让孩子们耳濡目染；校园里的橱窗、楼道、走廊都是学生才华展示的空间；教室内外的班牌、名言警句、教师寄语和个人格言，让孩子们在潜移默化中树立理想，塑造健康人格。

(二) 加大力度，绿化、美化校园

学校在原有基础上，进一步绿化、美化校园，先后改建了"向阳楼"的门厅、楼道，整理建设了花园、篮球场。校园内绿树成荫、竹香阵阵、花草怡人，令人赏心悦目。苍松翠柏四季常绿，各种鲜花四季轮开。通过四化活动的创建，学校面貌焕然一新，校园环境优美，雕塑长廊相互辉映，花园内花繁叶茂，四季如春，既是花园，又是植物园，更是师生学习生活的乐园。英姿勃发的学生雕塑、具有文化气息的石艺雕塑掩映于红花绿草之间，为校园增添了几分书香之气。美丽的环境，起到了以美益智，以美益德，以美激情的育人功能，使校园情趣盎然，充满生机。

(三) 开展建设"文明校园"行动

德育处制定《校园文明用语规范》，各年级发动学生创作适合本年级特点的《校园安全儿歌》，利用"国旗下讲话"和"红领巾广播站"、电子大屏幕等媒体大力宣传，并开展"阳光少年"特色活动，班主任以班会、晨会为主阵地，与学生开展形式多样的教育活动，努力建设文明和谐的校园文化氛围。

(四) 让"温馨提示"陪伴师生

在走廊里、草坪中间、墙壁开关处、水龙头处，树立了一些个性化、人性化的提示语，如"校园是我家，美化环境靠大家""请节约用水""靠右行走，轻声漫步""呵护绿色珍惜生命""你轻轻我青青"等提示语，让这些温馨提示处处陪伴在师生们左右，真正体现环境育人的特色。

(五) 营建班级文化

创建班级特色，形成班级精神，努力营造人格培养的良好氛围。各班级教室门前设计制作了独具特色的班级名片，上面设有班级宣言、班级目标、班级特色名称、班徽、班训、班主任寄语、班级合影等内容，增强了班级的凝聚力；建立班级图书角，开展读书交流、朗读比赛、诗歌创作等活动，争创书香班级，培育书香少年。

学校环境文化建设是推进学校文化建设的需要，是提升学校环境品位的需要，更是实施文化育人主题思想的需要。这是时代赋予我们的重任，是一个需要我们不断加以探索实践的崭新的课题。

实行民主开放、活而有序的阳光管理
——关键词：公正、关爱

学校领导班子努力践行"民主开放、活而有序"阳光管理，落实以人为本，让制度成为推动学校发展的动力，成为表达关怀、责任与爱的温馨提示，并以人性化、精细化、可操作的理念去设计各项制度，积极探索"学习研究—规划设计—实践落实—动态调整—反思总结"的管理流程。

在这里，教师群体自主管理发挥正向作用。学校积极推行扁平化管理，年级主任和备课组长组成管理团队，统筹整个年级工作，年级拥有策划活动、组织考评等权利。重心下移与民主开放的制度，开创出教师自主管理的新局面。环境布置与整理，成为一个一个教师小团队的分内事，他们比着做，赛着干；日常教学研究，也成为一个一个教师小团队的一种生活常态，他们相约相聚，为一节课，思索，碰撞，共同成长。教研活动展示、年级工作总结、元旦联欢、队列表演、"向阳"校园文化艺术节等活动，为师生的发展搭建广阔平台，体现文化浸润作用，引导师生涵养乐观、进取的意志和情怀，更是展示团队力量的绝佳时机，一个个不同层面的团体，一位位各有所长的教师，欢欣鼓舞地奏响生命中最富活力的乐章。

在这里，教师个体生命价值得到充分尊重。2010年秋，学校加盟上海华东师范大学叶澜教授主持的"新基础教育"研究，专家团队深入课堂指导，缩短了教育理论与课堂实践的距离，深入持久的理论学习和真实高效的课堂教学研讨活动有力地提升了教师研究能力，为"自主学习"的研究开辟了新天地。向专家学习或上研究课，对所有教师机会均等。正如一位教师在演讲时所说："学习培训，只要报名，机会就有你的。"学校在每位教师生日那天，都会送上一盒精美的生日蛋糕，让教师们感受到亲人般的关怀。教工之家丰富的活动，让教师们紧张工作之余发展爱好，健康体魄，愉悦身心。年度总结会上，发言的有学校领导，有普通教师，也有食堂员工，他们生动地讲述自己的岗位故事，工作的智慧、钻研的忘我、奉献的热情交织、融会，感染着每一位与会人员。

校长经常挂在嘴边的话是"关爱学生、善待老师"。这已经成为淮阴师院附小管理团队的行事宗旨。阳光管理，面向每位教师、每个学生，公平、公开、公正,和煦、和暖、和谐。实施年级管理、开展岗位竞聘、召开教代会、重大决策与学期工作面向全体职工征求意见……随着我校管理改革的深入推进,淮阴师院附小逐步呈现出"温暖开放、健康向上"的良好局面。

培养睿智乐观、积极进取的阳光教师
——关键词:双美、双馨

阳光校园需要阳光教师,阳光教师打造阳光课堂,淮阴师院附小的美丽校园里成长着一批又一批"双美"(形象与内在气质)、"双馨"(师德和教学素养)的阳光教师。

在这里,他们拥有健康蓬勃的生命力和自信乐观、坚强执着的阳光心态。在淮阴师院附小,青年教师虚心好学,中年教师开拓进取,老年教师与时俱进,人人都充满活力。"青蓝工程""师徒结对""名师工作室"活动引领教师专业化成长;"个人成长三年规划"促进教师自主、快速发展。

在这里,他们尊重学生,严慈并济,是学生的良师益友,能针对每个学生的特点和志向,因材施教,让每个学生在爱的阳光下茁壮成长;他们尊重同事,工作中既讲竞争,又善合作;他们尊重家长,对待家长态度亲切,善于沟通。

在这里,他们爱岗敬业,甘于奉献;他们关心集体,勇挑重担;他们是学习型、科研型的教师,醉心教育,大步走在教改前列。他们成立学科专业指导委员会,强化对常态课的研究与指导,形成以问题的发现与解决为中心的校本研究制度。一年来我校先后有七个省级课题、一个市级课题立项开题,一个省级课题、一个国家级子课题和一个市级课题结题。

在这里,他们经得住金钱和名利的诱惑,安于三尺讲台,在帮助学生成长的同时,实现自己生命的价值,享受生命焕发的欢乐。他们自信乐观,拥有阳光般生生不息的正能量,在思想的碰撞交流中欣赏自己、悦纳他人,体会职业价值和生命价值的合二为一。

构建教学相长、有效合作的阳光课堂
——关键词:互动、生成

通过教学互动氛围的营造,良好习惯的培养,融洽师生关系、启迪学生自信,让课堂成为体现生命成长、体现生动生活、体现成功体验、体现人生激励、体现有效合作的课堂……这,就是淮阴师院附小的阳光课堂。

在这里,课堂逐渐呈现多样化的精彩,处处弥漫着阳光的气息。每一间教室就是一个家庭,环境温馨,主题鲜明,文化浓郁;每一位教师充满教学的激情,他们用睿智和爱心点亮孩子的心灵;每一个孩子眉飞色舞,小手高举,大胆地说,勇敢地问,热切地学。师生互动、快乐智慧、和谐健康的阳光洒向课堂的每个角落,课堂充满生命的活力。

阳光课堂是由观念到行为的民主开放课堂。教师的教学观念和思维方式在我校的转型性变革中发生了质的变化,这种变化反映在教学行为上。教师把思考权、质疑权、评价权还给了学生,学生是真正的学习活动的主体。这种开放,是单一向多元的开放,是书本向生活的开放,是部分向全体的开放。全校的语文、数学、英语、班队及术科的课堂教学都围绕"开放"展开了研究和实践,常规积累、课堂导入、核心推进、拓展延伸四大环节的开放让课堂教学更具包容性、延展性。人们欣喜地看到,今天的课堂,孩子们或问、或答、或思、或写,他们自主学习的声音成了课堂的主旋律。

阳光课堂是由点状到网状的合作学习课堂。"摒弃表面的繁华,开展自主的深入探究"是阳光课堂活动的原则。在整个课堂活动中,学生不是在欣赏浮光掠影,而是在思索与对话中前行。点与点的问答少了,网状的互动成了主流,师生处于思维的活跃状态,表达的热烈状态。在这样的学习活动中,学生的问题在螺旋推进中得到解决,并能生成一系列新问题,课堂有了深度的思考和探究,学生的思维能力、表达能力、合作能力在这个过程中得到提升。教师在课堂中敏锐捕捉各类资源,引导和推动教学活动的开展,从而达成教学的多层目标。"小组合作"在淮阴师院附小的课堂中得到新的尝试和发展,各学科根据学生年龄特点和学科特点研究出较成熟的小组合作形式,让小组合作学习日常化、规范化,提高了合作的实效。

阳光课堂是由科学到心灵的生命成长课堂。"教育是人的灵魂的教育,而非理智知识和认识的堆集。"在充满生长律动的课堂上,呈现的不仅是鲜美的果实,更有触及心灵的花开的过程,听得到每一个孩子生命拔节的声音。关怀生命,就要关注学习习惯养成,关注学生的兴趣情感以及综合素养的提高,这些都是不可忽视的、持之以恒的课程教学目标。师生在这样的课堂里共同成长,实现生命的价值。

培育快乐自信、全面发展的阳光少年
——关键词：活力、自主

学校顺应儿童天性，鼓励学生个性化成长，以丰富多彩的序列化活动为抓手，以"阳光少年"发展目标为方向，培养具有健康、阳光、快乐、合群等特质的"阳光少年"。不仅为学生未来的幸福人生奠基，更着眼于孩子当下的快乐成长。

首先，梯队化、系列化地锻造德育工作队伍。学校建立"德育处—年级主任—班队组长—班主任"的德育管理网络，以学校德育工作"星火论坛"为载体，一方面组织班主任认真学习上海华师大叶澜教授主编的"新基础教育"有关专著，要求大家积极运用有关理论去实践学校德育工作计划，做一个主动发展的教育工作者；另一方面全面关注在德育活动中暴露出的问题或者经验，并加以及时的整合提炼，形成有针对性的校本培训内容，促进教师在不断的反思和体悟中做好德育工作。

其次，是分层次、立体化的去栽培"德育之树"。分层次是指要根据学生的年龄和身心发展特点，去研究、设计和布置合适的德育目标，这些德育目标要上下衔接、前后连贯；立体化是指要把德育工作当成一门校本课程来对待，要有六年观念。每个年级各有侧重点，突破过去以学期为界限来设计德育工作方案的固化模式，把学期德育工作放在六年体系中全面考虑。

学校一至六年级分别以"明礼、知行、乐合、正心、向善、担当"为主题，在不同的主题下衍生出不同的德育目标：一年级为"讲卫生、走好路、懂礼貌、讲礼仪"，二年级为"会游戏、做好操、会劳动、能自理"，三年级为"爱集体、讲诚信、会交流、能协作"，四年级为"爱家乡、学恩来、明是非、正言行"，五年级为"爱生命、讲仁爱、乐付出、知回报"，六年级为"爱祖国、树理想、勇拼搏、敢担当"。各年级结合以上目标，以班会课为主阵地，开展丰富多彩的系列化的德育活动，并进一步完善评价体系，设计使用《阳光少年成长册》，评选"阳光少年"，有效提升了学生的道德、情商水平。

为了体现公平原则，让每一个孩子得到均等的成长锻炼机会，学校的德育工作特别注意研究学生成长的需要，活动因学生发展需要而开展，岗位因学生生活需要而设立，孩子们在班级生活中、在学校集体活动中享有平等的权利,拥有同样多的锻炼机会。学校大队部公开竞选大队干部,层层筛选,程序规范,场面庄重而热烈。班级干部民主选举产生,班级岗位设定鼓励孩子参与,岗位责任一起商定,实行定期轮换制。每一项活动都以学生发展为出发点与最终目的,最大限度地发挥其育人功能;每一个学生在活动中受到教育,得到锻炼,主体意识和综合能力都得到了提高。

实施富有特色、卓有成效的阳光体育
——关键词:健康、和谐

为响应教育部提出的阳光体育运动的号召,学校本着"健康第一"的指导思想,确定了"以阳光体育打造特色品牌"的发展思路。学校成立"阳光体育"工作室,把阳光体育有机地融入素质教育活动中,经过"特色项目—学校特色—品牌学校"三个阶段的阳光体育活动推进,形成了"以体健体、以体育德、以体启智、以体示美"的阳光体育特色建设,收获了丰硕的成果。学校先后为国家、省、市培养和输送了100多名优秀运动员和运动后备人才,国家女排队员宋琪,世界技巧冠军严松,亚洲铁人三项冠军、第十二届全运会冠军范丹都是我校的学生。学校先后被评为"国家级体育传统项目学校""全国全民健身先进单位""全国群众体育先进单位""全国体育优秀实验学校""江苏省体育教育工作先进单位""江苏省体育传统项目学校",连续5年被评为"江苏省体育冬季三项锻炼先进学校"。

为全面贯彻阳光体育精神,落实学生每天一小时锻炼时间,学校以体育课堂教育为主,以阳光体育大课间活动为辅,因地制宜,开展师生喜闻乐见的锻炼项目。每天上下午,操场上乐曲悠扬,江南 Style 阳光活力操、全国第三套广播操《希望风帆》、集体舞《小白船》和全国中小学生系列武术操《旭日东升》是全校同学必做的大课间练习。此外,学校还为各个年级和各个班级留有自主锻炼和自主游戏空间。如火如荼的阳光体育大课间活动,保证了学生每天至少有一小时的阳光体育活动时间,促进了学生身心健康和谐发展。卓有成效的特色大课间活动,使学校赢得了全市瞩目,多次向市区同行开放大课间活动现场,引发各地观摩者阵阵由衷的赞叹。

学校进一步落实"体育、艺术2+1项目",将游泳运动作为一门常规课程纳入日常教学,全校小学部和所属5所幼儿园全面普及游泳运动,让6 000多名孩子都学会游泳的梦想成真；普及篮球、呼啦圈、韵律操、武术操、轮滑等运动项目，每个学生小学毕业前，都能学会至少两种泳姿，都能掌握几种基本的运动技能，获得运动的快乐，养成运动的习惯。

在此基础上，学校积极探索学训融合的小学体育发展新路径，15年来与淮安市体校联合办学，组建击剑队、篮球队、羽毛球队、游泳队、跳水队等，连年代表全市参加省运会，竞技训练硕果累累，先后培养和输送了7名国家级游泳运动健将。在游泳竞技渐入佳境的基础上，学校着手跳水队的组建和训练。三年来，学校从4个梯队建设抓起，从选材环节到基础性训练和专业训练，层层把关。2012年、2013年在江苏省青少年跳水锦标赛上，分别获5金3银3铜和5金3银8铜，团体总分全省第一的佳绩。2013年，一名跳水队员在全国少儿跳水比赛中独揽3枚金牌。

学校从体教结合模式、健康促进理论视野、学训融合视角出发，构建了阳光体育一体化内容、管理与评价体系，彰显了学校阳光体育文化精神，打响了学校体育品牌，推动了学校工作可持续发展。2013年，国家体卫艺司领导专程来校视察，对此给予了高度肯定。

"红日初升，其道大光。前途似海，来日方长……美哉我少年中国，与天不老！壮哉我中国少年，与国无疆！"近代思想家梁启超先生在《少年中国说》一文中的慷慨陈词、扬声祝赞言犹在耳，至今读来仍让人热血沸腾，复兴中华之豪气油然而生！展望未来，淮阴师院附小必将继续秉持"向阳"文化精神，奋勇向前，迎难而上，为追求教育的公平、人本、责任、奉献而执着进取、真抓实干，追求更大的跨越式发展！这，就是淮阴师院附小人心中的中国梦，最真最美的中国梦！

张亚兰,女,生于1969年8月,江苏淮安人,1988年8月参加工作,中共党员,行管硕士,中学高级教师。先后就职于淮阴师院附小、清河实验小学,现任淮海路小学教育集团校长、副书记。曾荣获"五一巾帼标兵""淮安市教学基本功十项全能标兵"称号,淮安市区语文学科带头人,首席教师,多次被评为教育工作先进个人、优秀党员。作为区优秀专业技术人才,曾享受区政府特殊津贴。从事教育教学工作28年,上各级公开课三十余次;多次获市优课比赛一等奖。有《新课程标准指导下的学生习作练习》《让孩子踏着书香前行》《学习"八礼四仪" 争做美德少年》等30余篇文章在省市刊物上发表或获奖。以省级课题"美育导入,构建和美学校文化的研究"为促进,加快学校"和美"文化建设,其办学经验两次在全国和美教育联盟高峰论坛上做主题发言,在第四期"京苏粤"中小学优秀中青年校长研修班做交流。

奏响"和美"文化音符 提升学校办学品位

淮安市淮海路小学 张亚兰

古老的大运河畔,优美的石塔湖边,特有的古楚文化孕育了江淮大地一所历史名校——省级实验小学淮安市淮海路小学。在经历创业的艰辛,崛起的激动,成功的喜悦,不断寻求新突破的发展壮大中,淮海路小学先后被评为江苏省文明单位、江苏省文明学校、江苏省红旗大队、江苏省和谐校园、江苏省艺术教育特色学校、全国诗教工作先进单位、市教学质量先进学校、市素质教育先进学校、市教育系统行风建设"十佳单位"等,多次受到市委市政府、区委区政府和市区教育局的表彰。

学校结合半个多世纪的发展历程,经过深入调研、广泛探讨,确立了"构建和美文化,实施和美教育"的核心理念,以美立校、以美育德、以美益智、以美健体,全面深入进行和美德育、和美课堂、和美艺术教育的研究,培养儿童审美能力,塑造儿童美丽人生。全校师生员工凝心聚力,积极构建"和美"校园,倾情打造"和美"文化,使淮小的"和美"教育,既与优良传统一脉相承,又跟时代风尚并肩同行。于是,在这钟灵毓秀的校园中,和谐,绽放着靓丽的容颜,博大而从容;尚美,彰显着教育的光辉,温馨而厚重……

一、"和美"学校管理规范有序

以"激发无限潜能,助力和美人生"为办学理念,"以生为本","以师为本",依法治校,以德润校,质量立校,文化塑校,人才强校,特色兴校,学校管理走上了法治化、规范化、精细化的轨道。物质文化、制度文化、人文影响多管齐下,打造"尚德尚美,和乐有为"的校风,"博学严谨,和言善诱,精艺美教"的教风,"和思生趣,乐知创美"的学风,积极为每一个学生的全面和谐发展提供优越的教育环境,促进学校、教师、学生共赢发展。

二、"和美教师"团队彰显风采

做"心态和""行为美"的教师是教师团队文化建设的核心。"有优秀的师德风范、有模范的师表形象、有精湛的教学技艺"是和美教师的基本追求。名师工作室、"和美教师""师德标兵""教学标兵""教学能手""优秀班主任""优秀管理者"等培师工程实施,有效地促进了教师的专业化发展。一支师德高尚、团结进取、乐于奉献、专业水平高的教师队伍正在形成,在市区有影响力的青年骨干教师正在迅速成长。为了提高教科研的实效性,我们将教研组与课题组整合为一,努力探索适合学校情况的教科研之路。教科室引导教师形成问题即课题的观念,鼓励教师积极申报各级各类课题。省级课题《美育导入,构建和美学校文化》顺利开题后,制订研究推进计划,在学校各项工作中加以研究、运用。仅2013年,有6个课题成功申报成为市立项课题,2个课题成功申报成为省苏教版第五期研究课题,3个省级课题顺利结题。市级以上发表论文47篇,获奖论文67篇。一位教师获省青年教师基本功比赛三等奖,五位教师获市级赛课一等奖,8位教师获区课堂教学比赛一、二等奖。

三、"和美"德育务实有效

学生就像一颗美丽的种子,只有在和谐的校园内才能发芽成长,而和谐校园就植根于和美文化之中。学校大力构建学校、家庭、社会相结合的德育网络，构建适切的"和美"德育的课程体系，让儿童在"和美"教育场景中"立美修德"，学会思辨，懂得践行，争当"诚、智、忠、勇、善"的美德少年。淮安是敬爱的周恩来总理的故乡，恩来精神是对学生进行思想品质教育的主要内容。通过创建"周恩来班"，推动学习的深入，引领孩子们争做"四好"少年。通过"知周"———读恩来文章、看恩来影片，"爱周"———讲恩来故事、悟恩来人格，"学周"———学恩来精神、做优秀学生等系列活动，学生能了解伟人，走近伟人。周恩来故居、周恩来纪念馆、刘老庄烈士陵园等地方留下了淮小人深深的敬仰之情和拳拳爱国之心；大运河记录了淮小师生热爱家乡，关注环保的足迹；敬老院、孤儿所留下了淮小人无限爱心……少年军校、"和美之声"广播站、优秀班集体评比、庆"六一"主题队会已初步形成了学校德育工作品牌，真正把"德育为先""以德育人"落到实处，给孩子们创造和谐发展的生长场。

四、"和美"艺体教育香清溢远

和美的艺术教育追求的是面向全体学生，让学生学会用艺术来表现自己的情感，用艺术极大地丰富生活，学会艺术地生活。作为省艺术特色学校，省体艺"2+1"示范学校，每一个学生在学习国家规定的艺术课程外，都参加了自己喜欢的艺体社团。学校先后投资了300多万元，创办了"石塔湖少儿活动中心"，在有充足的师资保障下，编写了八套艺术类校本教材，成立了五大类近四十个学生社团，进行每周四次的艺术课程学习。在一、二年级开设了竹笛、葫芦丝课程，全员参与。在三到六年级开设乒乓球、三棋、体育韵律舞蹈课等校本课程，按年级分层要求，组织学生参加相关比赛，锻炼心理素质，提高技能。我们成功举办了十四届艺术节，每次活动千余人参加艺术展示，百余名学生被评为艺术之星。"和美之韵"合唱队多次在省、市少儿合唱比赛中获奖。"和美之韵"音乐会在淮安市广播电视台一楼演播大厅隆重举行，社会反响巨大。《江苏教育研究》刊文向全省推广我校和美办学特色及艺术教育成果。原市委书记、省人大常委会副主任丁解民同志欣然给我校题词："培养艺术人才的摇篮。"省艺术特色验收专家在接受我市记者采访时连连赞叹"淮海路小学是淮安大地上一朵名副其实的艺术奇葩"。

健壮的身体是生命活力之源，健全的灵魂寄于健康的身体之中。学校在保证开足体育课的同时,还尽力为学生的体育锻炼提供较为充裕的时间、空间及设施保证。每天认真组织体育大课间活动,还因地制宜地组织了跳绳、踢毽子、拔河、长跑等比赛项目。连续举办了24届校田径运动会,连续十多年在市小学生运动会中稳居团体三甲之列,获体教布点田径比赛一等奖。在市轮滑比赛中荣获团体冠军,在市乒乓球比赛中获得二等奖。每学期的亲子运动会、轮滑比赛、武术操比赛、队形队列展示、大课间评比、游戏评比、一日军训活动、教师运动会等体育特色活动开展得有声有色,受到了前来调研、考察、观摩的各级领导、同行的好评。目前,淮海路小学每一个学生都有一项爱好或特长,参加1~2个社团活动,心理健康、体质健康合格率达97.98%,学业合格率在100%。

五、"和美"课堂建设硕果累累

"以生为本",以"和谐、尚美"为支撑点,确立了"儿童就是美""美是一种力量""美是一种质量"的和美课堂教学理念。提倡课堂"重在实在,美在灵动,贵在气质",努力让"组织形式儿童化,教学方法情境化,练习形式多样化,评价方式欣赏化"的和美课堂成为教学品牌。我们以构建高效课堂活动为契机,寻求课堂教学提升增长点,师生和谐发展突破点,积极开展"和美"课堂的研究:① 制定了《和美课堂标准》,设计了《和美课堂评价观察量表》。② 编写《淮安风情》《创新思维好习惯》《英语快乐阅读》《牵手好习惯》《国学经典读本》《做有根的中国人》等八个系列共49本校本教材,并被评为淮安市优秀校本教材,为构建"和美"课堂平添了一抹亮丽的色彩! ③ 扎实开展备课组、教研组活动。④ 上好组内研究课、示范课;大力开展好"说上评"教学大比武、基本功大赛等活动;积极参加各级公开课、选拔课、评优课。⑤ 从2005年起,淮海路小学先后与南京夫子庙小学、拉萨路小学、无锡雪浪中心小学、东绛实验学校等省内名校联谊,共同探讨高效课堂教学模式的构建,交流"和美"校园文化的内容。⑥ 开展别具特色的学科活动。读书节、英语节、科技节赛,"读写大赛","计算小能手评比","聚焦和美"摄影比赛,"放飞梦想,快乐成长"书画比赛,与"和美"同行演讲比赛……种种活动为学生构建了愉悦的第二课堂,让孩子在书海中漫游,在歌声中飞翔,在游戏中成长,让快乐学习成为常态。⑦ 2008年起至今,进行了六届"书香校园"系列评选活动,嘉奖"书香少年"和"书香人家"。从2010年起,每学期均评出二十名"和美教师"和一百七十名"和美少年"。⑧ 成立了"阅读""写作""班主任"等涉及各学科的九个名师工作室,有共同学术追求的骨干教师聚集在一起向教育理想高地进发。⑨ 实施培养"和美教师""师德标兵""优秀管理者"等培师工程,有效地促进了教师的专业化发展。

在向理想中的和美课堂探索时,我们惊喜地发现,机械枯燥的课堂,渐渐被演绎得流光溢彩,充满美感。语文学科中的文字美——意境美,数学学科中的逻辑思维美——形状美;品德学科中的思想美——行为美;体育课中的动作美——形体美,音乐课中的旋律美——情绪美,美术教学中的造型美——色彩美,自然学科中的探索美——生命美,多媒体教学中的视觉美——神奇美,等等,使孩子们能够去细细地聆听、辨识、品味,让美在课堂内外交融,让美的种子萌发。听着孩子们陶醉的读书声,欣赏着孩子们出色的创作,望着孩子们自信的笑容,辛勤的园丁们也真切地感受到了奉献美。近百位教师在各级赛课中摘金夺银。数学"五步走"教学模式被评为淮安市基础教育十大教学模式之一。2012 年 10 月,学校又被淮安市教育局确定为小学科学学科基地。2012 年 12 月,学校被评为淮安市学校文化建设先进学校。

恩格斯说:文化上的每一次进步都让我们向自由迈进。教育总是要迈向自由境界,迈向最高的自由境界。"夫求贤者,上以承天,下以为人。"淮海路小学何以为上?传承的是一个民族;何以为下?承诺的是一方百姓。每一个淮小人都会把责任铭刻在心,用心培植"和美"文化,用"和美"文化浸润师生心灵,让"和美"校园成为师生成长的乐土和精神家园,在"和美"文化的沐染中,绽放璀璨的光彩。

黄艳梅，女，生于1968年8月，淮安人。1987年8月参加工作，历任淮安市人民小学教师、大队辅导员、教务主任、清浦区教研室副主任等职，2002年2月任淮安市人民小学校长，2012年3月兼任清浦区教育局副局长，2014年5月清浦区推行校长教师轮岗交流，调任淮安市城南中心小学校长。提出"言语主题"教学主张，以"表达"为主线重构教学，对传统的语文教学重于阅读有所突破和延展，出版系列成果《教出好作文》《读出好作文》《写出好作文》。在学校管理中努力成为课程文化的建构者、引领者和推动者，创建"和乐人生教育"文化品牌，人民小学获得高位优质发展；立足城南小学薄弱乡镇校，创生"百·塑"文化，积极培育优质学校。在语文教学、学校管理及课题研究领域取得了显著业绩，被评为特级教师、全国模范教师、中国长三角最有影响力校长、全国优秀校长、江苏省"333高层次人才"第二、三、四期培养对象，江苏省中青年科学技术学科带头人，淮安市"十大女杰"，淮安市有突出贡献中青年专家，淮安市"533"英才工程领军人才，并当选江苏省第十二届人大代表。

基于生命表达的教育改革与实践

淮安市城南乡中心小学　黄艳梅

石中英先生说过："任何教学改革的深化与教育知识的创新都可以从历史上或现实中所蕴含的'人的形象'的反思与重塑开始。"教育关乎生命、关乎成长、关乎表达，因此对人的生命价值的关注，成为我们教育教学活动的价值起点。

上　篇

语文学科蕴藏着丰富的生命资源，无论是生命情感的表达，还是对诗意生活的向往，都为语文学科教育价值的实现提供了内在可能。针对汉语言的存在方式，我们的语文教学应引导学生在生命体验中丰富自己，并获得一种生命表达的可能。

言语性是语文课程的特性，写作是语文能力的综合实现，经过多年研究和探索，提出了"言语主题"教学主张，以言语为主线和重点，加强单元教学课型联动，以表达贯穿语文教学的始终。言语的最基本含义就是对语言的运用，这里指培养写作能力的具体目标，就是以言语表现（写作）为本位、以分解式写作能力培养为教学目标（主题）的结构教学形态。"言语主题"以表达为中心，整体设计单元教学，优化阅读教学，在阅读教学中习得方法，将口语交际、综合性学习等作为单元教学的重要环节，既保证口语交际、综合性学习的教学质量，也使得口语交际、综合性学习与作文教学相辅相成，以提高听说读写诸项训练的实效性，全面提高语文素养。"言语主题"创新点在于以"表达"为主线重构教学，对传统的语文教学重于阅读有所突破和延展，可以打通很多壁垒，密切阅读、写作、生活的联系，能够达成语文活动诸要素之间的良性循环，有力地提升学生的表达能力，并以此带动语文教学质量的大面积提高。

言语需要是人的一种天然的生命需要。在语文教学中，要通过对言语的品味，引导学生去发现、去体验，通过这种体验，学生得以感受生活的不同滋味，得以形成敏感的心灵，发现着自己生活的价值；要通过对言语的运用，引导学生去领会——作者在表达什么，用何种方式表达，为什么如此表达，在外在表达与内涵间实现沟通，从而获得对语言的敏感与对内涵的体悟，实现对课文的诗意的理解，并习得表达方式，提升言语能力。

一个单元各类课型的教学，一册课本各个单元的教学，一个学段各册教材的教学，如果不从整体上提纲挈领，一线贯之，学生所获得的知识和技能则是点状的、零散的，难以达成整体优化和效益提升。以"言语"线贯通，就是要由点状教学转向线性结构教学。一是关注言语生命的"立"，以"言语"线统领，对单元教学内容进行整体性的重组与加工，整体设计单元教学，按长程两段的设计，将教学分为"输入"和"输出"两大阶段，合理安排单元教学时间。在"输入"阶段，通过阅读教学、课外阅读等，让学生感知、体会、形成关于言语表达的方法结构；在"输出"阶段，通过口语交际、习作聚焦等，让学生尝试、运用、掌握表达方式，从而构成一个线性的完整的教学结构。让学生掌握学习的主动权，最有效率的是培养学生掌握和运用知识结构，因为只有结构才具有较知识点强得多的组织和迁移能力。二是关注言语生命的"长",如何从知识与技能、过程与方法、情感与态度、价值观四个维度上构建小学习作总体目标,是个复杂工程。能力目标是其核心,建立纵向能力目标序,既可以作为作文教学的航标,引领着习作教学的方向和过程;也可作为作文教学评估标准,检验、评价和反馈学生的习作,使得作文教学有的放矢。以写人类教学为例,人物的形象从外在来说可以是指人物的外貌、语言、动作等,从内在来说是指人物语言、行动等反映出的比较稳固的性格、习惯、思想、品格等,教学内容和教学要求可以由易到难逐步过渡,努力使之符合学生的年龄特点和认识水平,并在不同阶段各有侧重,体现训练的连续性和渐进性,最终全面达成总目标。

系统论认为,有结构的整体大于各部分简单的相加之和。以言语主题统摄,进行教、读、写全套设计,言语主题系列是一个比较全面的体系。主题链接、单元联动与主体激活、走向生活是相互策应的,将教学活动置于现实的生活背景之中,从而激发学生作为生活主体参与活动的强烈愿望,同时将教学的目的、要求转化为学生作为生活主体的内在需要,让他们在生活中学习,在学习中更好地生活,从而不断地学习与积累更多的知识。充分考虑学生的情感发展、生活境遇、人生体验的实际,把课本上的要点和现实生活有机结合起来,创设一个与生活息息相关、饶有兴趣、相互促进的内容和情境,让学生在大量的语文实践中掌握运用语文的规律,引导学生在语文实践中主动获取语文知识,掌握学习方法,提升语文能力,获得生命成长。

下 篇

儿童在生命成长的过程中要经历由"自然人"到"社会人"的转化,这是社会交往的基础。我们每个人作为社会人的需求远远超过了作为自然人的需求,而此过程中人的成长需要多种角色的体验。长久以来,在我们的教育生活中,忽视了人的生命性,单调重复的学生角色体验消磨了儿童的生命情趣。在多年的办学实践中,戏剧进入了我的视野,我尝试发掘其本体功能、发展功能、教学功能等功能价值,提出"剧课程"概念,并将其引入儿童发展各领域,融入儿童的常态生活中。

剧,原指戏剧,通过演员表演故事来反映社会生活中种种冲突的艺术,是以表演艺术为中心的文学、音乐、舞蹈等艺术的综合。我提出的"剧"是指把学校教育活动看作一个大剧场,学生在剧场中的活动也是生命主体的呈现,是对生命形式和表达的观照,通过多元的生活角色和戏剧角色的体验,表达对生命的感悟。剧课程是从课程整合的视角,对校园生活进行整体课程架构,一方面探索戏剧课程化,开发戏剧活动和生活角色互换体验活动;另一方面探索课程戏剧化,在国家基础性课程中融入戏剧的元素,形成剧课堂的新形态。小学剧课程建设的实践探索是基于小学生身心发展的需求和小学教育的特点,结合戏剧的育人价值的思考,基于戏剧,更超越戏剧,把生活看作人生戏剧的大舞台,不重表演而重体验与表达,对传统的戏剧教育进行课程化改造,在学校学科教学、拓展课程、日常生活等多领域进行剧课程架构,促进学生的多元发展,形成可具操作和推广的教育教学实践路径。

在戏剧活动的开发与实践中,分阶设置戏剧活动,形成具体的实施内容和方式。结合学生在各年级段的不同身心发展特点,由易到难地实践戏剧绘本、读者剧场、戏剧创演,主要有:初阶,戏剧绘本,以简易排列方式读剧为主,适用于一、二年级学生;中阶,读者剧场,有走位变化及简单辅助道具的读剧形态,适用于三、四年级学生;高阶,戏剧创演,学生可创作剧本,增加一些有表演风格、服装造型的读剧表演形态,适用于五、六年级学生。具象且鲜明活泼的影像最能吸引学生的注意力,他们在过程中能始终保持兴趣和专注力。戏剧能够松懈学习的警戒状态,愉快有趣的经验刺激智能的学习发展。将平面文本 3D 化,让大脑能够左右运作,形成脑力激荡。倾听和讨论能够诱发对话的机会,提高学生表达的意愿,透过戏剧课程,拓展想象,联结和扩展学生的学习经验。

在生活体验的设计与实施领域,按小学生在校的六年时间,长线规划六年的角色体验内容,有计划有组织地落实活动,形成系列体验学程,让学生早期进行多重角色体验,如班级开展多岗位角色轮换活动,另外还有家庭角色互换体验和职业角色体验。每一类的角色体验的设计,体现由易到难,由简到丰的过程。生活角色体验学程可以弥补传统教育方式的缺失,可以提前让学生体验学校角色、社会职业、生活角色等,培养同理心,学会换位思考,形成体验后的认知,提早培养社会适应能力,为未来的发展提供新的可能。

在剧课堂的建构与实践方面,剧课堂是指以课堂教学"戏剧化"为特色表征,将戏剧的基本元素融入学科教学,以学生的自主参与、角色体验、生命创造经历课堂的演绎过程。旨在通过戏剧的教育价值,以学科课程为核心,在课堂教学中融入戏剧元素,使教与学能够在戏剧化中实现能量转换。围绕剧课堂的主题、内容及拓展需要,挖掘与整合多方课程资源;融入戏剧元素,形成"激活—入境—对白—演绎—创想"的五幕课堂型态。在剧课堂中,学科课堂就是一个个剧场,学生、老师以各自角色现场互动,教学过程就是角色关系建构的过程,是教师和学生生命成长的能量场。

剧课程建设其"宗"指向"人",指向学生未来社会性的发展,关注学生在学习中的兴趣、情绪、表达能力、合作能力等。剧课程建设回归学生本身,由学生的兴趣点和好奇处入手,提高其角色体验的主动参与度,激活学生内在的发展需求。在"剧"中,学生可以体验不同的生活角色,丰富他们对角色的责任担当意识,还可以是戏中的虚拟角色,他们借用剧的表现形式积极地表达自己。因此,剧课程的实践可以给学生选择的自由、发现的空间,选择适合自己的成长方式。剧课程建设的前提是基于学校整体发展的系统性,不是单一地将戏剧作为一个内容进行研究,剧课程把学校教育生活看作一个剧场,以剧的形式,关涉学科教学、学生生活、艺术活动等多个领域,以剧寓于课程体系中,寓于学校整个系统中。剧课程从戏剧中的角色体验到日常的生活角色体验,让学生的校园生活浸染"剧"的色彩,其生命成长的过程中更充满丰富性和趣味性。

从"言语主题"语文教学主张,到"剧课程"的实践建构,笔者以为,倾注其中的是对学生生命成长的关切,贯穿其中的是"体验—表达"的主线思考,"表达"在促进人的成长中具有独特的教育价值。杜威认为"语言的本能是儿童的社交表现的最简单的形式"。因此"语言"是一切教育资源中重要的资源,语文教学就是要在学生的表达中让学生娴熟地运用各种表达形式。而剧,可以促进我们在理解中表达着自己的独特感受、在自我表达中获得对他人的理解,而此种表达与理解都是在人际交往中进行的,是将生活世界的丰富内涵发掘出来、并不断丰富个体的生命世界。学生发现与创造、体验与表达生活之美的能力,都取决于学校教育教学的价值定位和对教育教学活动的组织,因此,学校生活应呈现出一个立体的世界,这个世界是人的世界、生命的世界。无论是"言语主题",还是"剧课程",都应该建立在学校教育、个体成长的生命价值之上,如此,基于生命表达的教育教学都将成为学生生命成长的资源。

从大群，男，生于1970年6月，江苏淮安人，中小学高级教师，现任淮安市黄码中心学校校长。1989年8月参加工作，一直从事语文教学。2002年开始任校长以来，一直秉持"为学生的终身发展和幸福人生奠基"的办学理念，主张"学能"并重，在提高学生学业成绩的同时注重发展个性特长，近年来在学校开展"素读经典"和"特长培养"工程，"素读经典"工程受到市专家的肯定并在淮安市《诗教工作会议》上做经验介绍，"书画社团"的学生作品获省一等奖，"机器人"获省特等奖。2002年以来，被江苏省教育厅授予科技教育先进个人、优秀辅导员，被淮安市政府表彰为优秀教师，被清浦区委区政府表彰为先进工作者、优秀共产党员，淮安市"十百千"人才培养计划人选。先后主持了两个市级课题，多篇论文、教学设计在省、市区获奖或刊物上发表。

加强校本管理　营造幸福校园

淮安市黄码中心学校　从大群

幸福是什么？我们认为就是珍惜现在拥有的一切，让我们以一颗感恩的心，对待美好的生活，对待周围的一切！让教师"敬业、爱生、务实、高效"，实现自我，拥有职业的幸福，校园就是家园；让学生"博学、善思、勤勉、进取"，成人成才，享受成长的快乐，校园就是乐园！

近两年，学校紧紧围绕加强校本管理，营造幸福校园，全体师生员工团结拼搏、锐意进取，取得一定成绩。学校先后荣获江苏省"平安校园"先进单位、江苏省社区教育先进乡镇、淮安市关心下一代工作先进单位、淮安市中小学规范管理先进单位、清浦区红十字优秀单位、区教代会建设工作先进单位、区校园安保工作先进单位，并在区政府红歌比赛调演中荣获一等奖。同时，创建了淮安市学校科技教育先进学校、淮安市学校关工委常态化建设合格单位、淮安市优秀家长学校、淮安市红十字示范学校，获清浦区特色学校创建一等奖。学校教师参加市、区实验技能操作大赛、课堂教学评比均获一等奖，参加省、市级论文评比获一、二等奖的有21篇，教师个人获奖累计63人次。

2015年,学校中心幼儿园顺利通过省优质园的验收,并且代表清浦区接受了省教育督导专家的现场督导和评估并受到专家的高度评价。

一、制定目标,为构建幸福校园勾画蓝图

(一)办学理念

为每一个学生的终身发展和幸福人生奠定厚实的基础

(二)一训三风

校训:勤于学习　勇于担当　持之以恒　和谐发展

校风:厚德　奉献　健美　创新

教风:敬业　爱生　务实　高效

学风:博学　善思　勤勉　进取

(三)办学特色

素读经典　特长培养

(四)办学愿景

1. 学校发展战略(简称"一、二、三、四、五、六、七、十百千工程"战略)

一个中心——以提高教育教学质量为中心;两项特色——素读经典与特长培养;三个同步发展之路——办学质量与特色创建,学生、教师、学校,校园文化建设与内涵提升同步发展;四种教师精神——团结拼搏的团队精神、争创一流的进取精神、勇于开拓的创新精神、甘为人梯的奉献精神;五个构建——构建平安校园、文化校园、健康校园、特色校园、和谐校园;六大策略——质量强校、文化立校、教研活校、特色兴校、做强幼教、幸福校园;七项学生特长——墨海探航、七彩童年、芙蓉绣坊、快乐运动、葫芦丝、剪纸艺术、小记者;十、百、千工程——背下十万字、读破百部书、写下千万言。

2. 学校发展目标

总目标:环境优、师资强、质量高、特色浓。

(1)近期目标(2010—2012):健全和完善学校规章制度,规范学校管理,优化学校运行机制,强化干部教师队伍建设,深化课堂教学改革,巩固养成教育成果,提高学校办学质量,大力开展学生特色活动,改善学校办学条件,建成综合楼,兴建200米塑胶跑道和运动场,创建教研现代化,严格依法办学和依法治教,实现学校科学发展的目标。建成有一定知名度的特色项目学校。

加入实小教育集团发展共同体,为学校发展注入助推剂。

（2）中期目标(2013—2017)：在规范管理的基础上,吸收共同体学校的管理经验,进一步实行严格高效和精细化管理,实现办学质量的全面提升,建成体育馆和学生宿舍楼,着力加快学校特色创建步伐,实现学校特色发展目标。建成市级名校。

（3）远期目标(2018—2020)：即学校愿景,这两年着力加强学校内涵建设,总结、提炼、升华学校管理,形成质量名牌学校、管理示范学校、特色教育学校、教科研先进学校,在实小的引领下打造一批省、市名教师、骨干教师,实现学校内涵发展目标。建成省级有知名度的名校。

3. 教师发展目标

建设一支"师德高尚、业务过硬、合作探索、创新高效"的爱事业、爱学校、爱学生、可持续发展的学习型教师队伍。特级教师1人,小中高5人。教师全部本科毕业。

4. 学生发展目标

把学生培养成"四有"(有理想、有道德、有文化、有纪律)、"六会"(会做人、会学习、会特长、会尚美、会劳动、会合作)的具有一定综合素质的全面发展、和谐发展和可持续发展的创新型小学生,语文素养达到初中生水平,为学生的终身发展奠定良好的基础。

5. 学校特色目标

"素读经典"是以校本教材为载体,通过教师的引领,学生能记诵国学经典,积累知识、积淀素养,提高阅读写作能力和品德修养,力争六年后达到甚至超过初中生的文学素养。具体目标是幼儿园学生三年内会背100首规定诗词,记诵《百家姓》《三字经》《弟子规》内容。每个学生六年内能积累1 000个成语、会诵记1 000首古诗、100首词,初读10篇古文、欣赏100篇现当代散文,有较高的写作能力和文化素养。

"菜单式特长培养工程",即注重学生个性和能力发展,丰富学生的学习生活,激发学生的兴趣,发展学生的能力。六年后每个学生至少学会一种技能、掌握一项特长。为做到学校有特色、班班有特色,学校专门成立了和之韵艺术团、墨海探航、和小新闻、快乐运动、芙蓉绣坊、七彩童年、剪纸艺术7个特色组,各班级将这些小组像菜单一样呈现在学生面前,给学生选择。每个学生至少参加一个兴趣小组。每天下午1:20~1:55为全校书法课,学生用地书、墙书展示自我。每周五下午放学前 1 小时是各项特长培养活动的时间,学生在教师的指导下锻炼能力,发展特长。

二、依法制校,让幸福的校园得到根本保证

一所学校要想健康良性的发展,其前提就是要依法办学、依法管理。学校一直把法制教育放在首位,德育处是学校法制教育的组织机构,我们分四步走:一是大力宣传,让法律走进心田。首先,学校组织全校教职工认真学习各种法律法规。其次,学校利用多种方式宣传法律知识。最后,学校每学期都对师生进行法律知识水平考核和测试。二是守住阵地,让法律融入课堂。课堂教学是实施小学法制教育的主要场所。三是学以致用,让法律汇入生活。学法就是要知法、守法和用法,学校教师和学生中不乏用法的例子,他们用法律来保护自己的合法权利。四是依法办学,让法律成就管理。学校坚持依法治校,科学规范学校内部管理。严格遵守国家法律法规,形成依法办学、自我约束、科学管理的发展。

学校按照规定每学期都召开教代会,学校的发展与建设问题通过大家讨论形成决议,充分体现出了高度的民主、人本特色。学校校务、财务定期公开,教职工对学校校务有什么建议可以直接反映到校长室,实现了学校人文化管理。在教师职称晋级、课堂展评等活动中公平竞争,公开条件,透明管理,公正裁决,及时公布结果,让学校管理上台阶,实现校园管理的和谐稳定。

三、草根课堂,让教师的幸福有了和美家园

学校的主要工作是教学,一个教师的幸福感主要来自对自己工作的满足程度。在积极主动的生存状态下,自觉强化自己教育教学的专业意识,让自己在教育教学中形成内在的教师职业尊严,感受着自己作为教师的浓浓幸福感。

(一)真实有效的集体备课是专业成长的温室

学校每周四进行集体备课,集体备课前教师都要做好充分准备,让探讨和研究真正落实,让教学方法新奇有效,真正围绕教材和学生去备课。人人参加集体备课,人人在集体备课中有展示的余地。这样一来,在集体备课中,教师心中有盼头,手中有事做。在成功的感召下,教师工作的动力就十足。

（二）研讨浓厚的工作室是教师学习的天地

学校共有四个工作室。语文、数学、英语、技能科各一个。工作室中由学校骨干教师进行主讲，科室人员进行讨论，形成学校独特的教学研究风格。在工作室中成长了一大批教学业务骨干，他们在课堂教学中展露风采，体味成功，享受幸福。

（三）有效课堂教学展评，让教师有了展示的舞台

学校每学期都进行课堂教学展评，让全校教师参加展评活动。在展评中教师提前一小时备课，教法课件要自己准备。在这样强而有效的训练下，学校涌现出一大批教学精英。近年来，学校有8人次获市级课堂教学一、二等奖，10人次获区级课堂教学一、二等奖。

植根教学，让教师在业务上成长起来，让教师在教学中感受成功，身心愉快，精神充实。教师在教学中悦纳自我，在教学中心存感激，在教学中追求卓越。学校成了教师成长的家园，在家园中教师自由宽松地发展自我，幸福感在他们的心中荡漾着。

四、培育"八能"，让学生的幸福找到成长乐园

有人对小学生进行了调查，调查显示小学生的在校幸福感主要体现在学习氛围的民主化，课程内容的生活化，学习方式的自主性，学习过程的整体性。实际上小学生的幸福感应在活动体验中形成和培养，一要重视学生游戏精神；二要把握竞争合作关系；三要引导体验困难挫折；四要教会学生学会付出。

在以上的基础上，学校制定了学生发展的"八能"规划，所谓"八能"是指"能说流利的普通话，能用英语简单会话，能写端正的汉字，能熟练地操作电脑，能做简单的科学实验，能掌握一项特长，能掌握两项健身技能，能诵读30万字以上的经典书籍"。

"八能"为学生幸福成长之花浇灌了甘霖。促进学生"全面发展"，确保学生"全员参与"，鼓励学生"摘到桃子"，引领学生"健康成长"。学生在发展"八能"过程中，能根据自己的兴趣爱好，自由幸福地成长。学校每个学生都有自己的发展空间，每个学生都能体味到"八能"带来的快乐，在快乐中绘就他们多彩人生。特色发展给学校教育教学带来了前所未有的生机，师生的工作、学习充满了活力。2011年，清浦区特色创建工作现场会在学校召开，我们

受到专家及同行们的赞誉,同年年底,学校被清浦区教育局评为特色创建工作先进学校。

为了让每一个学生都能自觉、快乐地参与到阳光体育活动中来,促进孩子们健康发展,学校秉承"每天锻炼一小时,健康工作五十年,幸福生活一辈子"的理念,坚持"把健康还给学生,把快乐还给学生"的原则,开展了丰富多彩的阳光大课间活动。学校大课间活动主要内容有集体韵律操、跑步、绳操等各具特色的体育项目,真正达到让学生在运动中体验快乐,享受快乐。

五、文化育人,让校园成为师生的精神家园

2012年,学校成立了校园文化建设领导小组并拟定校园文化建设规划。根据规划,在学校各个地方布置了与办学理念、特色创建紧密联系的内容:校门外、东西两栋教学楼上和走道口都布置了体现学校办学理念的宣传牌;走廊立柱上悬挂着唐诗宋词、成语、名言的牌匾;楼道口悬挂着装帧后的学生的绘画、刺绣等作品……所有这些构建了理念育人的隐性课程。学校还通过构建动态文化特色,传播和小精神。学校以办学理念为核心,成立了《和韵》校报编写小组,创建了《幸福校园》的校刊。截至2012年6月,《和韵》报已连续出版八期。区委区政府、教育局、学生家长、兄弟学校等社会各界对校报给予了高度评价。中国新闻网、关心下一代周报以及都市文化报等中央、省、市多家新闻媒体予以报道,《和韵》校报把关注教育发展的各界人士凝成强劲的办学合力。创建经典开放书吧和各班级的经典阅读小书橱,四千余册图书在学生中传阅,让图书"漂流"起来。晨读暮吟成为学校一道亮丽的风景。

"策马前途需努力,莫学龙钟虚叹息""让每一位教师拥有职业的幸福,让每一个学生享受成长的快乐""为学生的终身发展和幸福人生奠定厚实的基础"是我们永恒的追求。我们也深知教育工作永远没有最好,只有更好。我们愿为之不懈地努力,为学生的人生成长抹上一层浓浓的、亮亮的底色,让师生的幸福之花在校园中精彩绽放。

真正的"好学生"不在于其眼下能考多高的分数,关键在于其今后可持续发展的潜力与空间有多大。真正的"好教师"不在于其眼下能指导学生考多高的分数,关键在于其能否运用赏识性的眼光识别不同孩子身上的"火种"并将之点亮。真正的"好教学"不是把"有问题"的学生教成"没问题",而是把"没问题"的学生教成"有问题"。真正的"好学校"不是简单地把自己定位为

"一个加工厂",而是应设法让进入学校的每一颗金子都发光。

今后,我们将不断追求这样的教育境界:以多样化的课程、多元化的评价,给学生创造个性化发展机会,也让我们学校更具有别样的风格,努力营造富有丰厚底蕴、人文内涵、现代气息、蓬勃活力的快乐校园,使教育真正回归人的常态生活,使孩子成为孩子。我们不一定成为教育家,但希望一定要用教育家的思想去办学。

张辉,男,生于1966年4月,江苏洪泽人。洪泽县实验小学校长、党支部书记,中小学高级教师,江苏省特级教师。1984年6月毕业于江苏省淮安师范学校,1990年6月取得淮阴教育学院数学专业专科学历,2004年6月取得江苏教育学院小学教育专业本科学历。1984年8月至2010年7月在洪泽县实验小学任教,先后任教研组长、团支部书记、教导处副主任、教科室主任、副校长。2010年8月任洪泽县高良涧小学校长、党支部书记。2015年8月任洪泽县实验小学校长、党支部书记。从教三十多年,坚持在一线任教,潜心教学研究,获得省优课评比一等奖2次,市优课评比一等奖4次,县优课评比一等奖8次。从"八五"开始,一直主持省市级课题研究工作,并取得了丰硕成果,有60余篇论文在《江苏教育》《江苏教育研究》《教学与管理》等杂志上发表。曾荣获省基础教育课程改革先进个人、市优秀教育工作者、市首批名教师、市小学数学学科带头人等称号。

尊重差异　发展潜能

洪泽县实验小学　张　辉

一、教育理念：每个孩子都是一种可能

什么是教育？教育就是让人的潜能最大化。人的潜能巨大无比,教育的旨意是发展人的潜能。

潜能是人发展的潜在能量,是人发展的一种可能性。一是指人体内蕴藏着极为丰富的精神力量,是影响人的生命成长的内在素养;二是指人类社会实践和文化成果在人的身心结构的历史积淀,它既是自然进步的结晶,又是社会文化的积淀。发展人的潜能,一是要丰富人的潜能,不断增加未来发展的种种可能;二是要发掘人的潜能,把内在的可能变为现实。教育就是把不可能变为可能,把可能变为现实。每个孩子都是一种可能。

近来,江苏卫视推出的科学类真人秀节目《最强大脑》吸引了无数人的眼球,其中各类人才超级能量的展现,超乎想象,令人折服,他们将潜能释放至极致。

中央电视台的《挑战不可能》是以人类自身能力为对象的探索之旅,是对生命潜能的开掘,是对平凡生命超越自我的礼赞。节目中的选手可能只是一位瘦弱的妇女,却能在水中与危险的鲨鱼沟通交流;可能只是一位原始部落的村民,却能肉眼看清十公里外的动物。他们在生活中只是与我们别无二致的普通人,但在舞台上挑战超越常人的极限,展示平凡生命的极致,他们将不可能变成了可能,震撼人们的心灵。

俄国戏剧家斯坦尼斯拉夫斯基在排一场话剧时,女主角因故不能参加演出,迫于无奈,他只好让他的大姐担任这个角色。可他大姐从未演过主角,自己也缺乏信心,排练时演得很糟。斯坦尼斯拉夫斯基非常不满,生气地说:"这个戏是全戏的关键,如果女主角仍然演得这样差劲,整个戏就不能再往下排了!"这时全场寂然,屈辱的大姐久久没有说话,突然抬起头来坚定地说:"排练!"她一扫过去的自卑、羞涩、拘谨,演得非常自信、真实。斯坦尼斯拉夫斯基高兴地说:"从今以后,我们有了一个新的大艺术家。"

综观古今中外,省视众人成长经历,无不说明人的潜能是巨大的,每个人的发展都有无数种不确定性。我把教育校本定义为潜能教育,建构了潜能文化。我认为孩子的潜能是无限的,每个孩子都是一种可能。教育就是让每个孩子怀揣梦想,心存信念,让生命充满灿烂人性的光辉。把"让我们的潜能充分发展"作为学校使命,把"超越"作为学校精神,把"我们的潜能是巨大的"作为校训,不断发掘人的潜能,发展人的个性,发挥人的力量,发现人的价值,让学生拥有更多出彩的机会。

二、教育哲学:尊重差异,发展潜能

就像"一棵树上没有完全相同的两片树叶",人的个体差异客观存在,教育必须尊重学生的个体差异。根据加德纳的多元智能理论,人类的智能至少可以分成语言、数理逻辑、空间、身体运动、音乐、人际、内省七个范畴。一个人不可能每一项智能都比较强,可能其中的一项或几项比较有优势,而其他的项目处于弱势。

"尊重差异,发展潜能"就是以促进生命成长为宗旨,充分尊重个体差异,不仅让每个人的优势潜能得到最好的发展,弱势潜能得到尽可能的发挥,最终达到个体的和谐发展,而且还让不同的人得到不同且充分的发展,让每个人都能从自己的现实走向可能。尊重差异一是有教无类,关注每一个学生的成长;二是因材施教,让每一个学生都得到适合的成长。

潜能的发展既指自我发展,又包含与同伴、教师和家长的相互发展。它是一个循序渐进的过程,强调用生命去滋润生命,彼此生发健康的"枝条";用生命去叩击生命,相互产生智慧的火花;用生命去呵护生命,携手酝酿善良的情感;用生命去灿烂生命,并肩铸就美好的未来。其现实途径就在于:给学生一些权利,让他自己去选择;给学生一些机会,让他自己去把握;给学生一些困难,让他自己去面对;给学生一些问题,让他自己去解决;给学生一些条件,让他自己去创造。

教育就是为了生命主体的自由和幸福成长,其宗旨在于捍卫生命的尊严,激发生命的潜能,实现生命的价值。教育的过程应关注生命,尊重生命,珍爱生命,欣赏生命,敬畏生命。教育的本质是促进人的生命成长,生命成长的本质就是发展人的潜能,把蕴藏于生命深处的种种可能和谐地发展为现实。

2010年8月,我任洪泽县高良涧小学校长。我积极建构和践行潜能教育。一是开发潜能课程。推行戏曲进课堂,学校自编印发了校本教材《梨园撷萃》;做好校园诗教工作,邀请县诗词协会会员到校举办诗词讲座,组织编印了《古诗诵读》校本教材;推进读书活动,每周二下午安排两节课时间组织学生阅读课外书籍;开设写字课,强化写字指导,邀请名师为书法社团开设讲座;自主开发足球操,打造学校品牌课程。二是开展潜能活动。学校全年设立了"四节",分别是"天鹅湖"艺体节、科技节、读书节和英语节。艺体节展示学生的艺术天赋和体育特长;科技节重在提高学生的科技素质、培养学生科学创新精神,让学生在活动中充分体验学习、创造的乐趣;读书节开展读书心得交流、征文评比、讲故事比赛、淘书乐等活动,共享阅读,共享成长;英语节开展口语交际、情景表演等活动,营造学用氛围,发掘孩子潜能。除"四节"外,推广普通话、万里行实践、周恩来班创建等活动也为学生良好素质的形成奠定了坚实的基础。同时,开辟了个人潜能秀、潜能大舞台、潜能展示台等阵地,让学生在活动中增强技能,强健体魄。三是加强潜能教研。每周组织课堂演练,教研组打磨展示,学科组研讨提升;设立名师工作室,定期开展以"自主学习"为主题的课堂教学模式研讨,着力教师潜能挖掘;深入开展课题研究,立足课堂教学,在实践中发展潜能;开展对外交流,承办市县活动,举办成长论坛,搭建潜能展示平台。四是扮靓潜能校园。开辟书法长廊和道德长廊,让学生接受博大精深的书法文化和闪耀哲思的儒家经典的熏陶;构筑校园景点励志劝学,学校建成了司马光砸缸、熟能生巧、举棋不定、乘风破浪等雕塑,同时还建造了孟母断织、温枕扇席、神笔马良、韩干画马文化墙,时刻感染熏陶师生;榜样引领,学校在校园主要通道悬挂优秀师生的大幅宣传照片,让大家学习身边优秀人物;美化校园,做到四季常绿,四季有花,愉悦身心;装修校史室,展现百年老校的发展历程,激发潜能。五是实施潜能评价。在潜能文化的浸润下,学校改变传统的单一评价为多元评价模式。从思想品德、普通话水平、经典诵读、课外阅读、规范书写、体艺特长等方面对学生潜能发展进行综合评价,学业成绩不再是评价的唯一指标,促进了学生的全面发展。学生经过在校六年的学习,具备了基本的文明素养,能说一口流利的普通话,能写一手漂亮的钢笔字,能背出规定篇目的古诗,具备一项体艺特长,形成了具有本校特点的学生气质。

尊重差异,发展潜能,就是让教育有更多可选择的空间,就是让每个不同的孩子享受合适的教育并得到符合自身素质条件的发展,就是在个性化的多元课程和丰富多彩的活动中,塑造心灵,开启心智,最大限度地释放师生的幸福感。

三、教学主张:让学,引导学

课堂教学的终极目标应该是培养学生学会学习,培育学生的学习潜能,发展学生的终身学习能力。学生的"学"是从"可能"走向"现实"的桥梁,教师"教"的本质是为了促进学生更好地"学",没有学生的"学",教师教得再好都是徒劳的。因此,要建构相应的课堂文化,实现"教"向"学"的转变,把教转化为学。基于儿童视域,以确立儿童的主体地位为前提,以促进儿童的自主发展为根本,从研究儿童的学习天性、本能、特点、规律和成长需要出发,我提出了自己的教学主张"让学,引导学",并以"引导学生学"作为教风,以"依靠自己学"作为学风。

"让学"是一种理念,是课堂教学的前提。"让学"的课堂强调教师的作用就是帮助学生释放潜能,只有在学生需要帮助的时候才能出手相助。在教学中,教师要敢放手、会放手,将更多的时间还给学生,教师侧重于学习方法的指导,帮助和促进学生自主学习、主动探究,让自主学习成为学生的一种内在生命欲求,成为学生生命成长的需要,促进学生智慧地成长。课堂要激活学生的生命活力,使每个学生都能积极主动地投入学习探究之中,让课堂成为学生展示才华的惬意舞台,心灵交融的激情广场,智慧生发的快乐驿站。

"引导学"是具体的教学方式,是课堂教学的保证。"引导学"分为"导学"和"引学"两个层面。一是设计"学案"导学。学校教研组根据课程标准理念与要求、学科特点、教学内容、学生身心和认知特点,为学生设计学习方案,"学案"有共性的引导,也有个性的指导;有阅读文本,也有动手实践;有方法指导,也有思维点拨……"学案"是教师智慧的体现,也是引导学生产生智慧的核心。二是运用"学案"引学。"学案"只是学习的"指南",如何运用它组织学习是课堂教学的关键。教学过程中,教师引导学生按照"学案"的要求自主学习。学生学习时教师不能袖手旁观,而要平等参与。要不断了解学生的学习活动,特别是对少数学习困难的学生,更要适时、适当地给予帮助。学生自主学习后,教师组织小组或全班交流,汇报学习方法、思维过程和学习收获。通过生生对话、师生对话,共享学习成果。教师在倾听学生汇报的过程中,要善于察言观色,捕捉有价值的信息,及时生成讨论的话题,让学生在思维的碰撞中迸发出智慧的火花,以达到心与心的沟通、情与情的交融。运用"学案"组织学习的过程,是学生由未知走向已知的过程,是对学习内容汲取、消化和吸收的过程,是生发智慧、生命成长的过程,也是教师教学智慧展示的过程。

我以学定教、关注学情的"让学,引导学"的教学主张,实现了传统教育"重教"到新课程理念下"重学"的完美转身。

刘晓山,男,生于1974年4月,江苏省洪泽县人,中学高级教师。1992年8月至2006年3月任洪泽县蒋坝九年制学校教师、教研员、教导主任;2006年4月至2010年8月任洪泽县东双沟中心小学副校长、副书记;2010年9月至今任洪泽县仁和中心小学校长。任校长以来,学校发生了巨大的变化,已经由一个破旧的农村薄弱学校变成了有口皆碑的优质教育品牌学校。学校先后被评为"江苏省平安校园""淮安市教育现代化先进学校""淮安市诗香校园""洪泽县明星学校"。2015年,学校被表彰为"淮安市义务教育先进单位"。

学校中层执行力的弱化与提升

洪泽县仁和中心小学　刘晓山

学校中层干部在学校管理运营中,始终处于"兵头将尾"的位置,犹如一块"夹心饼干",上挤下压。这一群体虽然处于这样的特殊地位,但他们又是联系校长和教师的纽带和桥梁,是学校工作执行力强弱的集中体现。如果中层不能积极发挥应有作用,则会给学校管理和决策的执行带来很大阻碍。学校中层在执行学校决策方面会有哪些弱化现象?学校又该如何提高中层的执行力呢?

一、学校中层执行力的弱化

(一)业务与事务失重

中层干部往往都是学校业务标兵,但做了学校中层后,经常会为学校的琐碎事务所困扰。动辄开会,聆听上级的指示,接受校长乃至上级部门的各项检查和验收,"上面千根线,下面一根针",他们从事着学校许多"鸡毛蒜皮"的小事,被校长"呼来喊去",常常是上着课就被校长突然叫去"临危受命"。

接受上级领导的突击性检查。有时教师不理解,还"指手画脚",最终变成了"八面受敌",再加上本身的备课、上课、作业和学生管理的"四面出击",搞不好,最终做了"事务",丢了"业务"。中层的业务停滞不前,自身产生疑虑,在教师面前因少了榜样作用,从而降低了执行效能。

（二）"上压"与"下挤"并举

在做中层以前,他们大多是学校的中坚力量,领导对他们放心,他们也因工作有成就而感到舒心。但当了中层后,他们没有自己支配时间的自由,相当一部分时间不属于自己,而是属于领导。学校里的大事小事都会让他们去做,他们成了学校的"打杂工"。没有当中层之前,他们和同事们有说有笑,相互聊得很开心,一旦当上中层后,就好像与教师产生了距离感,而且随着时间的推移,这样的距离越来越大。每当学校领导批评教师,教师们就会认为是中层告的密。让这些中层说好也不是,因为校长不让;说不好也不是,因为教师不理解,他们担心失去同事的信任和友谊。中层们感到很孤独,生活意义锐减,工作执行力自然得不到提高。

（三）职位和权利失意

中层干部无决策权,上有校长,下有教师。关系处理不好,既得不到上级信任,又得不到下级拥护,成了一块"夹心饼"。在不少学校,校长的管理往往是"一竿子插到底",中层管理者成了一个花架子,一些本应该履行职责的中层管理者往往"有职无权",决策时校长说了算,做事中层去做,做不好还挨批评,造成中层成了"上传下达"的"过话筒","不求有功,但求无过"。职位与权利的不对应,让中层们茫然不知所措,造成中层们工作积极性不高、责任心不强,他们的智慧得不到发挥,才能得不到施展,办事执行力自然就大打折扣。

（四）付出和获得失衡

中层管理者都想自己的投入能得到合理回报,不管是物质上的,还是精神上的。学校教干长期担任中层而未能被提拔,特别是一些中层副职,心中担任高一级职务的愿望始终没有泯灭,一直在努力工作,等待提拔机会。但往往是资历不如自己、年龄比自己小的人被重用提拔。从而产生抱怨心理,消极怠工。还有一些教干缺乏正确的价值观,认为干出成绩是领导的,奖金也是领导的,还要被教师调侃,自己什么也得不到,干得好不如干不好。再加上由于部门与部门之间,岗位与岗位之间存在不同性质、不同特点,在中层中很难建立起"一碗水都能端平"的考核激励机制。中层升职渠道不通畅,考核机制不合理,"付出"与"获得"不成比例,使得中层们产生职业倦怠,极大地降低了中层的执行力。

二、学校中层执行力的提升

学校中层管理者这种"职业生态"的困扰给学校发展带来了负面效应,他们认为职业到头,没有奔头,才智枯竭,情绪浮躁,生活平淡无奇,百事索然无味。作为校长,应帮助他们走出"职场生态"的困惑,重新点燃中层管理者对生活的信心,以此提高行政决策的执行力。

(一)敢于授权,勇于负责

依据中层干部的职权范围和德才状况予以授权。凡是中层干部职权范围的事,放手让他们独立思考,自主解决,不要事必躬亲。过多地干涉,必然会产生消极后果,增强中层的办事依赖性,淡化中层的责任心和事业心,工作积极性、主动性、创造性衰竭,在教职工中失去感召力和凝聚力。当然,授权中还要善于控权,监督权力的行使方向,推动工作积极主动地沿着健康的轨道运行。对中层工作中出现的问题与失误,要大度宽容,不要过多责备。为中层搭建足够自由的管理框架,关注而不干预,创造条件让中层灵活自主应付局面,这样,中层有了安全感和归属感,才能调动其做事的热情。

(二)加强指导,统筹协调

校长的地位决定其决策的全局性和战略性。而中层从事的是局部的且是在执行决策。中层所处位置的局限性,往往会对决策的理解出现片面性,因此,校长必须加强对中层干部的指导,谨防"一叶遮目,不知春秋",把中层的思想认识和工作方向统一到学校决策上来,提高其执行决策的自觉性。深入中层中去,帮助其解决工作中遇到的问题,提高决策的向心力。学校的生存和发展离不开部门间的密切协作,部门与部门的关系,大多表现在中层与中层的关系。部门利益的相对独立,中层认识水平与工作能力的参差不齐,造成中层间分歧与矛盾在所难免。作为校长要引导中层在利益上求同存异,局部利益服从整体利益。坚持公平原则,以事实为依据,不厚此薄彼,做到奖罚分明。此外,校长还要历练一双慧眼,把矛盾消除在萌芽状态。

(三)关心体贴,适时激励

校长的管理主要表现是对教干的管理,特别是中层。当校长把中层放在"第一位"时,他们迸发出的智慧是惊人的。美国著名女企业家玫琳·凯说过:"世界上有两件东西比金钱更为人所需,那就是认可和赞美。"调整中层教干的工作心态,激励是校长应有的全新理念。一两句赞美之词对领导来说,是得来全不费工夫。对下属来说,那是一种需求,一种渴望,是激发斗志和勇气的灵丹妙药。一两句表扬,中层会以厚重的工作实绩回报。也就是这一两句表扬,会对他们的终生产生不可估量的作用。校长应学会每天赞美一分钟,让爱淌进每个中层干部的心田。每个中层都有自己的纪念日,诸如生日、晋升的日子,这对校长来说是增进感情的"加油站",校长可以通过电话、短信、礼品等方式,与中层拉近距离,密切友谊。当中层感到被尊重、关注和理解时,他们的潜能会得到充分发挥,工作热情也会洋溢全身心。学校决策执行力也就不言而喻了。

(四)扩大影响,提高"亮度"

影响力是一个人在和他人的交往与活动中,调控与改变他人心理与行为的力量。作为校长就应该帮助树立中层影响力,以影响力提高执行力。扮好宣传员、带队员、示范员、组织员、服务员等多面手角色;引导中层加强学习和反思;指导中层突出条理思维,重视制度建设;要培养中层有一种"未雨绸缪、超前谋划"的精神,学会最佳控制。学会对事情的控制,如校园安全、教学监控、德育活动等,要讲究管理学中所说的预先控制。事后控制不如事中控制,事中控制不如事前控制;学会对人的控制,充分发挥教职工的积极性和主观能动性,让每位教师在其位、谋其政、行其权、尽其责。同时需要关注细节,让管理走向精致化和规范化。

张大冬,男,生于1971年2月,淮安市淮安区施河镇人,中学高级教师,江苏省小学数学特级教师,淮安市人大代表。1989年8月参加工作,任淮安市新安小学数学教师;2000年11月调至淮安区教研室,任小学数学教研员;2003年3月调任淮安市新安小学副校长,先后分管德育、教学工作;2010年8月起担任淮安市新安小学校长至今。工作26年来,始终秉持"捧着一颗心来,不带半根草去"的新安精神,锐意进取,追求卓越,在教育岗位上创造了辉煌的业绩,先后荣获淮安市小学数学学科带头人、淮安市中青年骨干教师、淮安市优秀教师、淮安市"十百千工程"培养对象、江苏省小学数学优秀青年教师、江苏省基础教育课程改革先进个人、江苏省小学数学特级教师等一系列荣誉称号,并被聘为淮安市基础教育学科专家指导组成员、淮安区人民政府督学。近年来潜心于"小好汉成长教育"和"思维课堂"的实践研究,有50多篇教育教学论文和教学设计在省级以上刊物上公开发表,论文《浅谈学生亲历建模过程中应注意的几个问题》被中国人民大学复印报刊资料全文转载,并著有《走在行知路上》一书。

红色文化　绿色成长　金色童年

淮安市新安小学　张大冬

淮安市新安小学是人民教育家陶行知先生亲自创办的学校,举世闻名的新安旅行团曾经从这里走向全国,宣传抗日救亡。新旅历时十七年,行程五万余里,足迹遍及全国二十二个省、市,谱写了少年儿童革命史上的壮丽篇章,被陶行知先生誉为"一群小好汉"。

今天的新安小学,借鉴新旅的成功育人经验,挖掘新旅的文化内涵,大力实施"小好汉成长教育",着力培养"会阅读、善思考、能自主、有担当"的新时期小好汉,走出了一条继承传统与改革创新有机结合的办学之路。

一、新旅精神代代传——让红色文化内化为学生的成长基因

对于我们新安人来说,新旅不仅是一段历史、一个传奇,更是一笔宝贵的精神财富。新旅团员们爱国爱家、自主自立、勇于创新、敢于担当的精神,理应成为学校的办学基因。为此,我们从校园环境、红色德育、主课题研究等层面入手,着力做好新旅红色文化的传承和研究工作,让红色文化成为学校文化的主色调。

而今,举目新安校园,新旅红色文化的气息无处不在:行知楼、达之楼、铭勋楼、新旅苑、肖峰美术室、舒巧舞蹈房、王山实验室、大朋创作室,所有的建筑物和活动房都打上了新旅人名的印记;"捧着一颗心来,不带半根草去""谁说小孩小,划分新时代""人有两个宝,双手和大脑",走廊上、办公室、教室里,新旅精神导师陶行知先生的教育名言随处可见;"讨饭要也去宣传抗日""舌战马超俊""保卫大武汉""毛主席来信啦",学校月湖沿岸的栏杆上,一个个新旅故事浮雕无声地讲述着新旅的红色事迹;群雕"一群小好汉""周恩来与新旅孩子们",把新旅精神凝结成两座雕像,竖立在师生心里;校园南端的新旅历史纪念馆,更是新旅红色文化的一座丰碑,把新旅的红色文化传统深深渗进脚下这片土地,渗进师生的心田……

纵览学校办学历程,新旅红色文化的踪迹无时不在:"新旅歌曲大家唱""新旅故事大家讲""新旅事迹大家演""新旅舞蹈大家跳",每年开展的"学新旅"系列活动让新旅事迹、新旅精神在同学们的心头永放光芒;"面对汪爷爷的书包""新旅爷爷奶奶十二我十二",每学期举行的"学新旅"主题队会,让新旅前辈成为孩子们心中学习的榜样;"新旅班"评选、"新旅好后代评选",让新旅前辈爱国爱家、自主自立、勇于实践、敢于担当的精神成为学校的核心价值观;"学习新旅精神,争做四有新人""学习新旅精神,开展新时期的'三个生存(学会自我生存、帮助他人生存、关心民族生存)'教育""学习新旅精神,争当四好少年",一个个德育主题活动,赋予了新旅精神鲜明的时代特征;新旅故事、新旅歌曲进课堂,进一步丰富了新旅精神的传承载体;"构建自主发展教育模式研究""自觉行知,自主成长"研究、"传承生活教育思想,促进学生自主成长""基于新旅实践的小好汉成长教育研究",学校主课题研究一脉相承、层

层深入,将新旅红色文化内化为学校的办学基因,构成意蕴深厚的学校文化。

二、做新时期的"小好汉"——让学生的成长与绿色相伴

从育人的角度看新旅,这是作为教育人的我一直以来审视新旅的习惯方式。在我看来,新旅是一个传奇,不仅因为他们"人小志气大,爱国走天下",还因为他们在没有固定教室、没有固定教材、没有固定师资的情况下,培养出一百多名横跨政治、文学、艺术、科学等众多领域的人才精英,创造了教育史上的一项奇迹。新旅的成功育人经验也成为我感兴趣的研究课题。经过研究,我和我的研究团队找到了新旅的育人密码——自主实践。在当今的教育背景下,如何找准借鉴新旅经验与实施素质教育的契合点?我们经过不断求索,形成了有新安特色的独特育人模式——小好汉成长教育。

"做新时期的'小好汉'!"——这是我们在深入研究新旅育人经验与当代素质教育的共生关系后,提出的响亮育人口号。这里的"小好汉"是当年陶行知先生对新旅团员的赞誉,表明学校要借鉴新旅的育人经验,以自主实践的方式让学生获得全面、主动地发展;而这里的"新时期"又表明"小好汉"成长教育并非是对新旅育人理念和方式的全盘照搬,而是要结合当前教育实际和校本实际,赋予它以时代内涵和校本特色,这就是我们提出的新时期小好汉的核心概念——"会阅读、善思考、能自主、有担当",以及实现这一培养目标的基本途径——由劳动课程、活动课程、运动课程和思维课堂构成的"三动一静"板块化课程体系。

我们认为,"会阅读、善思考、能自主、有担当",这是一个合格的现代人应具备的基本素质,即阅读的兴趣和本领、独立思考的精神、自主自立的能力和敢于担当的责任意识,而这些恰恰也是当前青少年成长过程中普遍缺失的内容。提出这样的概念,正是我们对当下教育缺失的一种补偏救弊的努力尝试,从某种程度上说,也是对当前青少年成长过程的"精神补钙",有一定的现实意义。

在这样的理念指导下,我们制订并落实了学生读书行动计划,提出了读书行动六个"100"的目标——让学生在低年级阅读100本绘本故事,诵读100篇儿歌童谣;在小学六年中阅读100本优秀书籍,背诵100篇经典诗文,积累100段名言警句,自主练笔100篇,让读书行动有目标指引。编印了《经典诵读》校本教材,精选优秀诗文,让读书行动有教材依托。开辟了图书室、学生阅览室和电

子阅览室,让读书行动有硬件保障。推行了读书活动课程化、专题化、常态化等举措,让读书活动有课程支撑、有专题引领、有常态保障。开展了"好书漂流"活动、"赠人书籍,手留余香"图书捐赠活动、亲子阅读报告会、读书知识现场对抗赛、现场编故事大赛、读书节汇报演出等,让读书行动有交流平台。通过对"会阅读"目标的落实,让孩子们爱上阅读,学会阅读,大量阅读。

此外,我们还分别通过创建思维课堂、强化劳动教育、推行学生自主管理、开展社会实践活动等措施,使"善思考""能自主""有担当"等目标——得到落实。

"三动一静"板块化课程体系,这是新时期"小好汉"成长的基本途径。其中劳动课程以课堂学习、劳动基地体验、家庭实践、劳动技能大赛为主要形式,让学生学会基本生存技能,做一个勤快的我;活动课程以分年级主题教育活动为主要载体,让学生在丰富多样的活动形式中受到全面系统的人格教育和社会主义核心价值观教育,做一个快乐的我;运动课程以体育课和周末比赛为主要形式,让学生掌握基本的运动技能,做一个健康的我;学科课程以推行"思维课堂"为抓手,让学生学会学习和思考,做一个智慧的我。

让我们通过下面的小镜头,去感受"三动一静"课程板块带来的全新办学生态——

镜头一:劳动课上,同学们在老师的指导下,正全神贯注地练习包饺子。放馅、轻摊、蘸水、翻折、捏边,动作一气呵成,一个个或玲珑可爱、或拙态可掬的饺子从孩子们的手里跳了出来。

镜头二:校外蔬菜种植基地,一群孩子正忙着给丝瓜搭架子。嫩生生的丝瓜藤轻搭在架子上,显得娇弱可爱。旁边是西红柿青红相映,仿佛孩子们可爱的笑脸。

镜头三:学校小好汉剧场的舞台上,一群新旅小团员唱着"别笑我们年纪小,我们要把中国来改造",走上街头宣传抗日救亡,并用他们的智慧斗得国民党特务狼狈而逃。这是我校四年级正在开展的"做一个有担当的人"主题教育活动。同学们惟妙惟肖的表演把大家带回到三十年代的街头,重温了当年新旅团员勇于担当的精神。

镜头四:操场上,几名体育老师正带着孩子们在上体育课。我们的体育课叫法有些特别,叫作"体育特长训练课":有的教师正领着孩子们进行足球脚法训练,有的教师在教孩子们花样跳绳,有的教师在教孩子们打乒乓球……这是学校正在开展的体育特长课程建设。我们鼓励体育教师将自身的体育特长融入体育课，形成教师个人的课程品牌。

镜头五：课堂上，只见几名学生分成正反两方，正在为一个问题辩论不休。在双方的唇枪舌剑中，思维的火花不断闪现，真理的面容逐渐显露。课堂俨然成了辩论的赛场，老师就像评委，不时对双方的发言做出点评和引导。这是学校正在开展的"思维课堂"创建活动。

"三动一静"课程板块，以强调学生的自主实践为核心理念，为新时期"小好汉"的快乐成长提供广阔的沃土。

为保障"三动一静"课程板块的有效落实，我们还推行以课程改革、课堂改革、课时改革和课业改革为内容的"四课改革"。课程改革——积极做好校本课程建设，开展"三动课程进课堂"活动。学校自编《做勤快的我——劳动课程》《做快乐的我——活动课程》《做健康的我——运动课程》《新旅故事大家讲》《新旅歌曲大家唱》等系列校本教材，并分别落实到劳技、班队会、体育、品德、音乐等学科课程教学中，做到有目标、有督查、有考查，促进国家课程与校本课程的融合。课堂改革——着力构建"思维课堂"，确立"基于儿童、驱动思维、自主生长"三大核心理念，围绕核心问题展开教学，逐步形成"激发设疑、探析构建、培育深化"的思维课堂基本模式，让思维成为课堂的主角。课时改革——将每节课由40分钟调整为30分钟或者35分钟，每天由6节课变为8节课，形成大小课结合的课时设置模式，使课堂更加精干灵活。课业改革——要求低年级学生作业在课内完成。中高年级学生作业遵循"差异化"原则，采用"分层设计、分类评价"的方式，将作业分为基本作业、选择作业、超额作业，让不同层次的学生各取所需，并针对不同层次的学生采取不同的评价标准。

"会阅读、善思考、能自主、有担当"的育人方向，"三动一静"课程板块，"四课改革"举措，构成了小好汉成长教育的基本框架。在这样的教育沃土上，新安的孩子们就像小草那样自然、健康、绿色地成长。

三、勤快、快乐、健康、智慧——金色童年的"八字真言"

红色文化的土壤，绿色成长的育人主张，孕育出新安孩子们的金色童年。金色童年是什么样子？我们新安人有自己的理解——勤快、快乐、健康、智慧。走进新安校园，赫然入目的是每个教室外面的班级文化墙。班级文化墙分为四个板块,分别是"勤快的我""快乐的我""健康的我""智慧的我",上面展示着孩子们的成长照片、个人作品、荣誉证书等,孩子们的金色童年就在那一块块色彩缤纷的班级文化墙上跳动着——

在"勤快的我"板块中,一幅幅照片,再现了孩子们在劳动课程中品尝劳动的艰辛和快乐的情景:劳动课堂上,他们学炖蛋、学包饺子、学穿鞋带、学包书皮;种植基地里,他们播种、浇水、捉虫、收获;劳动技能大赛上,他们煎炒烹炸,挥汗如雨;劳动成果展览会上,他们笑容甜蜜,一脸自豪。在照片旁,不时还会发现同学们的一件件劳动作品——十字绣、储物袋、手机包、钥匙坠、学生证套……在劳动过程中,他们真正读懂了学校创始人陶行知先生的诗:"滴自己的汗,吃自己的饭,靠天靠地靠祖上,不算是好汉!"

在"快乐的我"板块中,照片上的孩子们笑容更加灿烂:在"学会宽容"年级主题教育活动现场,他们用笑容融化心头坚冰;在读书节、艺术节上,他们用笑容为自己喝彩;在丰富多彩的学生社团活动中,他们用笑容表达成长的快乐;在春游活动中,他们用笑容拥抱春天;在自主管理过程中,他们用笑容赢得信任;在"小小志愿者"活动中,他们用笑容面对社会……在多彩活动中,他们学会了笑对人生。

在"健康的我"板块中,照片上的孩子们个个生龙活虎,只见那足球场上,硝烟四起;篮球场上,严防死守;乒乓球桌上空,小球飞旋;田径赛场上,追风逐电。更有那花式跳绳,令人神驰目眩;趣味运动会,观者捧腹开怀。间或还会发现一张张孩子们在运动会上载誉归来的照片。那一张张黑红的小脸庞,一块块矫健的小身板,无不透着健康的气息。

在"智慧的我"板块中,照片上的孩子们或凝神思索,或潜心钻研,或侃侃而谈,或雄辩滔滔。在课堂上,他们的思维成了真正的主角,在思维课堂中,他们尽情享受着思考的乐趣。在照片旁边,常常还张贴孩子们的思维成果——思维挑战题、探索小论文、优秀习作、抒情小诗、读书心得、生活小发现、小发明小制作等。对智慧的追求,使他们的童年充满了灵动。

勤快、快乐、健康、智慧,这就是新安孩子们金色童年的"八字真言"。

秉承红色文化基因,实施绿色成长策略,追寻金色童年梦想,今天的新安小学,在"小好汉成长教育"的引领下,正在创造着属于自己的教育梦想,一批批"会阅读、善思考、能自主、有担当"的新时期小好汉正在新安校园里茁壮成长!

王其明，男，生于1966年1月，淮安市淮阴区人，现任淮安市楚州实验小学校长、周恩来红军小学教育集团总校长。1981年8月至1984年6月就读于淮阴师范学校，1984年8月分配至楚州实验小学工作至今。曾获得江苏省小学数学特级教师、全国基础教育突出贡献奖、中国好校长等多项殊荣，在省、市级教学大赛中曾多次获奖，并在《辅导员》《江苏教育》等刊物上发表了近40篇教学研究文章。先后出版了《杏坛春秋》等近十本专著。其中《感动未来》《壮丽楚州·教育课程》获得了中国改革开放30年科研成果特等奖。"十二五"期间，主持的国家级实验课题"注重发展性评价促进学生发展的实践研究"和省级课题"学校德育与心理健康教育体系的创新研究"均已顺利结题，同时申报立项了"十三五"省级课题"托起明天的太阳：红军小学三色文化校本研究"。2015年11月，教育集团成功承办了中国人生科学协会县区教育专业委员会成立大会，全国28个省市、自治区及台湾地区500余名学者、专家参会，受到一致好评。

爱满人间　德行天下

淮安市楚州实验小学　王其明

楚州实验小学坐落在全国历史文化名城——淮安。傍依繁华市区，比邻周恩来故居、周恩来纪念馆、中共华中分局旧址、漕运总督府衙和漕运博物馆。学校前身是江北慈幼院，1926年，北平大陆银行总裁、淮安籍人士谈荔孙先生，募集10万银圆，创办了淮安市第一所慈善教育学校——江北慈幼院，这便是楚州实验小学前身。

学校师生以恩来精神和谈公美德为指引，树理想、讲奉献，不断传承先贤的博爱厚德，在自己的成长发展过程中，躬行实践，积善成德，传承创新，实现了一个又一个跨越。学校先后获得全国基础教育特色学校、全国科研先进单位、全国少先队工作先进集体、江苏省文明单位、江苏省首批和谐校园、江苏省平安校园、江苏省创先争优先进集体、江苏省课改先进学校、淮安市实施素质教育先进单位、淮安市软环境建设"十佳"单位、淮安市《义务教育学校管理标准》示范校等多项殊荣。

一、办学宗旨

办学宗旨是一所学校办学的主要思想或意图。学校确立的办学宗旨是:"博爱厚德,学做一体。"

二、办学思路

坚持"精神统领、文化引领、专家带领、博采众长、整合资源、开拓创新"的办学思路,立足"高起点、高标准、高投入",追求"高素质、高质量、高效益",使学校成为教师发展的家园,学生成长的乐园,家长满意的校园。

三、办学目标

秉持"爱满人间,德行天下"的办学理念,致力于"建设有文化的校园,打造有爱心的教师,培育有创见的学生"的办学特色,采用"以德育立校、以素质兴校、以科研强校、以诚信美校"的办学方略,发扬"务实求真、负重奋进、开拓创新、事争一流"的办学精神,打造出一支素质优良、结构合理、富于创新精神的智慧型教师队伍,培养数以万计的莘莘学子。

四、实施方案

(一) 见贤思齐,创先争优,做一个积极向上的人

在学校里倡导真学敢拼,有利于师生扬长避短、创先争优,有利于弘扬先进校园文化和正能量,有利于学校教育教学质量的全面提升。为此,学校积极搭建平台,创设机遇,集中从以下几点进行推进。

1. 为先进文化走进与根植校园创设平台

一是在全校深入弘扬"恩来精神"。号召全体教师积极向周恩来总理学习,争创"周恩来班",以周总理诞辰和逝世纪念日为契机,开展专题教育活动。二是开展纪念学校创始人谈荔孙先生的活动,在校园内建"谈公亭"、塑谈公像、写铭文,在学生中开展成立"红领巾慈爱银行"等活动缅怀谈荔孙先

生。通过活动号召全体教师"学谈公",激情创业、乐善好施、用大爱润泽学生;号召全体同学"学谈公",从小树雄心、立大志,做走向世界的中国人。三是继续落实好江苏省文明单位的创建工作。学校已连续多年被评为省文明单位,于学校而言,创建省文明单位早已成为一种常规活动,变成全校师生追求先进、推介先进的自觉行为。

2. 为教师真学实干、创先争优创设平台

一是在全校教师中开展"青蓝工程"师能提升活动和"最美教师"评比活动,鼓励广大中青年教师拜师学艺,积极提高业务水平。二是在青年教师中开展教学基本功十项全能大赛,遵循"以赛促训,以训促学"的思想,为青年教师搭建"交流、展示、学习、成长"的舞台。三是充分利用好期末评优评先工作,在教师中评选先进个人、优秀班主任、十佳教科研能手、师德标兵等,表彰优秀的教师,在全校树立榜样,形成"师德师风引其正,科研教改促其精,制度引领使其优"的教师发展机制。

(二)教学相长,稳中求进,做一个善于学习的人

学校一贯坚持全面贯彻国家教育方针,全力推进素质教育,规范办学行为,坚持"德育为首,教学中心"的办学思路,在多年的教育实践中,已形成了"团结、勤奋、文明、创新"的校风,"严谨、扎实、启迪、疏导"的教风,"勤学、善思、活泼、主动"的学风这三风文化。

1. 以落实教学"五认真"为抓手,着力规范教学行为

学校始终把抓实教学"五认真"作为规范教师教学行为,提高教学质量的重要保证。在教学过程管理中,始终坚持"四规范一强化"制度。

一是规范备课,坚持有课就必须备课,有课就必须有教案,项目齐全规范,统一各科教案的项目及格式。二是规范上课,充分利用四十分钟,着力构建有效课堂,力求做到双基落实优质化、习惯培养经常化、能力训练系统化、潜能挖掘科学化。课堂上既充分尊重学生的主体地位,又注重发挥教师的主导作用,着力强化教学目标达成意识,努力创建并熟练掌握高效的课堂教学模式。三是规范训练,要求每位教师紧紧围绕教学目标,精心选择习题,使每一道题、每一次练习都有明确的目标,要求做到有发必收、有收必改、有改必评、有错必纠,大幅度提高达成度和巩固率,注重错题的收集和及时反馈。四是规范考核,各教研组做好单元考核,教务部门做好考核监控工作,学校认真组织期中和期末考试。五是强化"提优补差"工作,积极实施"优质教育工

程",着力培养有潜力、有竞争力的优生队伍,认真实施"阳光补救工程",不让一名"学困生"掉队,积极寻求提高科学文化素质的有效途径,任课教师建立"学困生"档案,制定"学困生"转化的具体措施,并做到情感上给予关爱,课堂上给予关照,保证补差效果。为了进一步规范教学行为,学校施行"教学工作检查制度",教研组按周检查,教务处按月检查,学校在校长室统一协调下在期中、期末组织精干力量对全校各科教学常规进行全面检查,平时不打招呼突击检查,所有检查结果纳入教师综合考评。

2. 以教学研究常态实施为杠杆,切实提高教学质量

着力夯实教师集体备课制度。集体备课坚持"四定""四统一",以"单元教学纲要"和单元重点课时备课为统领,丰富活动内容,创新活动形式,规范活动流程,提高参与度和实效性。教务处对集体备课计划、发言稿、参备人数和记录进行全程监控,学校将监控情况作为期末考核教师和教研组的重要依据。不断创新集体备课教研形式,将集体备课与组内"说、上、评"活动结合起来:每周确立一名中心发言人,对某一课题的教学思路进行阐述,然后集体研讨形成教案,由该中心发言人执教,大家听课后,利用集体备课时间进行评课,根据教学实际效果对教案进行修订,形成定案,再由其他教师各自实施。这样安排,克服了活动发言的随意性,教材分析、目标设定、方法选择、教学设计更具有可操作性;使集体备课在说、上、评的流程中真正集中了集体的智慧,提高了活动的参与度与实效性;在讨论与示范的过程中,有利于青年教师的专业化成长,丰富了集体备课的活动形式,使得教学研讨与课堂教学联系得更加紧密。

在教研中,教师自我照镜子、同行帮助出点子、多方参与备课过程,以小问题为落点反思教育教学行为,通过不断地实践演习,比较迅速地提升了课堂教学实践智慧。"互听互评"校本教研的开展,既使教师磨砺课堂,反思得失,提高主动参与的意识,又能解决教学过程中出现的具体问题,对教师的成长和教育教学大有裨益,扎实有效新颖的校本研讨方式,极大地提高了教师研究的积极性,促使教师走专业化成长的道路,提升了教师的专业素质,起到了以教师素质赢得学生素质的效果。

深入推进高效课堂教学改革。以课堂为中心,积极组织教师参加有效教学、高效课堂的"磨课"实践活动。建立行政听评课、推门听课制度,利用校长点评课和教研活动等时间进行有针对性辅导,强化了学校行政对教学的指导

功能；组织市、区两级学科带头人、骨干教师上示范课，为全体教师在实践操作的层面上进行有效引领；开展组内互听互评活动，要求人人都上公开课，再利用集体备课时间进行研讨；开展"学术沙龙"活动，营造"平等对话"的学术研究氛围；组织"说、上、评"系列活动，开展"同课异构"，以课堂教学研究为抓手，提高教学效益。

学校将"创建高效课堂教学模式"作为教学研究的立足点，做到"小切口，深研究"，力求"一事一议，一活动解决一问题"，整合出科学可行又有特色的高效课堂教学模式。语文阅读教学形成了"三环节六要素"课堂教学模式，提出了"自学—读讲—实践"三个基本教学环节，"吃准目标、强化自学；突出主体、教给方法；落实训练、实践内化"六教学要素。数学学科提出了以"目标引领、主动建构、达标检测"为基本特征，"目标引领，自主探究"课堂教学模式。英语学科根据年段特点，分别创建符合学生身心特点与认知规律的教学模式。低年级采用"课前热身—游戏引入—教授新知—竞赛巩固—自由交际表演"游戏型教学模式；中年级采用"导入—新授—巩固—扩展"主动性课堂教学模式；高年级采用"课前活动—课中活动—课后活动""三环式"教学模式。

（三）积善成德，身体力行，做一个勤于实践的人

坚持立德树人、德育为先，深入开展社会主义核心价值观教育和"中国梦"主题教育，组织开展"弘扬和培育民族精神月""八礼四仪"文明行为养成教育活动，加强法制教育、诚信教育、生态教育、生命教育。

1. 突出重点，开展德育主题系列活动

学校着力打造精品德育，坚持以生为本，以主题活动为媒介，引导学生从小树立勤于实践、学做一体的理念。德育工作一直坚持月有中心，周有重点，日有安排，循序渐进，形成系列。

2. 小事德育，加强文明行为养成教育

紧紧抓住期初第一个月——"行为规范养成教育训练月"这一契机，扎实开展行为习惯的养成教育。通过引导学生学习、践行《守则》等内容，对学生严格要求、严格训练、强行入轨。重点抓实：卫生长效管理，课间、午间纪律，上下楼、放学、公交车站点秩序，违规购物，文明礼仪教育等。利用先进典型引领示范，形成男生有绅士风度、女生有淑女形象的良好校园风貌。

3. 体验教育，不断丰富少年队工作内涵

一是抓好少先队组织建设，充分发挥新一届大队委自我管理、自我教育

的功能。二是充分挖掘乡土教育资源,引导学生"像周总理一样的学习和工作"。开展"周恩来班"和"关天培中队"等德育特色班队建设。三是围绕学校分月思想教育中心开展思想教育,丰富教育内容,要把社会主义核心价值观融入教育全过程,利用学生可接受的方式,躬行实践,增强教育效果;四是利用重要节日(清明节、儿童节)、重大事件等组织学生开展主题教育活动,落实好3月5日周恩来诞辰日118周年、学雷锋53周年、红领巾感恩先烈等相关活动。同时,开展"科技节"活动,带领小组进入科技实践基地参观学习;认真组织好四年级学生的"成长仪式",为成长喝彩,为明天加油。

(四)高屋建瓴,科学规划,做一个懂得管理的人

有人说,人生就是在不停地做选择。在我看来,每个人的人生是"选择"的人生,也是"管理"的人生。这里的"管理",既有集体层面上的管理,也有个体层面上的管理。既有"管",又有"理"。一个人既要学会管理自己,让自己能很好地把握自己的人生,不迷失、不盲从、不随心所欲,又要学会支持与配合管理,处理好个人与集体的关系,做一个懂得管理之道的人。学校以《义务教育管理标准》为抓手,强化建章立制,定人定位定责,继续推行"一岗双责",推动学校管理更加科学规范,更加精致精细。

1. 范式管理,扎实推进标准建设

开展《义务教育学校管理标准》科学内涵、核心思想、实践路径等专题研究,进一步深化"范式管理"(《义务教育学校管理标准》)。强调"靠前落实"和"执行力",努力践行"严、精、细、实、早"的精致管理理念。推行教师"区管校聘"新举措,形成编制动态管理、岗位动态调整、教师教干轮岗交流的新机制。

2. 民主参与,推进校务公开透明

定期召开校务会、教职工大会、民主评议行风座谈会,继续推行校务公开制度,及时公布学校财务收支情况、重大决策、工程项目、职称评审、评优评先等教职工关心的"热点"问题,自觉接受全体教职员工和广大群众的监督。通过教代会充分调动师生员工民主管理学校的积极性和创造性,形成"用制度规范行为,以情感凝聚人心"的和谐校园管理模式。

3. 队伍建设,着力提高管理效能

学校采用"级部管理"与职能部门双管齐下的管理方式,将管理单位缩小到年级,各级领导采用分工负责制,深入教学第一线,掌握第一手资料,增强了管理针对性、实效性；管理中坚持制度管理与人文关怀并重。对教师的人文关怀，体现在尊重教师，营造民主和谐的工作氛围；信任教师，建立平等的用人机制，人人参与管理；激励教师，实现学校、教师齐发展；爱护教师，做好教师娘家人、知心人，为教师排忧解难。对学生的人文管理，体现在热爱学生、尊重学生、建立平等和谐的亲情般的师生关系，让每一位学生都健康快乐、全面发展，为学生的终身发展奠定基础。可以说，学校在多年的发展中不断改革，不断创新，已形成适合本校的宝贵的管理文化，为不断提升办学档次，奠定坚实的基础。

总之，校长的办学思想是学校发展的核心和灵魂。缺乏"物质保障"，学校就没有执行力；无视"精神统领"，学校就没有向心力；没有"文化引领"，学校就没有凝聚力。因而学校的主要任务就是要创造物质，弘扬精神，继承文化。

管晓蓉，女，生于 1971 年，江苏省淮安区人。研究生学历，江苏省特级教师。1989 年 8 月至 2008 年 7 月，任淮安市楚州实验小学教师、教务主任；2008 年 8 月至 2010 年 7 月，任淮安市新安小学副校长；2010 年 8 月至 2012 年 8 月，任淮安市周恩来红军小学执行校长；2013 年 8 月至今任江苏省淮安市周恩来红军小学校长、书记。2014 年 8 月起，兼任淮安市青少年实践基础副主任。曾先后被表彰或评聘为"全国百优校长""全国百优名师""省 333 工程培养对象""省巾帼标兵""省三八红旗手""省师德模范""市 533 英才培养对象""市十百千人才""市优秀教师"等；兼任全国少先队种子工程专家组副组长、省小学数学专业委员会理事、省人大代表、市党代表、区人大常委等。曾多次获得全国、省、市优课评比一等奖，先后应邀到上海、北京、浙江、广西、新疆等 20 多个省市做观摩课、讲座。致力于课题研究，先后主持和参与了国家级、省级等多个课题研究。有近百篇论文在省级以上期刊包括全国核心期刊发表，个人专著《感受数学》由吉林教育出版社出版。

浸染"三色"：为学校内涵发展绘就亮丽篇章

淮安市周恩来红军小学　管晓蓉

周恩来红军小学是一所备受党和国家领导人关心与关注的小学：习近平同志勉励学校——"托起明天的太阳"。如何在真正意义上落实习近平总书记题词精神，我们的思考是：根据学生成长的规律和红军小学独具特色的办学形式，提炼学校内涵发展的文化精髓，形成传承红色革命精神，促进健康绿色成长，享受快乐金色童年的"三色"文化体系，以实现学校从红色走向特色的发展愿景。

红色传承、绿色成长、金色童年三者作为"办学之核"是相辅相成、互相促进、互相渗透的。"红色传承"活动中,学生的思想品德、文化素养、基本能力会得到提升,学生在潜移默化、润物无声中绿色健康地成长,从而丰富学生的童年生活,帮助学生树立远大理想,使学生享受童年欢乐,成就金色童年。而绿色健康的成长过程中,学生必然要接受红色文化熏陶,必然有更多童年的成长故事,成长的快乐,展现金色童年的内涵。金色童年的相关活动必定包含红色传承的内容,成功的欢乐也必定建立在绿色成长的基础之上。"三色文化"相生相融,多姿多彩。

为此,我们整合资源,创设氛围,开发课程,搞好活动,组建社团,锻造队伍,着力培养素质全面、具有红军精神和恩来风范的新时代好少年,共同托起明天的太阳。

一、方向引领:传承红色革命精神

红色传承是指对老一辈在革命斗争中形成的革命传统和革命精神的传承和发展,我们扎实开展"沿着革命先辈的足迹前进"系列活动、"沿着党的足迹前进"系列活动、"永远的怀念"系列活动、"红军精神我传承"系列活动和"共读红色书籍、共看红色影片、共唱红色歌曲、共写红色文章、共走红色之路"等主题活动,唱响红色活动的主旋律。通过系列主题教育活动,让红色故事、红色歌曲、红色书籍成为孩子们的"营养快餐",让红色教育活动成为孩子们弘扬红军精神、传承恩来风范的"推进器"。依托丰富的红色资源,把立德树人作为教育的根本任务,不断提升与放大"学总理""学红军"等红色德育品牌的辐射力与影响力。让红色活动伴我行,培养孩子们自觉接受红色文化教育、做红色传承接班人的远大志向。我们以六大建设为抓手,将红色文化渗透到学校的每一个方面。

(一)课程建设——建设以"红色文化"为核心的校本课程群

传承红色革命传统文化,放大"学总理""学红军"等红色德育品牌的辐射力与影响力。

1. 围绕"周恩来"元素,开发"沿着周爷爷足迹前进"校本课程。
2. 围绕"红军"元素,开发"永远的长征"校本课程。
3. 围绕"国防"元素,开发"国防民防教育"校本课程。

引领孩子们接受红色文化教育,做红色传承接班人。

（二）基地建设——建设以"红色文化"为核心的校内外基地

1. 校外，学校结合地域优势，充分利用周恩来故居、周恩来纪念馆、关天培祠、中共中央华中局旧址、车桥战役遗址、横沟寺起义旧址陈列馆等一大批红色文化基地，开展行之有效的红色活动，让孩子们走进基地，学习先烈，引导他们从小学先锋，长大做栋梁。

2. 校内，充分利用好独具特色的校内"八大园"，学校建设红色校园文化，开辟并完善"恩来园""长征园""民防国防教育园""文学园""科学园""生态园""种植园"八大园，尤其在校园文化建设中突出红军元素、恩来元素等，打造文化建设品牌，使得学校成为红军娃学习的花园、成长的乐园、生活的家园；移步换景，文化化人，让每一块墙壁都说话，让每一处物景都透出浓浓的红色气息，充分打造浓郁的红色革命传统文化氛围，让红色元素遍布校园，激励孩子们继承先辈好传统，继往开来迎明天。

（三）学科建设——建设以"红色文化"为渗透阵地的学科课程

1. 重点渗透学科：品社、品生、班队课等。
2. 有机渗透学科：语文、音乐、美术、科学、体育等。
3. 适时渗透学科：数学、英语等。

（四）社团建设——建设以"红色文化"为核心的社会实践群体

通过各种举措吸引更多的学生参与红色革命传统文化社团辅导，创造条件开展个性化的红色革命传统文化主题教育活动，重点打造红军娃讲解团、红军娃寻访团、红军娃艺术团等红色社团，让红色之花开满校园。

（五）课题建设——建设以"红色文化"为总揽的教育理论研究体系

以省教育规划课题"托起明天的太阳：红军小学三色文化校本研究"为总揽，立足实践，以研究为抓手，在实践中提升理论，用理论指导实践。

（六）联盟建设——建设以"红色文化"为特色的联盟学校

组建红色革命传统文化专题研究小组，全面加强红色革命传统文化课程基地建设，形成以"红色文化"为主旋律的特色联盟学校，总结经验向集团学校乃至全区、全国推广，让红色革命传统文化在更多的学校熠熠生辉，让红色教育花满枝头。

二、内涵引领：促进健康绿色成长

绿色成长，是在生态性、自然性、自主性的形态下促进孩子们的身心合乎规律的健康茁壮地成长。绿色是自然的颜色,生命的颜色。绿色成长就是围绕红军小学"托起明天的太阳"的办学思想,通过红色文化的熏陶和各种教育教学活动使学生潜移默化地受到精神和思想的教育,将各种教育活动与学生身心发展规律相结合,形成符合学生成长规律和发展需要的教育方式,构建使学生健康成长和自主发展的绿色文化氛围,让学生在儿童期的成长符合"儿童"的样子。"播下一个行为,收获一种习惯,播下一种习惯,收获一种性格;播下一种性格,收获一种命运。"为此,我们充分利用学校独有的资源对师生进行教育,心怀期待,静等花开。

　　实现学生的"绿色成长",首要条件是先实现教师的"绿色成长"。我们把师德建设作为教师"绿色成长"的助推器。充分利用道德大讲堂、师德论坛组织教师开展"学习伟人周恩来,践行'五德'做表率"活动,邀请道德模范、师德标兵典型引路;组织教师收看感动"全国教书育人十大楷模"的事迹,让楷模身上感人的"爱心、耐心和责任心"深入每一位教师的心灵;引导教师学习身边的最美教师、师德模范、师德先进个人,用耳熟能详的感人事迹激发全体教师的进取精神,逐步形成广大教职工"敬业、乐业、勤业、创业"的良好风尚;经常组织全体教师参加"做怎样的教师""如何做教师"为主题的大讨论,举行师德演讲比赛,提高所有教师的师德意识,规范全体教师的教育教学行为;组织教师开展特困帮扶活动,进一步激发教师乐于奉献的热情;开展"青蓝工程",以师徒结对的形式,带动年轻教师迅速成长;举行三个"十佳"的评选,在全体教师中树典型、立榜样。这些行之有效的活动既提高了教师的思想素质,又促进了教师的业务素质,塑造了教师人格与学识有机统一的良好形象。那么,怎样让每一个教师都能成为最美风景线,助推"绿色成长"呢?一是让教师勤学习、好读书,让沁人书香提升教师的素养,"腹有诗书气自华"。二是让教师重钻研、善创新,让追求卓越成为教师的共同信念。只有用心去感悟,不断钻研,不断反思,不断创新,教育才能不断前行。为此,利用"读书沙龙"碰撞智慧;利用"学校讲堂"传播思想;利用"读书演讲"升华情感;利用"课题研究"提高素养……三是让教师树形象、做表率,让率先垂范成为我们的操守,让教师们追求"学高为师,德高为范"的美好境界。四是让教师讲风度、讲境界,让职业认同洗涤我们的心灵。王国维先生在《人间词话》中讲人生奋斗必定要经过三种境界,其中第三种境界为"蓦然回首,那人却在,灯火阑珊处"。他告诉我们,世俗目标是否达到已经不再重要,重要的是灵魂的解放和心灵的归宿。我们应努力完善自身,让所有教师真正成为"有理想情怀、有教育智慧、有美丽气质"的"最美教师"。

实现教师的美丽是一项奠基工程。美丽教师是学生"绿色成长"的引领者、组织者、实践者,学校全员"美丽",为学生"绿色成长"提供源源不竭的动力。

我们的做法是让红色故事、红色歌曲、红色书籍慢慢成为孩子们的"营养餐";让红色教育活动渐渐成为孩子们弘扬红军精神,传承恩来风范的"推进器"。我们开展的"红军娃重走万里长征路""沿着周爷爷的足迹前进""到澳洲去留学"等活动不仅极具特色,在国内外产生了重要影响,而且在教育孩子形成美德方面取得了良好的教育效益。我们还深入挖掘红色文化资源,编著了《沿着周爷爷的足迹前进》《永远的长征》等适合学生阅读的红色书籍,开展"周爷爷故事大家讲""春天,我们到桃花垠看您""永远的思念"等主题教育活动,使红色文化教育内容不断丰富,红色教育形式不断多样,红色教育效果不断显现。为了育美德少年,学校立足实际,举行"中国梦 美丽梦"主题教育活动,开展"寻访美丽校园""寻访美丽教师""寻访美德少年"等活动发现美;通过好书推介会、经典诵读比赛、好书漂流、英文歌曲演唱比赛、数学计算能力竞赛等增长美的智慧;通过开展"美丽班级我布置""美丽板报我来出""美丽校园我贡献"等活动创造美……聚合美好,种植美好,成就美好。周恩来红军小学涌现了一大批美德少年。

三、愿景引领:享受快乐金色童年

要成为美好事物的圆心,就是让教育理想如诗,校园风景如画,师生生活幸福如歌,让学生在享受成功、体验美好中拥有快乐的童年时光。

金色是阳光的色彩,是快乐和成功的象征。金色育行、突出体验、获得快乐、最终成功是学校的育人目标。怎样向学生传递这种快乐,让学生享受自己的成功? 学校将课程当作载体、手段、桥梁,全力构建各种体验课程让孩子获得发展。

(一)建构学校"四季八节"体验课程

一是建构春季的"植美节"和读书节。"植美节"通过亲近大自然、植树造林、美化校园、美化班级以及走向社会做好事等系列活动课程,学生能体验到播种美好、创造美好、感受美好的快乐,播下爱美、求美、成美的种子。读书节,通过读书系列活动,学生汲取知识营养,拓宽知识面,提升个人素质,展现内在美。

二是建构夏季的军娃节和艺术节。军娃节通过军训、"我是小红军"等系列活动,学生体验军旅生活,磨炼意志,形成优秀品质。艺术节通过"六一"文艺汇演等形式,学生汇报艺术活动成果,展示才艺,体验成功,收获快乐。

三是建构秋季的健体节和数学节。体育节通过体育兴趣比赛、运动会等让学生彰显活力,迸发朝气,体验积极向上的精神。数学节通过数学学科的活动及比赛加强学生对数学学科的兴趣,体验数学之美。

四是建构冬季科技节和英语节。科技节通过开展参观、宣讲科普知识、科技制作、创新比赛等系列活动,让学生感受人类科技创新的喜人成果,从而亲近科学、热爱科学。英语节结合圣诞节、元旦等节日,开展英语贺卡制作、课本剧表演等系列活动,增强学生英语应用能力,体验英语文化。

(二)建构学校"八大园"和体育馆的实践体验活动课程

学校建有恩来园、长征园、文学园、艺术园、科学园、民防国防教育园、生态园、种植园和体育馆。

恩来园里,布置了周恩来故事及屏风、名言长廊、雕像、功绩墙等,这里是学习周恩来总理精神,体验周恩来总理伟大风范,争做新时代红军娃的体验活动课程基地。

长征园里,布置了红军长征途中的重要节点的微缩景观。孩子们经常在这里上体育活动课、讲长征故事。爬铁索桥、钻封锁线、走四渡赤水迷宫……既是身体的锻炼,更是文化的熏陶。

文学园里,有电子阅读大屏和自由书柜。孩子们自由读书、阅览,表演课本剧,举行诗歌朗诵会,开展读书活动……在浓浓的文学熏陶下孩子们茁壮成长。

艺术园是学生艺术活动体验场所,这里墨香幽远、舞姿翩跹、琴声曼妙、歌声飞扬。学生们在这里体验艺术带来的欢乐。红军娃剧场里,学生们用一个个精彩节目汇报自己训练成果。这里是未来艺术家的摇篮,学生们在这里可以泼墨练艺,有的学生走上了央视大舞台,走进了悉尼歌剧院……

科学园,形如太空舱,四周是科普知识画面。孩子们在这里讲科学故事、做科学游戏,看科普影片,学科学知识……伟大的理想从这启航。

民防国防教育园是全国少有的将学校民防工程和国防教育基地相结合

的校园文化工程。孩子们在这里参观学习,感受我国国防现代化建设的伟大成就。利用体育课、大课间活动在野战区进行野战对抗模拟演练……通过体验,让国防教育更形象、更生动。

生态园是自然景观的再造,学生通过生态园,体验亲近自然的愉快,加深对自然的理解,树立保护自然、利用自然的意识。

种植园是学校开辟的实践基地,学生通过种植体验活动,学会做事、学会生活,体验劳动与收获的快乐。

体育馆是周恩来红军小学标志性建筑,是江苏省第十八届运动会乒乓球比赛场馆之一。这里是孩子们篮球、乒乓球、轮滑等的训练基地。红绿相间的运动场上,小足球队员们生龙活虎,盘、带、挑、射……技艺娴熟。她们通过苦练,获得过江苏省女子足球冠军,先后有二十多人获得省二级运动员称号。

这些体验活动,通过整合,将其目标化、体系化,形成体验课程,将红军小学文化资源与学校课程建设融于一体,创新促进学生全面发展课程体系。

红色传承、绿色成长、金色童年三者作为学校内涵发展的核心要素是相辅相成、互相促进、互相渗透的。我们希冀在"红色传承"的活动中,学生思想品德、文化素养、基本能力会得到提升,实现潜移默化、润物无声、绿色健康的成长,丰富学生的童年生活,培养其远大理想,使之享受快乐体验,成就金色童年。

吴玉国,男,中共党员,中学高级教师,江苏省特级教师,人民教育家工程培养对象,淮阴师院兼职教授,享受政府津贴,现任二附小校长。先后荣获全国小学数学骨干教师、全国优秀校长、国家学科竞赛优秀教练员、省基础教育改革先进个人、省教育科研先进个人,市"十佳教师"、区"优秀教师"等称号。国家、省、市教育学会会员,区科学技术带头人,市"十百千"第二层次培养对象。学校是教师与孩子一起成长的地方。坚守"儿童生命平等"的原则,努力唤醒每一个生命个体与同伴间的生命呼吸,让主体互动;坚持"改变就会进步,进步就是成功,成功就会幸福!"办学方向,引导师生求真向善趋美。短短几年,学校已拥有区内一半以上的学科带头人;获得了省科学教育特色学校、省心理健康教育优秀学校以及市常规管理示范学校等32项省市级殊荣,对促进区域学校现代化建设起到了示范和带动作用。

办进步学校　为成长奠基

淮阴师范学院第二附属小学　吴玉国

学校,是一个生命成长的地方,是教师、学生一起成长的地方。学校进步,蕴藏于人与事中。作为校长,用办进步学校的理念,引领师生生命成长,是我一直坚持与坚守的理想。

一、与时俱进,找到学校发展的贴近问题

(一) 学期目标新主题

学校进步在于日常的教育教学组织变革管理的进步,学校管理者只有在组织管理观念及思维行为方式上不断转变,才能使其逐步发展向上,逐步增强自觉自信与自主自强。基于学校阶段发展,确立起学校在不同时期内涵丰

富的发展要求与目标。学校的变化与进步,表现在发生于学校的人与事的动态变化之中。每个学期,甚至每个月、每一周、每一天,学校都会面临着新的问题。我们需要新的思维去面对新的挑战。每一个学期伊始,学校都会在认真总结上学期以及学校现阶段发展状况的基础上提出新学期发展主题,以主题引领人与事,促进了学校教育的研究。

(二) 每周收获不重复

依据一周的人与事总结与思考,促进学校进步的量变向质变转变。学校逐步科学有效地开好行政会、学科会、部门会、级部会、教研组会,依据学校学期工作主题,认真开好总结会和工作布置会。让主任说话,让优秀说话,说担当、说责任、说问题、说办法,在日常与节点的讨论中,每个人都能有着不重复的收获,塑造起"天天阳光,拔节向上"的学校管理样态。升旗仪式、主题班队活动课,月月有主题,周周有创新,把课堂还给学生,让阵地发挥功用,让学生在班级的土壤里茁壮成长。

(三) 阶段完善新制度

学校的组织管理,就是在看清、读懂之后明白学校教育发展主题,让点成线、线成面、面成体,这样的变化是一个过程,而不是一蹴而就。学校教育发展的主题,就是要拧开教育创造的阀门,用适合适宜的制度保障并推动学校的进步,让这一发展适合这一学校。阶段完善新制度,是学校人自觉自信的能力体现,是用可能的愿望引领我们的学校管理不断改变自主自强行为表现,步入教育观念更新、期待教育行为改变与教育目标达成的发展之路。

二、实事求是,培育学校发展的进步文化

(一) 以事说话

学校每天的生活是由小事串起,就如同颗颗珍珠。学校的事要集大家的智慧。从学校设立摆放拖把的架子、建设国旗台、设计喷泉以及科技园、空中花园的创意,到同课异构、阳光教育等课程的规划,无一不是集中了教师甚至学生的智慧。小故事培养学校的认同感,蕴藏着大智慧,教师、学生参与其中获得成长,培养主人翁精神,增强担当意识,学校当然就会进步向上。

(二) 以人塑型

培养领袖教师,以榜样影响人,影响集体,影响学校。日常的管理中,让教师、学生亮相,让"领袖"人才出场,讲身边的故事,提可行的要求,培养带头

人,有岗锻炼,走出来交流,提升现场展示的能力,无论是教师还是学生,无论是年级还是学科,用行为鼓励,用目标期待,让渐近的目标,成为师生幸福的体验。学校每学期教师大会上优秀教师的精彩亮相,组织教师推荐优秀文章等活动极大调动了教师的热情,不断发展起主体的自组织,让他们拥有幸福体验,并自我设计,自我实施,自我评价,用期待唤醒,逐步让师生成为发展主体,并在不同的时期,明白自我发展的优势与不足,看清不同的发展目标,不断自我期待有可能的更高目标。

(三) 以时推进

基于学校阶段发展,确立起学校在不同时期内涵丰富的发展要求与目标。推进学校的进步,要抓住关键的点。即教育教学是学校工作的灵魂,水到渠成地运用课题来引领日常教育教学主题工作,把原本散状的工作凝聚成一个主题,从点突破,塑造出学校进步的线。学校德育一直围绕"幸福班集体"建设进行,教学一直围绕"探究型教研组"建设进行。几年来,学校的德育、教学工作始终能不断提升,教师的研究意识不断增强,研究能力不断提高,也为社会培育了一大批个性鲜明、成绩优异、勤奋刻苦的好学生,从整体上树立了一个优秀的教师群体。

三、一起成长,创造学校发展的自然生态

(一) 框架组织结构

管理大学校,更需要精细的思维。如何让各人明确职责与敢于担当,这需要架构明晰的组织,部门与年级组管理,线、块既有分工,又有合作,职责明确、计划、组织、实施,要保证这个结构内部运行流畅,上下贯通。实行级部管理,把教师和学生的常规管理职责下放到级部,部门更多承担的是课程研发,主题活动的策划功能,更多发挥的是业务指导的作用。线块管理的日常工作针对性强,立体化。"改变就会进步,进步就是成功,成功就会幸福!"学校的管理,运行的方式,在不断改变中得到完善,管理人员的自主工作能力越来越强,师生一起成长!

(二) 连接工作生活

教师要最理解学生,学校要最理解教师。现代学校教育,是现代生活的一部分。学校教育人有眼界、不短视、目标明、思路清、不肤浅。读懂教师,就会让学校教育的主体互动起来,就有了教育创造的愿望与能力,学校教育改

变的丰富性与社会生活进步是紧密相连的,因此我们的教育思维才会舒展开来,才能思考习以为常的教育内容、方式与评价的改变,也才会逐步培养起我们穿越学科,为整体人的整体发展创造性改变我们的学校教育服务。学校的发展,首先就是教师的发展;培养阳光少年,就要引导教师学会微笑,欣赏生活、快乐生活、体验生活,把校园打造成教师向往的地方,教师幸福地享受教育生活,从而创造性地工作。生活就是工作,工作也是生活!

(三) 融入团队集体

引导教师对学校管理价值取向的理解与认同,并不断地促进对教育本真意义的理解,这是一个艰难的过程。充满期待,期待一个人在改变一点与进步一点中,不断提升自己的教育境界。说的是自我,看的是他人,他人(集体)是"镜中之我",引导教师要对集体多一点关注,也多一点思考,不能排他,而要利他。学校管理,就是要引导教师学会换位思考,进一步明白自己,我是谁,我做什么,我与谁做。提升教育境界,就是要培养我们担当责任的品质,通过综合一起做的方法,培养人的综合素养。人无完人。我们学校的组织管理评价判断,追求让强的更强,让弱的不弱,以此研究搭台、鼓励、要求、强化,引领我们明白自己的优势与劣势,贴近提升学校教育目标,专精发展自己强项,目标补齐自己弱项。我们学校组织管理,要引导公平公正,拒绝模糊。即奖惩分明,不做、少做与真做、做好是不一样的,水清与水混是有原则的边界的,用事实说话,用道理坚持,让自己与别人的心一起踏实,让个人与集体统一起来,讲究民主、交流总结,让同一件事,成为促进我们改变传统内容与改变陈旧的思维的重要资源。

四、阳光向上,成长学校发展的精神品质

(一) 核心精神,让学校教育意义起来

"自主向上"是我们学校的校训,"天天阳光,拔节向上"是学校的精神,一所现代化的进步学校,是有自己发展的结构,结构具体内容,内容引导方法,方法激发创新,创新汇聚意义。进步学校的创建,就是要用自己的教育名片,体现素质教育进步的过程与成果。校园里的每一个孩子爱说爱笑,礼貌文明,乐学向上;每一位教师心胸开阔,乐教向上。学校组织管理中,我们坚持努力让师生成为学校真正意义上教育教学主体。学校精神,在渐进的事与渐进的人中树立,让学校的日常教育,有自己的意义成长。

（二）为现在，也为未来

学校是与孩子一起成长的地方。其状态源于热爱，其方法源于研究，其效果源于坚持，其动力源于目标。"一个也不能少"，我们一直坚守着"儿童生命平等"的原则。我们呼唤不放弃，唤醒每一个，并不断地进行师师、师生、生生同伴间的生命呼吸。记录孩子成长的同时，也记录着我们自己的成长。教育开放的呼吸，让主体不再唯一，且主体间互动；教育看重的起点，让教成为了学，让学成长了教；教育改变的进步，让过程成为手段，让过程也成为目标。"教孩子六年，想孩子六十年"，我们认真规划课程资源，注重孩子能力素质的提升和意志力的培养，教给孩子受用一生的好习惯。"科学试验田""科学兴趣社团""礼仪课程"、远足活动、校园广播站，孩子自己的事，就让孩子自己来，唱主角、挑大梁！

（三）学习是中心

没有学习就没有进步。学校搭建平台为师生成长服务，引领追求平凡的卓越，创造性做好日常小事。引导教育不走学习无意义的重复路，引导教师在日常教学中学会发现不寻常；跨区域校际联盟，学校结合自身现阶段发展特点，开放视野，交往发展，创造利于自我发展的不同类平台，让教师看到天花板外面的天空，让学校的人越来越接近更高的目标，让我们在异域教育现场中分享、碰撞、生长智慧，发现并练就自我风格，形成自我的教育主张。"请进来，走出去"，加强名师工作室学术互动，名校之间互相观摩切磋，这样的学习一直没有停止。

办进步学校，为成长奠基。

陈云宇，男，生于1969年12月，江苏涟水人，双本科学历，教育学学士，高级教师，现任涟水幸福里实验小学校长。1988年8月参加工作，历任涟水县实验小学、涟水县南门小学教师、教务主任、副校长、党支部书记。工作以来，在一线教育教学及管理工作中，以"学高为师，身正为范"为准则，努力践行陶行知先生"千教万教教人求真，千学万学学做真人"的教育思想，追求知情意行的和谐统一，课堂教学在"简约、开放、自能、高效"上下功夫。多次执教省、市、县各级各类公开课、示范课，开设国家、省、市级专题讲座、学术报告；主持国家级课题"科学教育，开发少儿潜能研究"、省级课题"小学语文教学策略现代化实验研究"、市级课题"小班化教育研究"，成果丰硕；在《中国教育学刊》《中小学心理健康教育》等教育教学刊物上发表论文四十余篇，参编《特级老师教你写作文》等专著10余部；先后获得江苏省特级教师，江苏省首届师德先进个人，《中国教师成长观察丛书·名班主任卷》入选人物，淮安市十佳师德模范，江苏省小学教材实验先进个人，中央教科所教育科研先进个人，淮安市中青年骨干教师，淮安市小学语文学科带头人，淮安市教学指导委员会委员等荣誉。

向幸福出发　往品牌发展

涟水县幸福里实验小学　陈云宇

教育的价值追求是生命的幸福成长，教育活动应充分关注鲜活的生命个体，凸显生命的灵动、自由和独特，使每个生命丰富而舒展，完美而幸福。

——题记

涟水县幸福里实验小学自2011年创办以来，把"向幸福出发"作为总指针，以"实施幸福教育，奠基幸福人生"为办学宗旨，以主课题"幸福教育与儿童发展"为主导，以"阅读，最幸福的生活方式""创造美是一种幸福的生活状态"为突破口,形成"一体两翼"的建设架构,从校园物质文化建设、学生课程文化开发、我校精神文化打造三方面立体化、主题化、特色化实施"幸福教育"的办学主张。努力提高课程实施水平,促进学生全面发展,着力建设育人环境,创新教育教学方法,加快学校特色发展、创新发展和内涵发展,不断提高教育教学水平,在教学模式、学校文化、管理理念、师资队伍等诸方面进行深入探索,竭力营造"快乐学习、健康成长、幸福生活"的氛围,带领全体师生追求幸福、体验幸福、创造幸福。

一、以校训"向幸福出发"为引领

探索"幸福课堂"教学模式、"幸福德育"育人模式、"幸福教师"发展模式,加强课程情景、教学实施载体建设,创设具有浓郁幸福文化氛围的教学环境,充分展现幸福教育课程特色。

(一)创设文化鲜明的教学环境

以打造"向真向善向美向上"的幸福校园、"其乐融融、自主创新"的幸福课堂为目标,培养"品位高雅、教学相长"的幸福教师、"生气勃勃、智慧阳光"的幸福学生,加强课程情景、教学实施载体建设,做到文化景观有"故事"("幸福之基"雕塑墙寓含"闻鸡起舞""孔融让梨""神舟飞天"等故事,"希望石、幸福石"寓含先辈的谆谆教诲);墙壁长廊能"说话"(教学楼一至四楼分别以体育明星、科学家、画家、思想家为主题,图文并茂的展示名人的成就;幸福长廊展示全体师生对幸福教育的理解和认识)。"幸福愿景墙""立体校徽雕塑""携手幸福"主雕塑、幸福广场等托物言志,激励学生刻苦学习,从小立志振兴祖国,在生活、自然与课程的有机结合中,释放教育之美的正能量,开拓环境育人的新境界。

(二)搭建自主互动的学习平台

建设"科学探究馆""课外阅读指导中心""戏曲陈列室""幸福小屋""生态实验室""幸福陶吧"等学习活动基地,遵循儿童身心发展的特点和规律,运用新理念、新技术、新方法、新手段,以学生实际体验、动手操作、研究探索为中心,开发人机互动、自主测验的教学用具和教学场所,建设展现课程内容和文化的特色载体,加强学生对课程教学内容的形象观察、体验感悟,在实际动手中注重发现、积极探究,促进学生自主学习、快乐学习、互动学习;以边动手、边认知、边体验、边探究等策略,多维度、多层次、多样化,因人制宜、因时制宜地实施教育和教学,激发学生学习兴趣、潜能特长,促进儿童健康、科学、和谐、幸福地发展。

(三) 打造品位高雅的精神文化

学校的高位发展、特色建设以及教师工作热情、学生学习激情的激发,基础是全校师生思想的统一、价值观的认同、教学行为的不断优化。而无论是事业发展还是校园建设,无论价值观的提升还是教学行为的优化,都需要文化的力量。如何使良好文化如空气般无处不在,如流水般无隙不入,如春风化雨般沁入每一个人的心灵,这需要每一个人的努力。所有师生员工应自觉把"向幸福出发"的校训内化于心,实化于行,勇于创新创优。全面推进幸福文化建设,以品牌引领发展,以"幸福讲坛""幸福之家"等平台为依托,通过"幸福之花"校徽、"幸福的花朵"校歌、"向真向善向美向上"的校风、"敬业精业勤业乐业"的教风、"勤学乐学活学博学"的学风等途径,从人性需要、人格尊严、人文关怀出发,进一步细化各项教育教学行为规范,加强社会公德、职业道德、家庭美德、个人品德教育,全面提升师生素养,形成和谐发展、科学发展、品质发展的良好势态。

(四) 建构自然的生态德育模式

人生所有的问题都可以还原为幸福问题,因为人类的一切努力都是为了获取人生的幸福。正如乌申斯基所说:"教育的主要目的在于使学生获得幸福,不能为任何不相干的利益而牺牲这种幸福。"苏霍姆林斯基也说:"教育根本目的是教育学生做一个幸福的人。"因此,学校在幸福教育的指引下,倾心建构自然的生态德育模式。

活动是德育的生命。围绕幸福德育开展丰富多彩的德育活动。活动凸显"四化",即每月活动主题化、主题活动系列化、系列活动体验化、体验活动生态化。如清明节组织网上祭英灵活动;开展踏青寻春活动;组织学生走出校门,到红日大桥风光带,徜徉在春风中,尽享美丽的景色,体验幸福的味道。再如十月份开展"我与祖国共成长"主题活动,围绕这一主题开展"鲜艳的队旗飘起来,心中的歌儿唱出来,灿烂的画卷描出来,辉煌的成就赞出来"等系列活动。

(五) 重视德育课程建设,开设早会课

早会课是袖珍型的德育课。早会课内容包括"行规《五字歌》""素质八好""安全九不准""十个好习惯"等。通过读、背、讲、演等不同形式让学生吸

收消化，内化为学生行动。重视品德与生活、品德与社会课程。确立目标，严格督查、开齐上好。将幸福德育与学科教学紧密地结合，使学科成为进行幸福德育的主阵地之一。人文学科教学中把世界观、价值观、道德观、审美观教育放在首要地位，同时，有意识地发掘家乡悠久的人文传统和丰厚的文化积淀，激发学生热爱祖国、热爱家乡、热爱学校的美好情感，从而更深刻地了解人生、认识社会、感受现实，增长生存、发展与成功的生命智慧。自然学科教学中教师在传授科学知识、培养学生能力的同时，根据学生特点，发挥学科优势，让学生在探索中获得真知，在实践中品味成功，在思索中激活思维，注重激发学习兴趣，培养良好习惯，端正学习态度，指导学习方法，为他们终身学习和发展奠定坚实基础，使学生在提高科学素养的同时，获得人文素养、道德素养的提升。

"幸福之声"演播中心传播幸福生活正能量。每周五定时开播，栏目丰富，有幸福短波、美文诵读、希望风帆、爱心点歌、开心驿站等，时间大约15分钟。播音员在学生中选取，轮流主播。优美的音乐、悦耳的童声、开心的故事、励志的文字熏陶着每一位听众。"幸福小屋"为留守儿童播撒爱的阳光。"幸福小屋"里有图书、电话、笔记本电脑，在这里留守儿童们可以看书、画画；可以接受"爱心老师"的辅导；可以和伙伴们交流、谈心；可以通过电话和父母聊学习、聊生活、聊亲情；可以通过电脑和父母进行视频对话……"幸福小屋"，让父母离孩子不再遥远，让亲情就在身边，让孩子们感受家的温暖。我校还利用校信通等平台及时发布作业和提醒留守儿童的父母和儿童电话或视频的时间，便于留守儿童父母了解孩子的学习情况和协调好时间与孩子交流。与此同时，还开展了"大手牵小手，我与父母并肩走"活动，让留守儿童学会感恩，知道父母在外打拼也是万不得已，是为了家，要学会自立、自强，同学之间互相关心、互相合作，并肩奋进，以优异成绩回报父母的辛劳。

二、以"阅读，最幸福的生活方式"为目标

积极倡导"我阅读、我成长、我幸福"生活方式，用阅读引领师生开阔视野，陶冶情操，积淀文化底蕴，丰富文化修养。

学校着眼于为孩子的精彩人生打底，为幸福生活奠基，把积极推进儿童阅读作为自觉行动，倡导"阅读是最幸福的生活方式"。全体教师带头读书，为学生树立良好的榜样，共同营造"书香校园"的美好胜境。开展全校教师同

读一本书,师生共读一本书,不断探索读书指导的有效模式。建立"流动图书馆",利用课余时间,利用手推车送书到班级,方便学生借阅。利用家访、家长会、家校联系卡等方式向学生家长宣传推进儿童阅读的意义,争取家长的支持,让家长了解和熟悉学校读书教育活动相关的推荐书目,主动购置图书,建好家庭小书架,定时进行亲子共读,让读书成为家庭生活的一部分。

完善"个人书橱""班级读书角""学校图书室"三级书库。要求学生在家中建立个人小书柜,提倡在家中与父母共赏;每个班级完善班级读书角,充分利用学生的图书资源,实现资源共享;此外,我校每周都设有专门的课外阅读时间,让学生有整块的时间安静地读书。我校将阅读指导课纳入课程体系,每周安排一节读书课,要求各位语文教师要有计划、有目的地进行课外阅读指导。我们坚持每天在校晨读听老师朗读必读书目20分钟,师生共读20分钟,在家亲子共读20分钟,睡前听家长朗读选读书目20分钟。鼓励中午早到校的同学,安静的阅读课外读物,每天晚上放学前20分钟自由默读。保证学生每天自觉读书时间不少于1小时。注重加强对学生读书方法的指导,关注学生读书兴趣的激发,从而优化学生的读书效果。

努力践行"我阅读,我成长,我幸福",用阅读引领学生成长,让学生亲近书籍,与好书为友,与经典对话,与博览同行,开阔视野,陶冶情操,积淀文化底蕴,丰富文化修养。

——"清晨有约"每天听读。教师为学生声情并茂的朗读美文片段,激发学生的读书兴趣,丰富学生的语言积累,培养学生的朗读技巧,提升学生的朗读能力。教师在全班交流的基础上,指导学生提炼学习收获,总结阅读方法。

——"牵手美文"背诵积累。每周诵读一首古诗词、一篇优美短文。

——"邂逅黄昏"读书交流。每天放学前20分钟,为学生自由默读时间,还可交流一天的阅读收获。

——"智慧碰撞"亲子同读。开展与父母同读一本书活动。读后与家长共同制作"读书信息卡"(包括书名、作者、页数、阅读时间等基本信息)及亲子读书笔记(读书语录、感言、心得等),便于学生自己消化、同学之间交流、教师检查评比。

——"好书大家读"。发挥校"幸福之声"演播中心的作用。读美文、讲故事、谈心得、荐好书,引导学生诵读经典。面向家长、社会聘请"书香妈妈""书香爸爸",定期请他们到学校、班级为学生读书、荐书。

除了学校组织开展形式灵活、丰富多样的阅读实践活动以外,各班还自己组织开展各具特色的读书活动,展示汇报学生的阅读收获。诵读比赛、读书演讲、讲故事比赛、读书报告会、古诗擂台赛、读书笔记展评、读书手抄报展览、读书心得交流、读书征文、编选班刊等,形式多样,学生兴趣盎然。

建立定量与定性相融合的科学考评机制。各班对学生的读书进行跟踪记录,统计量化,根据学生读书的数量,进行动态升级:读完20本,晋级小童生;读完40本,晋级小秀才;读完60本,晋级小举人;读完80本,晋级小贡士,读完100本,晋级小进士!学生完成一阶段并认证通过,颁发相应的认证奖状,并在《幸福里实验小学学生阅读护照》记录、签章。通过每学期评选"读书标兵""书香班级""读书之星""书香家庭"等活动,激发教师、学生及家长的参与热情。每学期,学校对各班的读书情况进行考核,包括完成《涟水县幸福里实验小学学生课外阅读等级考核记录表》和《涟水县幸福里实验小学学生课外阅读等级考核》。学校将教师在读书活动中所做的工作、成绩列入年度评优考核中。对读书活动的探索与研究,作为校本教研的一部分。

校园,是溢满书香的地方。用读书点亮师生幸福人生!在人生的道路上,有书香做伴,生活就多了一份乐趣,情感就多了一份高尚,成长也就多了一份幸福!

三、以"创造美是一种幸福的生活状态"为理念

办有文化、有特色、有品位的基础教育,是培养学生社会责任感、创新精神、实践能力,促进学生全面而有个性地发展的重要举措。办学实践中,学校通过创设文化的课程环境,建设物态性学习载体,呈现趣味化教学资源,实施合作式"做中学"模式,边动手、边认知、边体验、边探究,激发学生学习兴趣、潜能特长,创设更多有利于学生自我选择和符合个性爱好的平台,培养学生主动参与、自主合作的发展意识与自我教育的能力,实现学校特色办学、学生多元成长、教育均衡发展的目标,学校秉持"创造美是一种幸福的生活状态"的理念,以"幸福娃艺术中心"为平台,组建学生社团,培养学生的兴趣特长,为不同潜质的学生的个性化发展提供多样化的选择和帮助。

悠悠的,是教室里散发的艺术馨香;浓浓的,是校园里流淌的幸福感受。我国著名的发明家张开逊说:"创造美和幸福是最高的道德。"乌申斯基也曾说过:"孩子们是凭形状、色彩、声音和一般感觉而思考事物的。假如有人强

迫他们用其他方法来思考,那么他就会伤害学生的兴趣和天性。"学校在"幸福娃活动中心"建立了体育、音乐、美术、淮剧、书法、科学、阅读、思维、计算机九大类五十余个学生社团,作为培养学生创造思维和创造能力的重要阵地。丰富多彩的社团活动是丰富学生的美育生活,拓宽审美境界,诱发审美情感,培养幸福能力的有效途径。社团活动以创造美为突破口,以校本教材为载体,采用画、演、奏、跑、唱、创等形式多样的方法引导学生动手动脑,让学生在活动中"活"起来,"动"起来,主动创造,手脑并用,每个学生都愿意、喜欢、向往参与创作活动,把参加活动当作一种乐趣,在活动中享受成功,享受成长的幸福。

　　一所理想的学校,不仅应该是学术的殿堂,更应该是文化的圣园。推进有文化、有品位的特色学校建设应该成为学校高位发展的首要任务。要通过学校的特色文化,锻造特色品牌,全面提升校园品质,努力达到走进校门,让每一位师生感到文化扑面而来;走进校园,让每一位师生感到幸福、快乐。全体师生在校园文化的影响下形成高尚的人文修养,养成良好的行为习惯,体会到学习求知的幸福;在幸福大家庭体验什么是人文关怀,从而油然而生对学校的挚爱,并逐步升华为博爱情怀和人生责任。

杨志权，男，生于1966年6月，江苏涟水人，中共党员，本科学历，中小学高级教师，1987年7月毕业于江苏省淮安师范学校普师专业。1987年7月至1997年8月，任涟水县北集中心小学教师、教导主任；1997年9月至2001年8月，任北集中心小学工会主席兼中心小学副校长；2001年9月至2006年8月，任涟水县徐集小教任成教辅导员、教研员；2006年9月至2009年11月，任涟水县南禄中心小学校长；2009年12月至2010年8月，任涟水县蒋庵中心小学校长；2010年9月任涟水县向阳小学校长。多年来能坚守教学一线，工作中勤于学习，乐于钻研，长于管理，善于总结，工作业绩显著，多篇论文在省级刊物发表，主持或参与的研究课题已有4个顺利结题。分别于1998年被江苏省教工委评为"江苏省中小学德育工作先进工作者"，1998年被涟水县委县政府授予"优秀教育工作者""先进个人"光荣称号，2009年被淮安市委、市政府授予"淮安市优秀教育工作者"称号，2013年被省教育厅评为"关心下一代工作先进个人"。

人的发展是学校内涵发展的关键

涟水县向阳小学　杨志权

近年来，对于学校的内涵发展虽然众说纷纭，但也形成了不少共同的观点，比如文化品质的提升，教师队伍的建设，制度的完善，人才的培养，特色的建设，品牌的形成，等等。以人为本、全面协调可持续发展是学校内涵发展的重要基础。我们也清楚地知道，一切发展都是通过人来实现，也最终通过人的发展来体现。因此，发展教师、成就学生、服务社会成为我校的办学宗旨。我们就在人的发展上做了一点粗浅的尝试。

人是灵动的，人有思想、有追求、有被认可的需要，有体现自身价值的渴望。发展人就要尊重人的这些特点，尊重人的发展规律。我们的办学就要服务于教师的发展,服务于学生的终身学习和终身发展。

一、尊重学生,发展学生的行与性

爱他不要伤害他。一直以来,我们都很爱我们的学生,可是我们也亲手扼杀了不少孩子的天性,这个不可以,那个不可以,就要这么做,就要这样想。我们似乎视他们为掌上宝,怕他们受到这样那样的伤害。其实我们无视他们个体的存在,倒是借着他们显示我们管理者的无所不能。我们深深地伤害了那些幼小的心灵。把学生当人看,视他们为有生命的人,尊重学生,是成就学生的根本。

(一)多彩的德育导其行

小学阶段良好的行为习惯的养成,是小学生终身发展的良好基础。然而良好习惯的养成是长期的循环往复螺旋上升的过程。我们用朗朗上口的儿歌让学生知其行,用每周一讲中外名人的事迹导其行,用多角度的检查评比督其行,用班队交流让学生检其行,用表彰优秀学生促其行,用自我评定、父母评定塑其行。这样,尊重学生的认知特点,尊重学生的年龄特点,多角度的耐心帮助,让学生逐步养成良好的行为习惯,成为一生好德行的基础。

(二)课内外结合塑其性

课堂是学生获得知识、形成能力的主要阵地。学生个性化的理解、独特的形象、奇特的创造应该得到老师的尊重;孩子的好动、注意力不集中,以及孩子之间接受能力的差异应该受到老师的正视。课外则是孩子们放飞心灵、发展兴趣爱好的广阔空间。推荐优秀读物,组织读书交流,培养爱好与特长,指导书画、歌咏、体操等各种文体活动与竞赛,我们的学生均有很大收获,从中获得了极大的乐趣,也不断塑造了活泼、自信、自强的有独特个性的现代小公民,成为形成人生现代人格的基础。

二、为人师表,发展教师的德和能

一支具有现代教育理念的教师队伍,是成就学生的保障。俗话说"名师出高徒"。爱心需要爱心唤醒,诚信需要诚信引领。学高才能为师,身正方成典范。只有用师爱为魂,大力加强教师队伍建设,坚持"人才强校",才能促进学校的内涵发展,提升办学品位。

（一）学经典，诵祖训，身体力行，重塑师德形象

所谓师德，就是教师应有的道德和行为规范，是全社会道德体系的组成部分，是青少年学生道德修养的楷模之一。从实践角度看，具有高尚情操、渊博学识和人格魅力的教师，会对学生产生一辈子的影响。究其实质就是"爱"，爱自己的职业——在其中实现自己的价值，在其中彰显自己的智慧，在其中追求精神上的高境界；爱自己的学生，在学生身上体现尊重、宽容、忍耐。

我们从每天给学生一个笑脸开始，主动和学生问好，和学生一起打扫拖地，集队集会我们在学生面前笔直的站立，及时表扬学困生的点滴进步，及时出现在需要帮助的学生身边。我们每学期读一本教育专著，和学生一起背诵《论语》《弟子规》《三字经》……教师对科学知识的不懈追求、对未知领域的大胆探索、对自身言行的严格要求，都将对学生起着示范引领作用，将带动学生树立奋斗目标，确定人生航向，形成拼搏精神。当代教育家魏书生的成功经验告诉我们，教师与学生之间是一种互助的关系，是对人的信任、理解和支持。

（二）勤教研，重创新，脚踏实地，培养师能

师能是指教师的技能和智能。技能可以通过学习获得，智能要依赖于个人的智慧和创造力，在学习中实践，在实践中创新。教师只有与时俱进，具备了驾驭教材、驾驭课堂、驾驭学生的能力，才能受到学生的爱戴，得到社会的肯定和认同，也才能为学校的内涵发展贡献力量。一本教案教十年都不变的教师，自身都没有发展，如何体现学校的发展呢？

学校教师每日反思自己的教学，写教学后记；积极运用身边的资源，撰写校本教材；每周都会走进他人的课堂，取长补短；每周参加集体备课、评课，探讨教法与学法；每学期读一本教学专著，并结合自己的教学实践，完成一篇高质量的教学论文；珍惜每一次校外交流的机会，展现自己的实力……从而使自身知识越来越广泛，见识越来越独到，眼光越来越独特，不再人云亦云，不再随波逐流。改变一个人就意味着首先要改变他的期望，学校教师要有战略家的见识，着眼于长远；还要有艺术家的见识，着眼于细节；更要有教育家的见识，着力于引导。这是我们努力的目标，这就是我们全体教师的期望。

三、率先垂范，发展校长的领与导

陶行知先生说："校长是一个学校的灵魂。"校长是学校办学理念的倡导

者,是学校文化建设的设计者,是学校成长的督促着,是学校管理的探索者、引领者。

(一)确定航向,引领前进

学校要想在竞争中立于不败之地,找到生存空间,就要紧跟形势发展需要,办人民满意的教育。而学校的发展方向、办学理念、办学特色都离不开校长的谋划。在素质教育蓬勃发展、课程改革不断深入的今天,对学校发展提出了新要求。学校的管理应走向现代化,而这需要校长的大胆探索。如果故步自封、因循守旧或盲目趋从,势必被时代所淘汰。只有结合校情勇于创新,找到适合学校实际的新路子,才能促进学校的进一步发展。可见,校长的探索精神、研究劲头、战略眼光决定着学校的兴衰和成败。

作为校长,要改变一个学校就要改变这个学校的精神。办学理念的确立是凝聚精神、振奋精神的法宝。"发展教师、成就学生、服务社会"就是学校的办学理念。一切的工作以此为准绳,不被其他诱惑吸引,不浮躁,脚踏实地的体现这一办学理念。

(二)投身其中,促进发展

教育教学改革的今天,校长也要不断为自己充电,以便适应新形势、新需求。只有校长站在一定高度,为教师提出高标准、新要求,为教师创建积极发展的环境,使校内越来越多的教师投入教学改革与研讨之中,才能进一步促进教师专业成长,从而促进学校的内涵发展。

校长要读更多的书籍,思想才不会僵化;校长参与一日视导,才能获得管理的第一手资料;校长进行推门听课,才会了解常规教学的现状;校长参与校本教研,才能提升教研的层次;校长常行于师生之间,才能了解他们的精神面貌……

总之,一切探索和实践都刚刚开始,千里之行,始于足下,行动了就是好的。道路还会很长,我将上下求索!

李元才,男,生于1969年5月,江苏涟水人,中共党员,本科学历,中小学高级教师,现任涟水县陈师中心小学校长。1989年8月参加工作,在涟水县灰墩中心小学工作14年,历任教师、教导主任、副校长等职;2003年9月调至涟水县河网中心小学任职教研员4年;2007年9月调任涟水县陈师中心小学校长。2013年被评为中小学高级教师。从事教育工作以来,先后获县委县政府授予的"先进教师""优秀教育工作者"和省教育厅、省科协授予的"优秀科技辅导员"等荣誉称号。近五年,主持国家级研究课题"激发学生习作兴趣,引导学生快乐作文"和参与市立项课题"在实验教学中提升学生创新精神和实践能力的研究"等课题研究都圆满结题。自制教具获省市奖2项,辅导学生科技实践活动、小学生创新成果获国家、省级奖3项。在创建科学教育品牌学校中,实施"塔尖"早期人才培养工程,已初见成效,一批批特长生在各级科技创新大赛中脱颖而出,"省、市创新标兵""青少年创新'市长奖'""省、市科学教育特色学校""省青少年科学工作室""市科普教育基地"等,在陈师镇中心小学这所农村学校相继出现。

打造教育品牌 谋求三个发展

涟水县陈师镇中心小学 李元才

2007年,我信心满怀地来到了涟水县陈师中心小学接任校长工作,一直秉承该校"弘扬传统、崇尚科学"的办学理念,坚持"质量立校、特色强校"的办学策略。后来,我又把办好特色学校作为学校发展的源泉和动力,精心打造学校品牌,促进学生、教师以及学校的发展,明确提出"打造教育品牌,谋求三个发展"的办学思路,教育教学质量和科学教育特色在市、县内声名鹊起。审视几年来走过的路,并没有多少成功的经验可谈,只想把"打造教育品牌,谋求三个发展"的点滴体会一吐为快,其目的是抛砖引玉,寻求更多的知音参与讨论,以期寻得更多宝贵的办学经验。

一、"科教"战略,打开特色突破口

"质量立校、特色强校",教育质量是学校的生命线和立校之本,可以说每所学校都不会忘本,在抓质量方面大家都有十足的经验,我们也不例外。至于质量怎样怎样,大家都是搞教育的,毋用多说。而办学特色是学校的生命力,走以特色求发展之路则是仁者见仁、智者见智了。当今,学校在全面育人的基础上办出特色,已成为广大教育工作者的共识。作为一所学校,如何办出特色,首先是要考虑如何深化教育改革,不断提高教育质量,培养创新人才,这样在不断的改革和探索中必然会把学校办出特色。在教育改革的不断深入当中,校长作为灵魂人物首先要认真研究学生、研究教师,要研究学校所处的环境、学校的历史和传统,发现学校的优势、认识学校的不足,扬长补短,不断开拓和创新,使学校前进有方向,师生努力有动力,逐渐形成学校的独立风格。我校具有"崇尚科学"的传统,在上科学(自然)课、搞科技活动和科教制作等项目上,曾在全市出了名。这是历史、传统,蕴藏着科学教育特色的优势,但并不代表学校就是科学教育特色学校。因为,一是有些特色项目是学校偶然获得的荣誉;二是特色项目没有研发为课程进入课堂,除了部分参加特色项目训练的学生,其余学生没有从这些特色中受益;三是项目的人文精神没有进行系统的提炼,没有与校园文化形成契合点,更没有与学校的教育思想糅合成一套系统的办学理念;四是学校从上到下,没有形成特色氛围和特色情结,无法使每个孩子回忆起母校时,就想起某项特色曾经给他们童年生活带来的快乐美好回忆。要办成科学教育特色学校,就得解决相关困惑,可以从传统特色项目中寻找,可以把特色项目变成特色学校建设的优势与资源。在此基础上发展,办成具有科学教育特色的学校是指日可待。确立创建科学教育特色学校,将是我们学校走向社会满意度较高品牌学校的必经之路。

科学教育以培养学生创新意识和实践能力为重点,是素质教育的重要方面,是引导学生树立科学精神和掌握科学方法的重要手段。对小学生进行科学教育是十分必要和紧迫的任务,培养他们从小爱科学、学科学、懂科学、讲科学、用科学是学校义不容辞的责任。因此,实施科学教育成了我校"全面育人,办有特色"的重要战略。首先,要把科学教育特色放在教育教学的重要位置,转变教育观念,树立"让每个学生成功、让每位家长满意、让学校成为师生乐园"的三让教育信念,加强两支队伍(学科教师、科技教师)建设,让全体教师明确"创新精神"和"实践能力"两个着力点,构建创建科学教育特色学校的教育体系和运行机制,确立"一个核心、两大策略、三种渠道、四个转变、五个结合"的理念。即"以学生发展为本"的科学教育核心思路,发挥传统科技特色项目(种养殖,气象)优势策略,开拓创新科技特色项目(五小——小发明、小制作、小实验、小论文、小课题,五模——航模、船模、车模、房模、桥模)品牌策略;面向全体学生,面向特长学生,面向精英学生;教师角色的转变(从指导者到合作者、参与者和指导者)、指导方式的转变(从教学问到教学习)、活动内容的转变(单一学科到多学科综合、渗透)、评价机制的转变(从结果性评价到形成性评价为主);学生成长与教师发展相结合、校内资源与校外资源优势互补相结合、普及与提高和谐发展相结合、课程改革与科技教育有机整合相结合、从事教育教学科学研究与有效指导科技教育相结合。学校专门制定了明确的目标,力争在二三年的时间内步入江苏省科技教育特色学校行列。其次狠抓科技教育的组织保障、物质保障、人员保障等体系建设。在组织保障方面,专门成立了科技领导小组,由校长负总责,科技辅导员和多名科学组、数学组的教师组成校级科技领导小组,并建立相应制度。在物质保障方面,建立了一个科技展室,里面展示了许多中外大发明家科技发明的图片以及学校师生的科技作品,定期组织学生参观、开展活动。多方筹措资金建设了青少年科学工作室、特色教室、标本室、数字化实验室,改造两个科学实验室、仪器室,建设两个计算机室。科学教育用室总面积达到近 600 平方米,还添加了大量科技仪器、设备,购置了各种制作工具、各类标本、四巧板、七巧板、电子百拼等科技教学用具和遥控飞机、飞船等活动器材,订阅了《动手做报》《少年发明与创造》《青少年科学探究》等报纸杂志。给同学们提供了良好的科技活动环境,学生在这样的环境中展开想象的翅膀,动手设计制作自己的作品。我们还在校园内开辟种养实践基地,建起了小气象观测站。在校外的淮安飞机场、团结养殖场、合心蔬菜生产基地建起了 3 个校外科技教育基地。在人员保障方面,以确保科技教育质量为前提,选派优秀教师担当科学学科的任课教师,他们专业技能扎实,工作勤奋,爱岗敬业,且在省市县课堂教学大赛中都获得过奖项。先后安排科技教师到外地参观学习或参加县、市、省、全国各级培训,鼓励和物质支持科技辅导员发明创新和参加市级以上教科研成果大赛,为他们的科教发明、科教制作荣获国家专利和省市大赛奖项搭建平台。

二、"塔尖"战略,谋求学生发展

"教育的真谛是要发展人的个性,是让每一个学生的个性都得到健康发展,其智慧在于找到教育支点,去撬起学生能力发展和生命成长,进而让学生发挥自己的特长和优势,让每一个孩子潜在的灵性都闪耀出迷人的光芒。"我一直坚守着这一崇高的教育理想。在彰显科学教育特色中,我提出面向全体,提升学生创新精神和实践能力;发展个性,提供学生发展才能的空间;发展特长,让有特长的学生能脱颖而出。为此,我们实施着"面向全体抓基础,培育个性展特长"的"塔尖学生"培养战略(如示意图),用学生的成长来体现学校科学教育的特色。

塔尖学生培养计划示意图

(固塔基:面向全体,100%实施科学教育;塑塔身:发展个性,60%以上施展科技才能;铸塔尖:发挥特长,5%左右脱颖而出)

表1 近5年学生在科学教育中所取得的获奖成果统计表

单位:次

项 目	获市级奖	获省级奖	获国家级奖
小学生科技创新成果	一等奖4,二等奖2,三等奖8	一等奖2,三等奖8	三等奖1
小学生科学幻想绘画	二等奖2,三等奖16		
小学生科技实践活动	一等奖3,二等奖1	一等奖1,三等奖3	二等奖1

续表

项　目	获市级奖	获省级奖	获国家级奖
小学生科学微电影		一等奖2	二等奖2
小学生仿生机器人竞赛	一等奖2	特等奖2	
小学生仿生机器人创意竞赛	二等奖2	特等奖1，一等奖1	
小学生创新实验	二等奖2		
小学生实验操作小能手/人	2		
小学生创新标兵/人	1	1	

看表1中数目虽然不大，但目睹这些成绩，我想作为苏北农村小学来说，实在是得来不易，每项奖励都是从强手如云的项目中夺来的，充分显示了我们特色学校的实力。学生是特色学校创建的实现者，是特色学校创建的起点和归宿，是学校特色的载体，学生通过特色学校发展而得到发展，学校特色也

就通过学生表现出来了。

一直以来,我校以科普教育为导航,营造科技教育氛围。利用广播、墙报、橱窗、讲座等对学生宣传科普知识。学校的广播站,以"科技之窗"栏目向学生讲述科普故事、播送科技信息;校园科普展板,成为同学们增长科技知识的良师益友。学校与县、市科技协会加强联系,邀请专家来校做科普知识专题讲座,介绍前沿科学技术发展的动态。组织学生观看"我爱发明""异想天开"等节目,观看《宇宙与人》《玩科学》等优秀科普录像,传播科学思想,倡导科学生活方法,营造崇尚科学,勇于创新的氛围,为广大学生获取科普知识、驰骋科幻思维、展示科创实力构建平台。极大地激发了全校学生"学科学、爱科学、用科学"的积极性和参加市、省乃至全国科技创新大赛的热情,提高了学生的科学素养。这些成果也正来源于我们在科技创新活动中有组织有计划的工作。一是成立各种活动小组。在科技教育面向全体学生的同时,学校又针对学生不同的兴趣爱好、个性特长,利用校内外的各种资源,依据学校传统项目和品牌项目,组建了种、养殖社团,气象观测社团,电脑校报社团,"五小"活动社团,"五模"制作社团,遥控飞机操作社团,纸飞机折叠放飞社团,"金钥匙"社团,机器人制作活动社团,科幻绘画社团等科技社团,充分发展他们的个性特长,鼓励学生每人至少参加一个活动社团。充分利用科技活动时间和假期,由学校科技辅导员和各班科技辅导员定期开展科技活动讲座,向学生介绍当今科学技术的成就、科学的发展和专业技术知识。二是学生走出教室、走出校门,将社会科技教育资源充分利用起来。三是营造科技教育氛围。在校园文化建设中,校广播站、宣传橱窗、班报等都办有科技专栏,还在科技活动周和科普日开展专题科技活动,利用"3·12"植树节、"3·23"气象日、"4·22"地球日、"5·31"世界无烟日、"6·5"世界环境日、"6·25"土地日等开展全校性的科普活动,开展"珍惜生命、热爱生活、崇尚科学、反对邪教"等活动。四是把每年的5月和9月定为科技活动月,每到科技活动月,我都亲自主持全校动员大会,鼓励每一位学生"参与—体验—创新"。号召每个学生在科技活动月期间,读一本科普书、讲一个科普故事、画一幅科幻画、办一期科普手抄报、做一个科技小制作、写一篇科技小论文、设计一项科技小发明,学校还要举办一届全校师生参与的折纸飞机放飞大赛和科技成果展览,并组织优秀师生参加下一年度省、市青少年科技创新大赛。科技活动月结束,对优秀项目进行表彰和奖励,促进全校师生人人都关心科技活动、积极参与科技活动。

三、"名师"战略 谋求教师发展

对一所学校而言,教师是学校特色办学理念最直接的实践者,校园精神与文化内涵最持续的体现者,教育创新改革举措最关键的执行者,学生成长历程中最亲密的陪伴者,更是学校生命和活力所在,精神和力量所依。特色建设要靠特色教师来实现。蔡元培先生说过:"有特色的教师是学校的宝贵财富。"要办好科学教育特色学校,必须先保证有一批在科技创新方面有所建树的教师,以此引领有创新力和敬业精神的教师队伍,学习先进教育理念,学习他人的先进教育经验,组建起一支特别能战斗的科教团队,使其成为学校特色资源的开发者,并在实现学校科学教育特色中得到充分发展。学校年过半百的刘华教师,多年前就是淮安市出了名的自然(今科学)教师,是本校一名土生土长的特色教师,有着丰富的科学教育经验,在科学教育中取得了许多成果(见表2),在创建特色学校的过程中,我们大胆起用他挑大梁,担任学校科学教育总辅导员、科学教育特色师资培训辅导员,为他搭建展示特长的舞台。

表2 近5年刘华老师在科学教育中获奖的相关信息统计

单位:次

项目	获市级奖	获省级奖	获国家级奖
辅导员科技创新成果		二等奖5,三等奖3	三等奖1
科教自作	一等奖11	一等奖6,二等奖6,三等奖3	二等奖1
专利/项			3
科学学科论文、教学设计	一等奖8,二等奖8,三等奖3		
立项课题/项	课题1,优秀成果一等奖1		
辅导学生科技创新大赛	一等奖8,二等奖8,三等奖3	一等奖4,二等奖4,三等奖2	
指导学生科技实践活动	一等奖2	一等奖1,三等奖1	二等奖1
辅导学生科技创意大赛		十佳1	三等奖1

续表

项　目	获市级奖	获省级奖	获国家级奖
辅导学生仿生机器人创意大赛	一等奖2，二等奖2	特等奖3，一等奖1	
辅导学生创新实验大赛	二等奖2		
指导老师各类科教自作	一等奖8，二等奖16	一等奖16，二等奖16，三等奖5	

不难看出，学校特色创建帮助他取得了这些骄人的成果，得到了发展，从而获得了"全国优秀教师""省自制教具能手""省优秀科技辅导员""江苏好人""市道德模范""感动淮安教育十大人物""市功勋教师""市县优秀科技工作者""安东名师"等多项荣誉称号。成了学校真正宝贵的财富，成了学校特色教育的领军人物。于是，我在提高全体教师实施特色教育能力的基础上，把实施培养特色教师群体作为一项战略工程，让更多的教师在特色办学中获得发展（见表3）。

表3　学校科学教育特色教师团队中部分教师近5年在科学教育中取得的成绩

单位：次

项　目	获市级奖	获省级奖	获国家级奖
辅导员科技创新成果		二等奖15，三等奖3	三等奖1
科教自制	一等奖21	一等奖16，二等奖16，三等奖5	二等奖1
专利/项			3

续表

项　　目	获市级奖	获省级奖	获国家级奖
科学学科论文、教学设计	一等奖68,二等奖68,三等奖9	一等奖6,二等奖6,三等奖5	
立项课题/项	课题1,优秀成果一等奖1		
辅导学生科技创新大赛	一等奖18,二等奖18,三等奖5	一等奖9,二等奖9,三等奖6	
指导学生科技实践活动	一等奖4	一等奖1、三等奖3	二等奖1
科学实验操作技能	一等奖2,二等奖1	二等奖1	
优秀科学实验教学课	一等奖1,二等奖2	二等奖1	
优秀信息技术在科学课中应用课	二等奖1		
优秀教师、辅导员、优秀工作者、能手/人	5	2	1

眼前的数据虽然不太起眼,但能看出我们这所农村小学特色办学成就,更能看出他们的发展,看出他们在科学教育中把追求卓越看成一种精神,一种价值,一种责任,一种自信,一种创造,一种幸福,一种自我选择,一种生活的智慧,他们正成为学校特色教育蓬勃发展的支柱。这也再次给我以启示:特色项目的特殊性不仅需要教师具备相当的专业技能,还要求其具备极强的奉献精神。因此,人员的落实和投入是办好特色学校的首要保证。

四、"品牌"战略　谋求学校发展

特色学校不是随意的自我标榜,也不是乱贴的时尚标签。这些年我们一路走来,一路探索,科学教育开展在我校逐渐形成了鲜明的特色,2013年年底,学校获得了省科协、教育厅"江苏省科学教育特色学校"和"省青少年科学工作室"两项命名。一所农村乡镇中心小学能走上科学特色办学之路,特别不容易。然而,我们非常欣慰的是办科学教育特色学校,发展了学生,发展了教师,发展了学校。

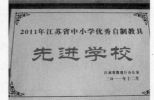

如今,吃喝住行用、工作、学习、生活,每个人每天每时每刻似乎都在与各种各样的品牌打交道。百年大计的教育自然也不能例外。品牌效应备受关注。打造学校品牌,创建品牌学校应该成为学校发展的基本途径。学校近两年的发展,可谓突飞猛进。去年顺利通过了江苏省教育厅的教育现代化验收,给我们品牌学校创建奠定了坚实的基础。学校的事迹多次在报纸、电视等媒体上报道,学校还获得了许多荣誉。卓越的教育成绩使我校成为县内具有一定影响力的学校,更赢得了社会的普遍赞誉,县、镇人大代表20多人到学校观摩科技活动。折纸飞机大赛、动植物标本制作、遥控飞机操作等活动,科学工作室中的一项项师生作品,无不令他们惊叹不已,啧啧称赞。江苏省科协陈书记亲自到校调研,给予学校科学教育特色成果以高度评价。近年,学校又投入80多万元,建起了标本室、数字化实验室、科技实践活动室,加之历史的积淀、校园文化、品牌教师、杰出学生、特色课程等要素,只要坚持不懈,把科学教育特色这一学校品牌做大做强,学生发展、教师发展,学校必将发展成为一所远近闻名的优质的品牌学校。

王国兵,男,生于1966年1月,中共党员,本科学历,江苏盱眙人,中学高级教师。现任五墩实验小学校长、党支部书记。1986年从江苏泗洪师范学校毕业后,先后任教于盱眙县官滩中学、城南实验小学、盱城中心小学、五墩实验小学。长期从事语文教学工作,并常说:"要教好语文,必须做到情、境、理三位一体。"语文不仅是人们互相交流的工具,也是传播民族文化的载体。2002年担任校长以后,以"传承经典文化,创建生态校园"为办学理念,积极开发国学教育校本教材。从经典故事、古诗欣赏、名家名篇入手,构建经典诗文诵读活动课程,从而培养孩子们的文化意识、民族意识、寻根意识和家国情怀。达到优化学生语言,提升学生品位,滋养学生生命的目标。有近30篇论文获国家、省、(地)市级奖励,撰写的多篇文章在各级各类刊物上发表。曾多次被评为省、市、县级优秀教师,先后荣获"江苏省德育先进工作者""淮安市优秀教师""盱眙县优秀校长""盱眙县十佳校长"等荣誉称号。

传承经典向上文化　培育阳光国学少年

盱眙县五墩实验小学　王国兵

中华传统文化源远流长、博大精深,是中华民族的精神支柱,是我们的根,是我们的民族之魂。融会在传统文化中的智慧、风骨、胸怀和操守,是建立信念的力量和源泉,是实现身心愉悦、家庭和睦、社会和谐的重要保障。孝悌忠信、礼义廉耻、仁爱和平是中国人万年祖德,承传之大根大本,我们这一代中华儿女当知当学。为此,五墩实验小学提出"传承经典向上文化、培育阳光国学少年"的办学宗旨,通过建构生态学习乐园、组建国学社团,采用诵经典、讲经典、演经典等形式,将传统国学经典中的向上文化精髓渗透于学生的学习当中,营造了良好的国学氛围,走出一条适合现代化背景的素质教育途径。

一、背景篇:"众里寻他千百度"

第三十个教师节到来之际,习近平总书记在和北师大师生座谈时说:"我很不赞成把古代经典诗词和散文从课文中去掉,'去中国化'是很悲哀的,应该把这些经典嵌在学生的脑子里,成为中华民族文化的基因。"

(一)政治背景,原始动力

当文化强国成为一个时代脉搏、文化强省成为江苏核心战略、"大文化建设"列为淮安"五大建设"之际,盱眙"向上文化"显得恰逢其时。以"科学发展攀登向上、岗位履职争先向上、团队协作团结向上、精神状态奋发向上、生活情趣健康向上、人生追求积极向上"为主要内容的"向上文化",敲响了盱眙县域经济发展的"鼓心"。

(二)现实背景,助推进程

人们常说"百善孝为先"。当具有五千年文明史的国度,"孝敬老人"都要用立法来维护时,反思中我们想到这些道德缺失者失去的"根",而这些根恰恰置于国学经典之中:"人之初,性本善;首孝悌,次见闻;悌于长,宜先知……"鉴于此,盱眙县教育局提出"一校一品"特色发展战略,五墩实验小学将国学教育列为本校特色教育主要内容。

(三)学科特点,理论支撑

语文课程还应通过优秀文化的熏陶感染,提高学生的思想道德修养和审美情趣,使他们逐步形成良好的个性和健全的人格,促进德、智、体、美诸方面的和谐发展。我们根据《小学语文课程标准》课程的基本理念,从全面提高学生的语文素养入手,制订了国学教育计划,编写了国学教材,确定每个学生小学阶段背诵优秀诗文 160 篇(段);扩展阅读面,课外阅读总量不少于 200 万字。

基于上述三种情况,作为从事"开启心智、立德树人"的基础教育学校,我们提出"传承经典向上文化、培育阳光国学少年"的办学宗旨,积极倡导"读圣贤书、立君子品、做有德人"的育人理念,通过"以文化人"的教育途径,在师生中植养国学古韵,用国学经典中的向上文化引领全体师生奋发向上,使五墩实验小学的每一位孩子在传统向上文化的涵养下,成为阳光国学少年。

二、氛围篇:"未成曲调先有情"

(一)"蓬生麻中,不扶自直"

学校高度重视校园环境的育人功能,精选出国学经典中的向上文化精髓,融入校园文化建设之中,让学生走入校园就能鲜明地感受到经典向上文化的气息,"如入芝兰之室"一样接受潜移默化的熏陶,提升正能量,激发向上力。

(二)环境熏陶,润物无声

走进校园,古色古香的木刻楹联熠熠生辉。读书长廊里"梅兰竹菊""琴棋书画""中国四大国粹""中国四大民间艺术"让学生对国学的内涵有了更加深刻的理解;操场的栅栏边镶嵌着"遵德守礼"的温馨提示牌;"奔梦路上""帮人有福""曲高奏善"等传递的是励志、友爱、勤勉;电子屏幕上每天滚动播出"古诗欣赏"、《三字经》《弟子规》《千字文》《论语》中的经典段落;"春蕾"广播站节目中播放的诗词赏析《二泉映月》《渔舟唱晚》《江河水》等一批经典民乐在课间回响。

(三)主题引领,志存高远

"诗情画意"长廊里"爱国之情、智慧之行、友谊之歌、感恩之心、和谐之美"的诗配画映入眼帘,滋养着师生的心灵。一年级"友谊之歌",关注的是团结友爱、礼貌待人的行为养成;二年级的"爱国之情",关注的是学生朴素情感的培养教育;三、四年级的"智慧之行",关注的是学会学习;五年级的"感恩之心",关注的是孝敬父母、学会做人;六年级的"和谐之美",关注的是学会主动社会实践。不同的年龄结构,螺旋向上延续的主题,从多方面搭建学生成长的平台,促进学生的可持续性发展。

学校还让孩子在集体活动进场时喊出"天下兴亡,匹夫有责;锻炼身体,报效祖国"的踏步口号,在升旗仪式前集体呼号——"少年智则国智,少年富则国富,少年强则国强——少年雄于地球,则国雄于地球"。爱国之情,为祖国的繁荣富强而努力向上之志根植于心。

三、保障篇:"问渠哪得清如许"

为了进一步弘扬国学经典中的向上文化,充分发挥向上文化的育人功能,学校从榜样和制度两方面入手,予以保障,强力推进国学经典教育,用向上文化启迪心智,培育新人。

(一)言传身教,成人垂范

榜样的力量是无穷的。教师、家长、社区人士在学校生活、家庭生活、社区生活中注意传统向上文化的渗透,有利于激发孩子对国学经典的兴趣,同时也有利于构建学习型文明社区。

在当今,要求教师或家长当圣贤君子,当德行的典范,是相当不容易的,但能阅读经典的父母、教师,应该在日常行为上做出表率。所以,我们号召家长和孩子共同走进经典,每天与子女同读一本书,同读一刻钟;倡导教师读经典、背经典、用经典,在经典学习中师生应该是同学,因为国学内容涵盖非常广泛,需要师生共同去探究。我们利用每周一教师例会的前15分钟,举办"国学经典中向上文化知识讲座",并由分管校长对讲座进行"现场点评"。教务处、向上文化教育办公室联合在教师中开展"国学课赛课""'我爱古诗词'知识竞赛"等活动,激发全体教师参与学校向上文化教育工作的热情。

(二)诵读经典,制度激励

学校成立了"传承经典向上文化——培育阳光国学少年"领导小组,制订了《五墩实验小学"国学小博士""国学小学士"评选标准》《五墩实验小学"国学标兵班""书香人家"评选标准》等制度方案。国学经典中向上文化——"国学教育"被作为学校特色品牌工作,列入学校工作计划,每周一节的国学课程被排进了课时计划;围绕学校特色品牌创建工作,各年级各班级也制定了符合本年级部学生年龄特点的创建规划;每周二早读定为国学吟诵,每周二、四下午写字课前这一时间段定为诗词阅读与赏析;各班建起了"班级图书角",年级兴办的"图书银行",让图书流动起来,扩大学生阅读量与阅读面;上课前3分钟,师生同诵的"每周一诗"增加了学生的诗词容量;班主任、年级部主任每天提前20分钟到校,抓好晨读、午读,保证了学生的阅读时间;班主任利用校信通平台向家长宣传交流国学诵读内容,让经典中向上文化走进家庭,辐射社会。学校定期组织开展"国学教育"专项检查,情况通报,经验交流等,推动国学经典向上文化教育活动深入开展。

四、践行篇:"万紫千红春满园"

学生学习国学经典的重点不应该是"学"了多少、能背多少古诗、能讲多少古文,而应该是让他们了解国学、喜欢国学,自觉地在生活中运用国学,让国学经典中的向上文化精髓浸润他们的精神世界,使其成人后仍能对国学津津乐道,仍能保持中华民族的优秀品质。

（一）国学社团,彰显个性

学校为开发学生智力,培养学生特长,彰显师生个性,成立了二十多个"国学教育"学生社团：黄梅戏曲苑、武术队、足球队、"舞动校园"舞蹈队、"晨之音"诵读表演班、"艺点"国画创作社、星星墨苑、星辰诗社、巧手工坊、"春之韵"合唱团等。学生自主选择社团参与,由专业特长的教师任指导老师,精心指导。这些行之有效的做法,极大地激发了学生学用国学经典的兴趣,学用经典悄然成为五墩实验小学全体师生的一种生活方式。

（二）经典活动,丰富内涵

"读书启迪智慧,雅言传承文明,文化涵养生命,经典浸润人生。"学校在学生中开展"践行社会主义核心价值观,争做文明守纪好少年"教育活动,立德成人；开展"我十岁啦!"成长仪式集体宣誓,立志成才；"小手拉大手——践行文明梦"手抄报比赛、征文比赛活动让学生明礼诚信；开展"走近伟人周恩来——争做五小好少年"的"五比"活动,让学生自律自强；开展了"我的梦、盱眙梦、中国梦"为主题的系列活动,各年级分别开展了"把梦想编织"折纸比赛、"为梦想加油"励志歌曲歌咏比赛；在全校学生中开展"让梦想起飞"百米长卷绘画比赛,更激发队员奋发向上的热情,享受成长的快乐。我们还举办了"都梁少年演绎经典梦"系列风采大赛："书经典"笔走龙蛇,龙飞凤舞；"画经典"泼墨丹青,大美盱眙；"模经典"情景再现,喜闻乐见；"唱经典"都梁少年,才华横溢；"舞经典"舞姿灵动,情真意切；"奏经典"经典旋律,流淌指间。"创梦想新篇"变废为宝创作大赛,作品中细小的"创新",是对团结协作、节俭美德的诠释,是对向上文化的体验式学习,它们给予孩子的是成功的荣誉感。

五、成果篇："大珠小珠落玉盘"

"践行经典,知行统一"是学校提出"传承经典向上文化,培育阳光国学少年"终极目标之一。在对国学经典中向上文化的诵、讲、演等活动中,孩子们的眼界开阔了,思维敏捷了,境界提升了,知识丰富了,能力提高了。经典向上文化的浸润,让孩子们的言谈举止悄然发生了变化。

(一) 践行经典,养"德"无声

五(1)班的莫力玮把《弟子规》《三字经》当成"知心朋友",不仅能倒背如流,而且还将其作为劝说别人的法宝,所到之处无所不胜,成为名副其实的"国学博士"。有一次,同学间因为琐事产生了争斗,她走上前说:"凡是人,皆须爱,天同覆,地同载。你们互相打斗对吗?"同学不好意思地松了手。她说妈妈胖,妈妈生气了,她对妈妈说:"闻过怒,闻誉乐,损友来,益友却。你这样子下去,好朋友都要跑光了,在你身边都是坏人了。"妈妈听了,连气也不生了。期末考试之前,做老师的妈妈对吴敬轩说:"如果你考3个100分就带你去旅游。"吴敬轩笑答:"己所不欲,勿施于人。那你考3个100分试试!"妈妈愣了一下,他更得意地说,"将加人,先问己,己不欲,即速已。自己做不到,为什么要要求我呢?"这样一问,妈妈哑口无言了,只好修改了旅游条件。五年级一位同学坚持先睡到被子里将被子焐热,然后才让母亲睡下,她随口一句"香九龄,能温席,孝于亲,所当执"让父母感动不已。三年级一学生说:最大的感悟是《弟子规》伴我成长。"长者先,幼者后",让我清楚地意识到应该礼让年长者,在公共汽车上,我会把座位让给老人;"凡出言,信为先"让我牢记,要说实话,讲求信用。六年级一学生说:"通过国学经典中向上文化的学习受益匪浅。从'父母呼,应勿缓'的句子中懂得了如何去尊敬长辈;在'学而时习之,不亦说乎'的句子中懂得了怎么去对待学习;在'上善若水'的篇章中学会了宽容对待别人。"她认为,古诗文不仅能提供文学滋养,而且融会在诗文中的智慧、风骨、胸怀和操守都将成为她们建立人生信念的重要资源。

(二) 向上文化,育"能"有痕

国学经典中的向上文化,能增强学生的思辨认知能力,孩子从小学习、接触,即使不懂什么意思,也能满腹经纶。"少壮功夫老始成",总有一天应用时,孩子们会悟到其中的含义,这就是孩子的底蕴。接触向上文化,孩子正思维多,就养成正精见,形成正能量,激发向上力。

2010—2016年间,学校多次迎来了省、市、县级领导、教育专家的观摩,与会领导和专家对学校用"国学经典中向上文化,培育阳光国学少年"这一特色给予高度的评价。学校在实践探索中编写完善的国学经典关于向上文化校本教材《国学教育蒙学篇》《国学小故事》《国学教育提高篇》等共9册,在市、县校本教材评选中均获一等奖。学生参加各级各类比赛也获得了佳绩:大型团体操《国学少年》获县一等奖;经典诵读表演队表演的《四时人生》参加县、市比赛荣获特等奖;《木兰辞》荣获县经典诗文诵读一等奖。2010年,参加淮安市教育局组织的"歌娃唱唐诗"比赛中王雪怡、刘念、王苏韩三名同学分别荣获特等奖和一等奖,学校获优秀组织奖;学生表演的《莲》获县一等奖;经典诵读节目《唐风宋韵》在县读书节经典诗文比赛中荣获一等奖。2012年,学校承办了由教育局、县诗词协会主办的诗教工作年会,在该会上做了经验介绍,与会人员观摩了诗教现场和文艺表演,并给予了高度评价。2013年,大型经典诵读节目《这里是我们的家乡》在市经典诵读"中华诵·爱祖国、爱江苏、爱家乡"比赛中荣获一等奖。2014年,大型诵读节目《诗香盱眙我的家》代表盱眙县参加由市教育局、市诗词学会、市电视台举办的世界读书日诵读活动荣获一等奖。2014年,在江苏省第四届农民读书节开幕式以及2015年盱眙县龙虾节幕式上我校表演的经典诵读获得与会者的一致好评。

中华民族绵延几千年的国学经典文化为学校教育提供了丰富的精神食粮,关键在于我们如何去看待她使用她。中国教育学会顾明远会长在《弘扬传统文化需要走出一些误区》中指出,弘扬传统经典文化要走出误区之一是形式主义,"让孩子穿上官袍,戴上官帽,摇头摆尾地读《弟子规》《三字经》《论语》等,这传递给孩子一种什么信息？这不是弘扬国学,而是宣扬一种封建的意识"。五墩实验小学提出"传承经典向上文化,培育阳光国学少年",用经典中向上元素培养下一代的做法,摒弃了形式主义,使学生在轻松愉快之中体会到优秀传统向上文化的博大,提高了全体师生的文化素养,提升了学校的办学品质,带动了学校的整体发展。

黄爱勤,女,生于1973年12月,江苏淮安人,现为盱眙县城南实验小学校长。1993年6月,毕业于淮安师范普师班;1993年至2004年,任教于盱眙县河桥中心小学;2004年至2008年,担任盱眙县淮河中心小学副校长;2008年至2011年,担任盱眙县穆店中心小学校长;2011年至2013年,担任盱眙县明祖陵希望小学校长;2013至今,任盱眙县城南实验小学校长。黄爱勤同志作为中学数学高级教师、江苏省优秀教育工作者、江苏省优秀科技校长、淮安市小学数学学科带头人、淮安市优秀教师、盱眙县都梁拔尖人才,她倾心于学生教育,沉心于课堂改革,潜心于课题研究,热心于教师培养,用心于学校管理。从教23年来,有十多篇论文在省核心期刊发表,十个研究成果在省市获奖;作为市"雏燕奋飞"行动计划专家组成员,十多次开设观摩课、示范课及讲座;担任校长的三所学校,屡获国家和省级表彰,学校办学水平大幅提升,多次承接教育部、教育厅及市县领导的视察和工作试点。《江苏教育电视台》《江苏教育新闻网》《淮安教育》《淮安日报》等媒体对黄爱勤同志的教学与管理做过专题报道。

雅而润德 敦行致远

盱眙县城南实验小学 黄爱勤

盱眙县城南实验小学坐落于波光潋滟的淮水之滨,巍峨叠翠的盱城都梁山北麓,始建于1922年,迄今已走过94年的发展历程,现为江苏省省级实验小学。

我是2013年就任城南小学校长的。当时,随着城区东移,学校的生源大多数来自城郊接合部,学生的家庭背景、行为习惯参差不齐;教师的教育教学水平等介于"农村型"和"城市型"之间。怎样让学校走出发展的瓶颈,是我一到学校就反复思索的课题。在带领团队认真调研的基础上,结合学校百年底蕴,确立了"雅行"校园文化品牌发展战略,取得了较为满意的成绩,得到了社会各界及上级领导的认可。

一、雅行校园文化的界定

雅,在《荀子·荣辱》中曰"君子安雅",并注"正而有美德者谓之雅",可见博学多才、温文尔雅自古以来就是我国传统文化中所倡导的行为标准,它在提高人的操守、待人接物的礼仪、规范人的行为习惯等方面仍具有很好的借鉴价值。行,《礼记·曲礼上》曰:"博闻强识而让,敦善行而不怠,谓之君子。""敦行"就是勉力去做,强调动手的能力、实践的作风和对道德的践履。为学者不光要志存高远,而且还要身体力行,在实践中展现自己的知识与品格,远大抱负只有通过脚踏实地的行动才能实现。众所周知,校园文化是一所学校的文化历史积淀,内涵丰富,外延广泛,形式多样。校园文化对于加强学生思想政治教育、保证学生健康成长具有重要作用,同时也是影响学生全面发展的重要因素。所以,我们的共同愿景是:致力于通过实施"雅行"校园文化,营造乐学校园,让学校每一位师生有更多的雅思、雅言、雅行、雅兴、雅量。

二、雅行校园文化建设的内在动力

教师是学校发展的根本。城南小学虽说是省级实验小学,但不可否认,由于城区建设、生源质量等众因素的制约,先前的城南小学发展已经处于停滞不前的窘境,特色不特,亮点不亮。如今,雅行校园文化的实施,唤醒了教师的工作积极性和职业成就感。

(一)"雅行文化"是激发城南教师科学发展攀登向上的创造力

对于教师来说,"科学发展攀登向上"是一个勤勉力行,做到最好的日渐臻善的过程;是一个见贤思齐,摒弃躁动浮华的道德指引。它丈量着教育工作者生命的韧性,展示着坚持的力量。对于城南学子而言,"科学发展攀登向上"是一条成人成才的有效途径,是一种点滴之间成就梦想的成长期待,它成就学生知识的广度与深度,指引着成功的道路。

(二)"雅行文化"是激发城南教师岗位履职争先向上的感召力

众所周知,教师不能成为英雄,不能像英雄一样树碑立传,流芳千古;教师很难成为明星,不能像明星一样戴着美丽的光环,变成人们追逐的对象……相比之下,教师所做的一切,是那么平凡、那么普通、那么琐碎!但是,每一个教育工作者在自己平凡的岗位上对自己事业争先向上执着追求!崇高的理想,不懈的追求,与时俱进的动力让每一位城南教师"路漫漫其修远兮,吾将上下而求索"。

(三)"雅行文化"是激发城南教师团队协作团结向上的渗透力

"同心山成玉,协力土变金"。教师的协同合作是提高教育教学质量的关键。城南小学的长远发展必须靠一支结构合理并能协同合作的教师团队。具体到每一个年级组,每一个教研组,甚至每一个备课组,这一个个小团队的合作程度、协同工作水平,往往就决定了整所学校的工作绩效。我们明白一个优秀的教师团队需要让教师发挥特长、张扬个性,但我们更不能忘记教师团队的根本功能和作用,就是"1+1>2"。

(四)"雅行文化"是激发城南教师生活情趣健康向上的影响力

教育是以人格塑造人格的工作,教师的兴趣爱好让学生窥见了教师的人格及内心世界,在学生心目中确立了分量和位置,深刻地、长久地影响着学生的身心和发展。教师应该努力使自己成为一个幸福的人,一个有生活情趣的教师,会把教育教学工作做得更好;一位有生活情趣的教师,会把课堂经营得妙趣横生,会让教育充满生命的活力。好教师会"玩"得高雅,多才多艺,让学生油然而生崇敬之情,密切师生关系。会"玩"的教师更容易被学生接受、受学生喜爱。

(五)"雅行文化"是激发城南教师人生追求积极向上的凝聚力

一个学生在教师手上就那么几年,但对学生而言,这是他们一生的机遇!教育人生没有驿站,每一位城南人必须用心教好每一届。要为学生一生奠基,为祖国未来负责!守纪规规矩矩,做人安安分分,为人明明白白,工作踏踏实实,理事公公正正。如果说太阳和月亮只有一颗,即使不能做太阳或月亮,也要争取做满天星的一颗;即使不能做恒星,也可以做一颗流星,划出生命的轨迹留下瞬间的光芒!即使是一根火柴,也要在关键时刻做一次闪耀!即使是蜡烛,也要蜡炬成灰泪始干!金杯银杯不如学生的口碑,金奖银奖不如家长的夸奖,这就是城南教师人生价值追求的责任感、荣誉感、幸福感。

三、雅行校园文化建设的基本策略

（一）"雅行理念"的重新整合

走进学校大门，学校的校徽和"一训三风"映入眼帘。学校原有的校徽图案是单纯"城南小学"四个开头字母叠加组成，缺乏鲜活、灵动之美感。现在的标志图案由"城南小学"四个汉语拼音"CNXX"组合演变成的挥舞绸带的快乐儿童形象。它象征着新一代活泼、勇敢、睿智的祖国花朵，正沐浴着社会各界的呵护，快乐成长。标志同时也是翘起"大拇指"的外型，它意味着社会各界对学校办学水平的认可。

学校继续秉承"聚微成博，积善养德"校训，同时根据时代的发展，对滞后的教风、学风等进行了整合。"以爱润教，以文化人"的教风，"学而不厌，不耻多问"的学风，"和乐有为，雅行致远"的校风为全体师生眺望其精神家园打开了一扇扇明亮的窗户；"精致校园、精细管理、精妙课堂、精彩师生"的办学目标，为学校的未来发展指明了前进的方向。

（二）"雅行环境"的营造

学校由于地处老城区，故占地面积仅 19 775 平方米。校训"聚微成博"的"微"即隐含这一层意思，以求"微中求大"（另一层意思为从点滴做起，集腋成裘）。尽管如此，我们还是千方百计地加强基础设施建设，优化校园环境，做到"绿化、净化、美化、育人化"。步入校园，漫步在洁净艳丽的石径走道，映入眼帘的是古朴典雅的校训墙、飞花溅玉的喷水池、书香馥郁的品读轩、庄重深沉的孝道廊、挺拔的苍松、芳香四溢的桂花、娇艳欲滴的广玉兰、四季常青的冬柏……整个校园花草葱茏，绿树成荫，犹如置身于一个精致、典雅的大花园中，呼吸着沁人心脾的花香，感受着校园美景的熏陶，莘莘学子在这里生活学习，无比惬意。

（三）"雅行教师"的塑造

教师队伍是学校可持续发展的核心所在，我们以文化人，以文育德，让城南儒雅教师群体日渐成为盱眙教育的一张新名片。

1. 以阅读厚实教师儒雅底蕴

名师之所以成为名师，无不是因为他们具有深厚的文化底蕴。有底蕴才有底气，有底气才有灵气。让每一位"教书匠"成为"文化人"，读书是唯一的精神选择。学校有省市县作家协会会员 7 人，特别是张佐香老师，孙犁文学奖获得者,多篇散文被各地高考、中考选为阅读命题,散文集《亲亲麦子》让全国中小学生爱不释手。我们以她们为引领,成立读书沙龙,为每一位教师订阅两本非教育类的期刊,教师阅览室充实了古今中外的文学名著、教育专著等,添置了雅致的竹椅。教师闲暇之余,一本长卷,一杯清茗,书香氤氲,茶香袅袅,心无旁骛,怡然自得。读书沙龙不仅仅让教师读文学书、教育书,还让教师读哲学、军事类等方面的书。跳出教育看教育,才有更广阔的视野,才能推动课堂教学从事务型向研究型转变,才有教师内在"质"的跨越。

2. 以名师引领教师儒雅发展

学校有市县学科带头人 17 人。我们成立"洒金桥"名教师、名班主任工作室,主持人由名教师及名班主任担任,成员为骨干教师和班主任,年轻教师及班主任为学员,形成学习型、研究型教师与班主任团队,制定相应工作研究与学习交流制度,以校本研究为活动平台,以学科教学及班级管理为工作特色亮点,整体提升教师和班主任专业教育教学能力和水平。如今,很多年轻教师业已成为市县"雏燕奋飞"成员,"敢为人先"已深深成为每位教师内在的自觉行动,与时俱进的儒雅教师团队业已形成。

3. 以才艺陶冶教师儒雅情趣

我们要求教师业余时间一定要在集体舞、器乐、绘画、书法、乒乓球、篮球、瑜伽等方面有个特长,为此,我们每周四的放晚学,专门有半小时的教师才艺兴趣小组,各位教师可以根据自己的兴趣参加各类才艺沙龙。每年的五一、教师节、国庆节、元旦等节庆更是教师才艺展示的舞台,愉悦性情,陶冶情趣。之所以这样,是因为教师对学生的影响不只是知识的熏陶,而是全方位的人格培养与陶冶。快乐的教师会把快乐传递给学生,有生活情趣的教师也会培养出有生活情趣的学生。做一个有生活情趣的教师,就是要热爱生活,有自己的空间,有适当的休闲娱乐,创造乐趣,体验快乐;做一个有生活情趣的教师,就是能够静下心来,远离浮躁,修炼出定力,努力达到人生的丰盈和内心的舒展,成为一个有修养的、完整的人。

4. 以幸福指数弘扬教师儒雅品德

除了开展生日慰问、生病及困难教师看望等活动外,针对我校女教师居多的情况,为引领广大女教师争做爱岗敬业、孝敬公婆、关爱孩子的好教师,激发女教工的工作热情,提高教师幸福指数,学校工会还每年在"三八妇女节"或"六一"期间开展"城南最美好儿媳、最美爱心代理妈妈"评选活动。活动通过家庭(年级)推荐、校内图片公示、教师投票选出。每一个获奖教师的感人事迹体现了城南大家庭的正能量,提升了教师的归宿感、自豪感和幸福感。

(四)"雅行少年"的培育

学校将"雅行少年"作为学校德育工作的重要内容抓实、抓好,让学生的学习生活充满雅趣,让学生的人格发展汇聚雅德。

1. 营造雅行氛围

学校通过趣味盎然读书活动,积极营造读书氛围。制订方案规范"200 读书计划""1160 书香人家"建设流程,努力把读书活动引向社区,推动家庭读书热。编写校本教材《浸润书香》,采用各种形式调动学生读书积极性,确保学生"每周三个一,每月一本书",并逐步形成长效制度,让学生在人生记忆的黄金时期多读书、读好书、读经典,从而达到"腹有诗书气自华"。

学校楼道口有学生亲手设计的诸如"上下楼梯,靠右慢行""走路轻轻,说话柔柔"等醒目提示漫画;班级里,各种礼仪制度上墙,并配有精美插图或故事;校园小径两旁的花丛草坪中插着师生互写的礼仪卡片;等等。校园的每一个角落都散发着博雅的文化气息,让"一切景语皆情语"。

2. 发掘雅行校本课程

学校以"成才先成人"为原则,加强学生行为习惯的养成教育,努力塑造博学少年,诚信君子。为此,学校编写了德育校本教材《润物无声》(该教材获淮安市十佳校本教材)。该教材根据学生年龄特点,以培养学生个性特长和兴趣爱好为主,促进学生生活诗意化、知识博学化、情趣高雅化。

学校同时编写了《课堂习惯养成歌》《校园安全三句半》,从雅言、雅行、雅思、雅量四方面予以落实学生日常行为养成。利用国旗下讲话、红领巾广播站、主题班队会、黑板报、手抄报等予以宣传落实,人人传唱,形成人人知礼仪、懂规范、讲文明的雅行氛围。

3. 开展雅行实践

学校以活动为载体,倡导学生个个争当"言谈文雅,举止优雅,气质儒雅,情趣高雅"的先行者。学校以"孝雅文化"为主要宣传指南,在全校开展了"德育作业——日行一善事"活动,倡导学生每天在家庭、在学校及公共场所做一件力所能及的好事。每周五的"素质教育超市",全校学生流连于各自钟爱的兴趣小组,乐此不疲。"才艺展示月""素质汇报周"等为学生提供了个性发展与表现的舞台。铁山寺素质教育基地、走进军营等,更是给学生渗透雅行教育的最佳土壤。寓教于乐的每周有活动、每月有主题的雅行体验让学生自我教育、自我约束,使道德潜移默化,使行为趋于规范。

4. 上好雅趣课堂

学校的课堂是"引议练"导学教学模式,关键词是"雅趣"和"践行"。基本流程为:引——教师创设问题情境,激发学生学习兴趣,为新知识的迅速联系做准备,从而引入课题,明确学习目的,激发学生学习动机,调动学生学习积极性;议——在充分自主、合作、探究的基础上,教师要适时点拨,师生共同归纳、小结,上升为理论,形成共识,指导运用;练——教师设计足量的检测题,紧扣教学目标,具备典型性、层次性和针对性,指导学生进行练习,达到当堂学习当堂清的效果,从而让学生享受学习所带来的身心愉悦。

同时,学校积极提升"智慧校园"创建成果,将相关软硬件应用到教学管理中,发展性地应用,创造性地应用,夯实适合城南的智慧"落脚点",形成自己的特色。

作为一名校长,我想从学生发展的需要出发,从教师的个性出发,从教学的艺术性出发,"雅行文化"是盱眙县城南实验小学的实践指南和办学梦想。我们不仅关注师生的今天,更关心他们明天的发展,让每一位师生"雅而润德,敦行致远"是我们永不停息的追求。